改变一生的口才绝学

U0627750

高情商说话之道

黄灿灿◎编

不拆台，不揭短，尊重别人的看法，
把别人放在心上，
就是高情商说话之道。

吉林出版集团股份有限公司

图书在版编目（CIP）数据

改变一生的口才绝学 / 黄灿灿编 . -- 长春：吉林
出版集团股份有限公司，2020.10
　　ISBN 978-7-5581-9291-3

　　Ⅰ.①改… Ⅱ.①黄… Ⅲ.①口才学－通俗读物
Ⅳ.① H019-49

中国版本图书馆 CIP 数据核字 (2020) 第 208905 号

改变一生的口才绝学
GAIBIAN YISHENG DE KOUCAI JUEXUE

编　　者：	黄灿灿
策　　划：	曹　恒
执行策划：	宋巧玲　林　丽
责任编辑：	林　丽　李婷婷　赵　萍
开　　本：	880mm×1230mm　1/32
字　　数：	400 千
印　　张：	20
定　　价：	158.00 元（全四册）
版　　次：	2020 年 10 月第 1 版
印　　次：	2020 年 11 月第 2 次印刷
印　　刷：	三河市华晨印务有限公司
出版发行：	吉林出版集团股份有限公司
地　　址：	吉林省长春市福祉大路 5788 号
电　　话：	0431-81629968
邮　　编：	130000
邮　　箱：	11915286@qq.com
书　　号：	978-7-5581-9291-3

前　言

　　我们都知道口才的重要性。在与人交流沟通的时候，我们所说的话别人是否喜欢听、爱听，我们能否把话说到点子上、说得恰到好处，不仅仅直接影响我们与他人之间的关系，还会给我们的人生和事业带来不可低估的影响。在我们的身边，有很多人就是因为不懂得说话，而限制了自己的发展，甚至会让原本可能取得成功的事情发生戏剧性的反转——失败！

　　成功学之父卡耐基就曾说过，"一个人的成功有百分之十五取决于专业知识，百分之八十五得力于口才艺术"。在我国流传的俗语之中更有"一言兴邦，一言丧国"之说，由此可见说话的重要性。

　　那么，我们在与人交流沟通之时，怎么说才能为自我的人生增添助力、减少阻力呢？很多人认为，为了达到这一目的就必须学习、掌握一定的说话技巧、方法。事实上，不少的人为了提升自己的口才，运用一些相关的书籍或者是新媒体平台去学习相应的说话技巧和方法。可是，令人遗憾的是，他们在实际的运用中却难以得到自己所想要的结果，甚至有时还会弄巧成拙。

为什么会这样呢？

说到底，这是因为他们忽略了语言的本质，忘却了人际交流沟通的主要目的和作用。语言是人们传递情感、表达思想的一种工具；人际交流沟通的主要目的和作用是一种互动。我们所说的话，别人是不是喜欢听、能不能够接受，表面上看起来与我们所说的内容有关系，而实质上是我们在说这些话的时候是否能够调动听话人的情绪，是否能够引起他们情感的共鸣。那些高情商、会说话的人都知道这一点，他们说的话听起来让人舒服，让人乐于接受，并非真的是说话的技巧方法在起作用，而是在于他们对人性有着较为深刻的把握，在与人交谈的过程中能够读懂他人，进而把握住时机，知道在什么时候说，应该怎么说，又如何去说。

让我们想想看是不是如此呢？

对于一直以来想要提高自我的语言表达能力，却又不得其法的你，现在是不是明白了些什么呢？是不是想要成为那种具有高情商，一开口说话就让人听起来很舒服的人呢？那么，敬请你打开这本书，让我们一起来探寻高情商说话的秘密，来提升自我的说话能力吧！真诚地希望你有所收获！

编　者

目录
Contents

先竖起耳朵再张开嘴

——高情商说话从倾听开始

　　高情商的人在与人沟通交流时，很少会滔滔不绝地讲个不停，而是会在开口说话之前竖起耳朵去听别人说，在读懂了别人的话后再开口说。正因为如此，他们才能把话说到别人的心里，说出来的话才会让人听着舒服。

01
听得懂他人的话，才能更好地说话

　　人人都希望自己所说的话别人喜欢听、爱听，更知道说话在人际交往中具有不可低估的作用。于是，他们在与人交谈时，尽量注意自己说话的内容以及表达方式，但是让他们疑惑不解的是，有时他们的这种努力并没有起到什么实际的效果，对方好像并不为之所动。

　　这确实让人难以理解，他们在说话的时候已经很注意了，并且他们还发现，有时候自己所说的话，比那些受人欢迎的人说的还要好。

　　像这样的人，他们虽然有着很好的语言表达技巧，但是在很多的时候，他们忘记了倾听，对他人缺乏一定的了解，所说的大多数是自己想说的，而不是他人想了解的。真正能说会道的人，在与人交往的过程中，所说出的话别人喜欢听、爱听，让听的人觉得舒服。他们除了有很好的语言表达技巧之外，还在于他们懂得听，懂得通过倾听去了解对方的职业、兴趣爱好、家庭情况等，而后在这些基础上去选择自己要说的内容和表达方式。

用心去听，其实就是寻找谈话时的共鸣点。谈话共鸣点就好比是收音机的频率一样，只有调到正确的频率，听众才能收听到自己想要的节目。其实，在和别人交流时也是一样，每一个人都有自己相应的频段，只有进入了他们认可或者喜好的那个频段，进入了他的范围，你才能够和他"来电"，沟通才会非常顺畅。

那么怎样才能够进入说话者的轨道或者频段呢？能说会道的人告诉我们，要用心倾听，并做到以下几点：

1. 和对方"同步"，寻找共同语言

交流的双方必须要有共同语言，否则交流就不会成功。与人交往同样是这个道理。在与人家交流时，你得找到与对方共同的语言，与对方产生共鸣，这样与对方的交谈才能够愉快进行。

比如说对方是搞电影艺术的，如果你对电影也有所了解，那么关于电影的话题就是你们之间的共同语言。

2. 投石问路

即先提一些"投石"式的问题，在对对方略有了解后再有目的地交谈，这样寻找共鸣点就有的放矢了。如在乘火车时见到陌生的邻座，便可先"投石"询问："你老兄是哪里人呀？"

不久前，张老板出差住在一家旅店，一个先他入住的小伙子悠闲地躺在床上欣赏电视节目。张老板放下旅行包，稍稍洗了一下，冲了一杯浓茶，对那位先他而来的小伙子说："小伙子来了多久啦？"

"没多大一会儿呢。"

"听口音是河北人吧？"

"噢，保定的！"

"啊，保定是个好地方啊！我在读小学时就在《平原枪声》的连环画上知道了。三年前去了一趟保定，还颇有兴致地特意到白洋淀玩了一次呢。白洋淀雁翎队的故事我可喜欢看了！"

听了这话，那位保定的小伙子马上来了兴趣，两人从白洋淀和雁翎队谈开了，那亲热劲儿，不知底细的人还以为他们是一道来的。

这就是"投石问路"式地寻找共鸣点，先从籍贯之地说起，然后找到了"白洋淀""雁翎队"这些共鸣点。相信有了这些共鸣点，两个人在交谈时就不会感到陌生了。

3. 巧妙地借用彼时、彼地、彼人的某些材料为题，借此引发交谈

有人善于借助对方的姓名、籍贯、年龄、服饰、居室，甚至是墙上挂的画、橱子里放的摆设、台板下的照片、书橱里的书等等，即兴引出话题，而这些话题说不定就是交谈双方的共鸣点。和其他的共鸣点相比，这些共鸣点灵活自然，就地取材，其关键是要思维敏捷，能达到由此及彼的联想。

有一次，有一位业务员去一家公司销售电脑的时候，偶然看到这位公司老总的书架上放着几本金融投资方面的书。这名业务员刚好对金融投资比较感兴趣，所以，就和这位老总聊起了投资的话题。结果两个人聊得热火朝天，从股票聊到外汇，从保险聊到期货，聊人民币的增值，聊最佳的投资模式，结果，聊得都忘记了时间。

直到中午的时候，这位老总才突然想起来，问这名业务员："你销售的那个产品怎么样？"这名业务员立即抓住机会给他做了介绍。老总听完之后说："好的，没问题，我们签合同吧！"

4.要选择众人关心的事件为话题，把话题对准大家的兴奋中心

这类话题是大家想谈、爱谈、能谈的，人人有话，自然就能说个不停了，以至引起许多人的议论和发言，导致"语花"飞溅。

例如，2008年北京奥运就是一个众人关心的事件。对于这个事件，大家都有话可说，即便是非常陌生的两个人在一起，也能找到这方面共同的话题。

当然，众人关心的话题有很多，比如热映的一部影片、电视剧，或者是一次影响力比较大的活动等。

交谈要谈得投机，谈得其乐融融，双方就必须明确共鸣点，即一个双方共同感兴趣的话题，只有引起双方的"共鸣"，交谈才能深入、愉快。

这就是那些善于说话的人和懂得说话的人能够与人愉快地交谈下去的秘密。

02
怕就怕你觉得自己都听懂了

或许有些人会说："在与人交谈时，我知道听很重要，也很用心地去听，可是为什么我一开口说话，对方仍然难以接受呢？"很多的人可能会有这样的疑问。

没错，他们在与人交谈时，与那些能说会道的聪明人一样在倾听，只不过他们在听的时候，是以自我的想法去解读他人所说的内容，从而让说话者所想要传递的意思发生了改变。

在这种情况下，听者对他人所说的话就容易产生误解。现实中，类似这样的例子比比皆是，例如，有人说："小王是个好人，但是……"在说话人还没有说出"但是"的内容的时候，有时听者就已经强行为它安上了自己的内容："但是，他身上的缺点也不少！"可是令听者没有想到的是，说话人原本的意思是："小王是个好人，但是他却很早就离开这个公司了。"

你要明白的是，我们在说话之前，去听他人的话，除了是表示对说话者的尊重之外，还有一个目的，就是通过他人的话语去了解对方，让自己在说话时，说出对方喜欢听、爱听的话，容易接受的话。总之，我们听的目的是为了能够更好地说，更好地与对方交流。

那么，怎么才能真正地读懂他人所说的话呢？这就要求我们在听话时，少一点儿自以为是，最好能够站在对方的角度去听。

只有我们站在他人的角度去倾听，才能真正明白他人所说的意思。它让我们不仅仅知道别人为什么要这么说，如此一来，我们在说话的时候，又怎么能不知道自己应该说些什么或哪些不应该说呢？我们所说的话，对方又怎么会不乐意听呢？

高情商的人告诉我们，在与人交往时，要想把话说得漂亮，就应该先学会听，并且要学会转换角度去听，只有这样，我们才能对说话者有更为客观的了解。那么，怎样才能做到这一点呢？能说会道的人告诉我们，在听的时候，要做到以下几点：

1.不要多加自己的理解，直接传达即可

很多人在听对方说话的时候，或许并非出于故意，但总是会加上自己的理解，然后再传达给对方，那么这种话在传达到第三者耳中的时候，可能意思就变了。

一位老板要员工小杨带话给员工小李，让小李把某项工作做好，而且需要在周二之前做完。但是小杨在给小李带话的时候却说："老板让你周二做完，可能到周三也没有关系吧！"

于是，小李就觉得老板是想让自己在周三之前完成，于是就制订了新的工作计划。可是等到周二下班之前，老板要这份文件的时候，小李却觉得老板莫名其妙，不是说周三完成的吗，怎么又变成周二了？结果小李被老板责备了一顿，于是他就埋怨小杨："你怎么乱说话呢？"

而小杨肯定心里也不舒服：自己并没有做错什么啊？最后发展到两人的关系开始变得很紧张。

由此可见，我们在传达别人的话时，不要多加自己的理解，直接转达即可。对方怎么说，我们就怎么转达，不要想着去增添一些东西，也不要想着去漏掉一些自认为不重要的细节。

2.倾听之时，要懂得发问

在倾听之时，即便我们听得再仔细、理解能力再好，也可能会有漏听、听不懂的地方，而很多人在这种地方往往会填补上自己自认为的内容。这同样是一种自以为是的听话方式。因此，在听话之时不要只是默默地听，在有漏听的时候要问一下，有疑问的时候要确认一下。

一位老板突然想起早上秘书说的"报纸上登载了有关预防高血压的文章"，于是晚上下班后，就开始在当天的晨报上查找，但并没有找到。他打电话问秘书才知道，不是今天的晨报而是昨天的晚报登的。

这也是人们的一种惯性思维，一说起报纸或者网络，就认为是今天的，却不知道有很多时候并不是如此。因此，在听到某个消息的时候，不妨问得仔细一点，什么地方，什么时候，什么事情，什么人，这些要素都不能遗忘。

3. 确认对方的意思

在倾听之时，最关键的一点就是要确认对方的意思。这一点很多人都做不到，比如在职场之上，老板要秘书执行一个任务，但是在交代完任务之后似乎又说了一些意思相反的话，那么秘书就很可能自以为是地认为这个任务不用执行了，最终耽误了时间。

一位秘书接到老板的指示：中秋节到了，不要忘了给客户 A 先生寄中秋节礼物。但是，就在这位秘书准备着手去办的时候，他又听到上司嘟囔：以为客户 A 先生会寄中秋节礼物来呢，但却没有。

　　于是秘书以为老板的意思是 A 先生没寄礼物来，也就没必要寄礼物去了，所以就没寄。结果后来老板问他："中秋礼物寄出去了吗？"秘书回答说"没寄"。最终老板责备他说："我不是说别忘了吗？"

　　秘书心中一阵委屈，但是这又是谁的错呢？

　　试想，如果这位秘书当时确认一下老板的意思："您的意思是……"简单的一句话就能避免后来出现的一系列不必要的麻烦。确认对方的意思，在交际场上，是一种老到的表现，而不是很多人心目中所认为的"无知"的表现。

03
听出话外之意，从而更好地交流

在实际的生活中，当我们与别人交流和沟通时，对方说的话，或许并非是表面上传递出来的意思，而是另有深意。在这个时候，我们如果不能读懂他人的话外之音，而只是根据他人语言表面所传递出来的意思去说话，那么这样一来，说者与听者之间又怎么能够达成共识，又怎么能够使沟通顺利地进行下去呢？

一个真正会说话的人在与别人交流沟通时，懂得如何辨别对方说的话是不是另有含义，然后才决定说些什么和怎么说。可以这么说，他们在与人交流时，所说的话是有选择性、有针对性的。我们在与他们交流时，一些不好意思说出的话，可以用另外的方式表达，他们照样能够听得懂，不至于什么事情都要说破、说透。像这样的人，又有谁不愿意跟他交往呢？

确实，我们在与别人交流和沟通时，为了使交流和沟通顺利地进行下去，应该听出他人的话外之音，这样才能保证我们在说话的时候，不会说出不合时宜或让对方难以接受的话语。那么，我们怎样才能听懂他人的话外之音，确保自己不会说错话呢？高情商的人告诉我们，在一般情况下，出现以下几种情况时，他人所说的话就可能话外有话：

①　当对方谈话的语气突然改变时，我们要留意他是否有话外之意。

②　对方的个别音调加重时，我们要仔细揣摩他是否有什么意图。

③　当对方故意做出暗示的肢体动作或特殊表情时，我们要明白他的意思。

④　当对方突然停止谈话，我们要领会他的用意。

⑤　当对方认真地看着我们重复一句话时，他的话一般含有弦外之音。

⑥　谈话结束时，我们要仔细观察对方有无特殊的举止。

⑦　对于散席前对方最后的几句话我们要特别留心。

⑧　当对方想插话却欲言又止时，我们要结合自己刚才的言语推断他想说什么。

⑨　当我们不经意的言语引起对方的注意时，我们要做事后猜测。

⑩　对方欲言又止，必要时我们可以追问一下。

我们只有知道对方在什么时候所说的话可能含有话外有音，才能真正地听懂话外之音。要想真正听懂他人的话外之音，就要了解人们是采取什么样的方法表达自己的言外之意的。一般来说，表达言外之意的方法，主要有以下五种：

1. 一语双关法

所谓一语双关，是指双关辞格，表面上是在说甲，而暗中却是在指乙，言在 A 而意在 B。双关分谐音双关和语义双关。谐音双关是利用音同或音近的条件使话语一语双关。语义双关是利用词语或句子的多义性在特定语境中形成双关。汉语的同音字和多义词比较多，人们用双关来表示言外之意是很常见的。

据说李鸿章有一个远房亲戚，虽然胸无点墨却热衷于科举，一心想借李鸿章这个关系捞个一官半职。某次，他在考场上打开试卷，竟无法下笔。时间一分一秒地过去，眼看交卷的时间就要到了，他灵机一动，在试卷上写下"我乃李鸿章中堂大人的亲妻（戚）"，希望能获得主考官的关照。可是主考官在批阅这份考卷的时候，发现他竟将"戚"错写成"妻"，于是提笔在卷上批道："所以我不敢娶你。""娶"与"取"同音，主考官针对他的错字，来了个双关的"错批"。

这个"错批"言外之意就是告诉李鸿章的这个远房亲戚：胸无点墨之人是不可能被录取的，即便他有靠山，也是行不通的。

2. 比喻表意法

比喻是被广泛使用的一种修辞手段。在谈话过程中，谈话的双方常常运用共有知识，用此喻彼，构成言此意彼，从而达到谈话目的。

庄周（也就是庄子）一生过着十分清贫的生活。一天，庄周家里实在揭不开锅了。万般无奈，他只好放下手里的书，拎着口袋找朋友监河侯借点儿粮食。

监河侯正好收拾行装要外出。庄周见了他，讲了借粮的事情，监河侯满口答应："好说，好说。这不，我正要进城收租金呢，等我回来，一定借给你三百两银子，好吗？"

庄周心想：你进城一趟，来回得半个月呢。等你回来，我一家人还不早饿死了吗？庄周知道监河侯特别爱听新奇事儿，便对他说："老兄啊，刚才我见到一件事，很有意思。你不想听听吗？"监河侯说："什么事，快说说。"

庄周说："刚才我到你这儿来的时候，半道上听见有求救的声音。我到处找，却没看见人。原来是路旁的干河沟里有一条小鱼，嘴巴一张一张地在叫呢。它说：'我是从东海来的，现在快干死了，先生能不能给我一瓢水，救我一命啊？'我说：'那太少了！这么办，你再坚持坚持，等我去找越国和吴国的大王，请他们堵住西江的水，然后开沟挖渠，把西江水引到这儿来，你就可以顺水游到西江去了，你看好吗？'谁知那条鱼听了很生气，说：'我现在已快干死了，只要一小瓢水就能活下去。你的计划虽然很好，但等到西江水引来的时候，恐怕我早就变成鱼干了，先生只能到鱼干堆上去找我了。'"

监河侯听到这里，知道庄周是在借喻讽他，满脸通红。他连声向庄子道歉，并喊来家人给庄周装了满满一口袋粮食。

这里巧用借喻，把自己的处境很好地传达给了朋友，起到了很好的效果。

3. 隐语暗示法

所谓暗示，是指利用一定的语言条件使话语产生言外之意。在使用这种方法的时候，谈话的双方需要根据自己的知识水平、角色、场合和目的等因素进行设置和破解。当谈话的双方达到"心有灵犀一点通"的时候，话语的言外之意就可以顺畅地传递了。

一位顾客买牛奶，售货员只给了他半杯。顾客对售货员说："请给我一把锯子！"

"要锯子做什么？"售货员不解地问。

"把这杯子上面空着的地方锯掉，这样它就成了名副其实的满满一杯了。"

售货员一边笑，一边道歉，一边给顾客的杯子加满了牛奶。

4. 迂回烘托法

所谓迂回烘托，是指本该一句话说清楚、说明白的意思，说话的人故意迂回曲折地从侧面或是用烘托之法将本事、本意讲出来，让对方自己思考而获得其中的意思，从而达到委婉深沉、意在言外的效果。

一个嗜酒如命的演员在拍摄一场"大碗喝酒"的场面时，为了能喝到好酒，就向导演提出："戏里面喝的是茅台，如果在拍摄时真的能把低度酒换成真茅台，那么我就能更快、更好地找到感觉了，表演效果肯定会更加逼真。"

导演一听，笑着说："可以呀，只是下一场还有服毒自杀吃砒霜的戏，那又该怎么样才能更加逼真呢？"演员听懂了导演的意思，一笑了之，不再坚持己见了。

在这个故事中，聪明的导演并没有直接驳斥演员的要求，而是将计就计，提出了一个让对方无言以对的问题，迂回曲折地回答了演员的要求，同意是表面的假象，言外之意的否定才是真实的想法。

5. 现身说法，以小见大

战国时期，齐国的相国邹忌为了劝勉齐王虚心纳谏、励精图治，向齐威王说了一个自己的故事：

"我在家里照镜子，在镜子中看到自己修长的身材，俊美的容貌，楚楚的衣冠，感到扬扬自得。我问我的妻子：'你说我与城北的徐公谁美呀？'妻子不假思索地回答：'当然是你美了。徐公怎比得上你？'我有些不信，因为徐公是远近闻名的美男子。于是我又问妾。妾也说我最美。这天有客人来访，我又问客人，客人也说我最美。恰巧第二天徐公来访，我仔细看着徐公，又看着镜子反复对比，怎么看也是徐公比我美，可是妻、妾和客人却说我比徐公美，这是什么原因呢？原来，妻子说我美，是偏爱我；妾说我美，是惧怕我；客人说我美，是有求于我。现在齐国土地方圆千里，城池一百二十座，宫中妇女没有哪个不有求于您，因此，大王您所受的蒙蔽远远比我深啊！"

齐威王听了邹忌的话，顿时大悟，立即通令全国："群臣吏民有当面揭发批评我的过错的，受上赏；上书揭发批评我的过错的，受中赏；能在大庭广众之下揭发批评我的过错的，只要我听到了，也给赏赐。"这道求谏令刚下，群臣纷纷进谏，齐威王闻过必改。一年以后，群臣和百姓都感到没有意见可提了，齐国因此很快强大起来。

在上面的案例中，邹忌现身说法，以小见大，通过自己家庭生活的琐事，类推到朝廷国家的大事，寓意深远，有着极强的雄辩说服力。它告诉我们：用自己的亲身经历直接论证某一论点，必须善于通过自己的生活小事由此及彼，以小见大，提示出事物的共同规律。

6. 委婉说出言外之意

在许多场合，有一些话不好直说，又不能直说，也无法明说，于是，旁敲侧击绕道迂回，就成为我们所能采用的最明智的方法。

在南朝时，齐高帝曾与当时的书法家王僧虔一起研习书法。有一次，高帝突然问王僧虔说："你和我谁的字更好？"

这个问题对于王僧虔来说是比较难回答的，说高帝的字比自己的好，是违心之言，说高帝的字不如自己，又会使高帝的面子搁不住，弄不好还会让君臣之间的关系变得很糟糕。

王僧虔的回答很巧妙："我的字臣中最好，您的字君中最好。"

历朝历代皇帝就那么几个，而臣子却不计其数，王僧虔的言外之意是很清楚的。

高帝领悟了其中的言外之意，哈哈一笑，也就作罢，不再提这事了。

当你知道了上述的这些方法后，再根据交谈时的实际情况，加以分析就能够较为轻易地读懂他人的话外之音，这样一来就不至于在说话时说出一些不切实际的话。同样，当你在读懂了他人的言外之意后，所说出的话是会让对方感觉到被理解的。

04

听出试探的语言，说出得体的话

　　人们在不同的程度上都有一种不安全感，这就导致了人们在与人交往的过程中，为了保护自己，会在说话的时候隐藏自己的真实意图，于是一些试探性的话语就出现了。在与人交谈的过程中，我们如果不能辨别他人的试探性语言，不仅仅会在他人的试探下将自己的秘密和盘托出，还会说出一些不应该说的话，给他人带来不必要的伤害，或者使人难堪。

　　一个真正能说会道的人，之所以能说出他人乐意接受的话，很重要的一个原因是他说话之前会用心去听。他首先是一个会听的人，并且知道怎么让对方说出自己想要了解的话。

　　他们是在听的基础上再开口说话的。在与人交流的过程中，要想使我们所说的话到位，不至于给双方带来尴尬，要求我们懂得如何识别他人的试探性的话。那么怎样才能做到呢？

　　在这里，你所要了解的是，他人的试探性语言其实就是一种投石问路之术。高情商的人认为，要想听懂别人的试探，首先就得明白对方一般会使用什么方法来试探。那么，别人一般会使用什么样的方法来试探我们呢？一般来说有以下几种方法：

1. 火力侦察法

所谓"火力侦察法"，是指主动抛出一些带有讨论性的话题，让对方说出自己的看法，然后再根据对方的反应，判断其虚实。

南宋天圣年间，刘太后辅佐幼帝仁宗处理军国大事。刘太后垂帘听政，掌握天下大权，有些大臣想讨好太后，捞点儿权力，就同她说起唐朝女皇武则天，暗中鼓动刘太后称帝。刘太后精明敏捷，有一套治理天下的手段，听到大臣们的鼓动，不免心动。

一天，刘太后问大臣鲁宗道："唐朝的武则天皇帝是怎样一位君主啊？"刘太后明知故问，意思是再明白不过的。想不到鲁宗道是个耿直忠心的大臣，他知道刘太后在试探自己，于是就直率地说："武则天是唐朝的大罪人，几乎把唐朝葬送了。"刘太后见鲁宗道的态度那么鲜明，也就没再说什么。

刘太后想学武则天当个女皇帝，这是一件天大的事情，没有多数人的同意是万万不行的，于是刘太后想试探一下大臣的态度如何，于是她巧用了"火力侦察"法，明知故问，巧妙地打着"请教"的幌子，投石问路。而鲁宗道也知道刘太后的意思，但是他忠心耿直，并不想刘太后学武则天，于是以含蓄的方式表达了坚决反对刘太后称帝的态度。刘太后知道民意难违，只好作罢。

因此，要想听懂别人的试探，首先就得明白对方哪句话是抛过来的"侦察火力"，切不可对方问什么你就回答什么，更不能不明情况就实话实说，否则泄露了秘密不说，还会给自己造成很多麻烦。

2. 迂回询问法

所谓"迂回询问"法，是指通过迂回，使对方松懈，然后趁其不备，巧妙探得对方的底牌。

光武帝的姐姐湖阳公主的丈夫死了。根据汉朝的制度，要依公主的意愿在大臣中选出一人配给公主。因此，光武帝便和公主一起议论朝臣，以探听公主的心意。公主说："宋公威容德器，朝里的大臣都赶不上他。"言外之意，湖阳公主看上了宋弘。

这使光武帝十分为难。因为宋弘已经结了婚，估计他不一定能答应，但光武帝又难违背公主的意愿，只好试试看。

过了些日子，光武帝召见宋弘，让湖阳公主坐在屏风后面。光武帝说："人们都说高贵以后，就要改变朋友；富裕以后，就要休掉以前的妻子。这合不合乎人之常情呢？"

　　宋弘看见湖阳公主坐在屏风后面，又听见光武帝说出这番话，便明白了光武帝的意思。但他不肯抛弃自己的妻子，便巧妙地回绝了光武帝的试探。

　　光武帝如果不首先试探宋弘的心意，而贸然提起湖阳公主的婚事，势必会使双方感到为难。因此，光武帝没有直接说出自己的要求，而是从远处入手，采用迂回询问的方式来试探宋弘对"娶湖阳公主"的态度。这样，尽管光武帝的要求遭到宋弘的拒绝，但由于没有直接提出来，因此不会使双方感到为难。

　　由此可见，试探之话很多时候是戴着"面罩"来的。这个时候，我们同样得学会"迂回"，绕过"面罩"，看清楚对方的真实意图，然后再有选择性地应对。

3. 聚焦深入法

　　先是就某方面的问题做扫描式的提问，在探知对方的隐情之后，然后再进行深入，从而把握问题的症结所在。这种试探的方法比较多地出现在商场之上。

　　对眼前这个项目，A 企业的小王和 B 企业的小张聊得都非常好，眼看着就要签约了，可是小张却借口忙其他事情一直不肯签约，这影响了整个项目的运行。

小王感到不解，于是采用"聚焦深入"的方法试探对方。首先，小王证实了小张的合作意图。在此基础上，小王分别就对方的信誉、小张本人、项目的准备情况、资金到位情况、合作档期、成功之后的销售分红等逐项进行探问，最终小张的回答表明，在上述方面都不存在问题。最后，小王又问到货款的支付方面，小张表示原先小王所提到的分三次付款比较麻烦，更何况这种付款方式容易将一大笔的钱分为好几笔，非常影响大家的积极性，所以他希望能一次性付款。

在了解了这个问题之后，小王就当前形势、三次付款的必要性等问题做了更加详细的解释。小张解开了心里的疙瘩，项目也很快启动了。

当我们自己的态度非常不明确的时候，别人就容易使用这种方法来试探我们。因此当对方一项一项地和自己"核对"某些事情的时候，我们就应该明白，这或许就是对方在试探自己。

4. 示错印证法

在交谈的过程中有意犯一些错误，比如念错字、用错词语等，看对方是否能够发现，如果对方发现了，便可以由此作为话题的切入点，进行更深一步的交流和沟通。

在某时装区，顾客对一件衣服比较感兴趣，摊主前来搭话说："看得出这件衣服很合你的意，是不是？"

顾客默许。

摊主接着说："这衣服标价一百五十元，对你优惠，一百二十元，要不要？"

顾客没有表态。

摊主又说："你今天身上带的钱可能不多，我也想开个张，折本卖给你，一百元，怎么样？"

顾客有些犹豫。

摊主又接着说："好啦，你不要对别人说，我就以一百二十元卖给你。"

顾客疑问："你刚才不是说一百元，怎么现在又涨价啦？"

听了顾客的疑问，摊主煞有介事地说："是吗？我刚才说了这个价吗？啊，这个价我可没什么赚头啦！"

摊主稍做停顿，又说："好吧，既然我已经说了一百元卖给你了，那我就得讲信用，除了你以外，不会再有这个价了，你也不要告诉别人，一百元，你拿去好了！"

于是，顾客兴冲冲地买下这件衣服，交易完成！

这就是"示错印证法"，通过一些明显的错误来诱导对方表态，从而达到说话者本身的目的。当面对这些问题的时候，最好的办法就是懂得沉默。即便对方有一个很明显的错误摆在那里，你也不要"逞强"去纠正，否则你就有可能跳入对方为你挖好的陷阱之中。

除此之外，还要善于摆脱对方的"摆布"，如上述案例中虽然摊主最后答应顾客"一百元"的价格，那么一般的顾客都会掏出一百元购买这件衣服。这就是摊主暗地里在"摆布"顾客，其实顾客完全可以再压压价，以更低的价格购买这件衣服。

总之，听懂别人的试探，这是一种听话的技巧，也是一种避免底牌泄露的技巧。不过说起避免底牌泄露的危险还有一种方法：回避一些敏感的、不好回答的问题，包括别人试探性问话的问题、不便回答或不愿意回答的问题等。

面对这些问题，如果坦白地答一声"不知道"或者"无可奉告"，不仅会使对方难堪，破坏气氛，而且会显得自己无风度、没涵养。这时，最巧妙的办法是使用一些无效回答。

所谓无效回答，就是用一些没有实际意义的话去做非实质性的回答，推诿搪塞，答了等于没答，而别人又不能说没答。

无效回答的方法和策略多种多样，常见的有以下几种：

1. 含混回答

所谓含混回答，是指回答得非常模糊。通常情况下，这种回答从表面上看是回答了，但是对方并不能从你的回答当中得到更多的有效信息。

一位男士遇到一位女士："喂，小丽，听说你最近生病了，到底什么病啊？"

"哎，谢谢关心，不是什么大病。"

"那到底是什么病啊？"

"一点儿小病而已。"

显而易见，从这位女士的回答当中，男士并没有得到更多的有效信息，但是也不能说这位女士没有回答。这就是含混回答的优势，只不过在面对这种情况的时候，一定要机警，要得体地进行无效回答。

当然，生活中还有一种无效回答，就是"断话法"，即把别人的话"掐断"，用得较多的词是"没什么"和"不清楚"。

比如一个人对你说："喂，听说你们经理交桃花运啦？"

那么你就可以回答："不清楚呀。"

这样，你的回答就将对方的话"掐死"了，让对方的话根本没有可能继续下去，从而避免一些不必要的麻烦。

2. 答非所问

这里的答非所问并不是没有谱的乱回答，而是一种转移之法，即把要回答的问题转移到与之有关的人或者物的身上。

一位涉外工作者在澳大利亚工作时，一位澳大利亚人问他："您爱澳大利亚吗？"

他没有直接回答，而是婉转地说道："澳大利亚的袋鼠挺可爱。"

这就是一种答非所问，但是也没有乱回答，只不过是将"爱澳大利亚"和"爱澳大利亚的袋鼠"进行了转移。这类答复一般用于那些不便于具体肯定或否定的问题。

3. 歪答

所谓歪答，其实就是一种偷换概念、歪打正着的回答方法。在遇到一些违反常规的事情的时候，不必硬着头皮去找正确答案，干脆将"错"就"错"，这样有时反而会取得好的效果。

4. 回避作答

所谓回避作答，是指直接说出对方不得不承认的避答理由，摆脱对方的追问，而又使双方均不难堪。

一次，一位记者在美术馆和大家谈"女模特儿具有为艺术献身精神"的话题时，问其中的一位女画家："假如让您当人体模特儿，您愿意吗？"

这个聪明的女画家说："记者先生，我觉得这是我的私事，不在今天的采访之列吧？"

这是一个非常不好回答的问题，公开说"愿意"吧，对一个青年女性来说绝非易事；说"不愿意"吧，又是自己打自己的嘴巴。

一句话，将死了对方的棋，摆脱了对方的追问，使自己摆脱了窘境，且自然而有道理。

5. 引导对方自我否定

所谓诱导对方自我否定，是指面对对方的提问之时，以反问的方式让对方自动否定自己的提问。

一次，美国前总统罗斯福的一位朋友问他在加勒比海小岛上建立潜艇基地的计划。罗斯福小声问他的朋友："你能保密吗？"朋友脱口而出："能。"罗斯福接着说道："我也能。"

显然，罗斯福巧妙地设计了圈套，引导对方说出自己不想回答的原因，而表面上又是在回答。

如何回答难以回答的问题是交际人士比较头疼的问题，其实只要利用好这几种无效回答的方式，自然能达到"避答又避尴尬"的目的。

05

听出被人误解之处，消除误会

一千个人眼中有一千个哈姆雷特。对同样的一件事情，不同的人会有不同的看法。在人际交往中，我们所做的事、所说的话，被人误解是再正常不过的。面对他人的误解，有些人会觉得不解和委屈，会急着向人解释。可惜的是，他们的这种解释往往不能消除彼此之间的隔阂，反而会令误解越来越深。而真正高情商的人在遇到这种情形时，也会向对方解释，并且能巧妙地消除掉彼此之间的误会。

为什么同样是解释，所达到的结果却完全不同呢？其原因在于，高情商的人在被人误解时，懂得克制自我，让对方说出误解之处，找到真正令对方误解的原因之后再去解释。

我们在面对别人误解的时候，懂得克制自我，不仅仅能找到被误解的原因，找出有效解决误解的方法，还能表现出一种大度。

这一点往往能令对方折服。历史上的许多名人就是因为知道这一点，并做到了这一点，从而获得了他人的尊重。

　　一次，美国幽默表演大师卓别林正要登台演出，一位热心观众忽然提醒他："大师，你的上衣纽扣忘了扣了。"

　　卓别林一怔，连忙表示感谢，并很快将上衣纽扣系好。当他走到这位观众看不见的地方，复又解开。

　　这一幕为前来采访的记者见到了，他很是不解，问："为什么呢？"

　　卓别林回答："我要扮演的是一位长途跋涉者，松开纽扣更能体现其辛苦、劳顿，给观众留下栩栩如生的形象。"

　　记者更困惑了："刚才你为何不直接告诉那位观众呢？"

　　"不！"卓别林加重了语气，"指出观众的误解，有的是时间。在这里，最重要的是以一颗感谢的心去接受别人的善意，并在态度上给予回报！"记者肃然。

　　确实，被误解是件令人感到很难受的事情，而这种误解不解释清楚，势必会影响双方之间的正常交往。如何巧妙地消除这一误解，就显得十分重要了。该怎么做呢？语言是最有效、最便捷的方式。只不过在这个时候，我们首先要做的是了解对方究竟是因为什么对自己产生了误解。高情商的人告诉我们，在解释之前，要先听听别人怎么说。在听的过程中，我们应该做到以下几点：

1. 保持冷静，认清事实

人和人之间的误解是难免的，而我们总是在强调自己是问心无愧的，可是我们似乎忘记了一个事实——事情真的是我们所认为的那样吗？我们自己一点儿错误都没有吗？说不定真的是自己错了呢？

因此，我们在发泄自己情绪的时候，一定要记得冷静，待认清事实之后再发泄也不迟，否则就有可能会后悔。

一天晚上，有位女士在机场候机。离飞机起飞还有好几个小时，她在机场商店里找到了一本书，买了一袋甜饼之后找了个地方坐下。她沉浸在书里，却无意中发现，那个坐在她旁边的男人未经许可就从他们中间的袋子里抓起一两块甜饼塞进嘴里。她试着回避这件事情，避免自己大发脾气。她读着书，使劲儿嚼着甜饼，看着时间，在那个"偷饼贼"继续消耗她的甜饼的时候。

时间一分一秒地过去，她越来越气愤，心想："如果我不是这样宽容，我一定打得他鼻青脸肿！"她每拿一块甜饼，男人也会跟着拿一块。当只剩一块时，她猜测男人会怎么做。男人的脸上浮现出笑意，并且略带拘谨，抓起了最后那块甜饼，把它分成两半。男人递给她半块，自己吃了另一半。她从男人手中抢过半块饼，并且想："天哪！这个家伙还真有点儿意思，但他却很无礼，他为什么连感谢的话都不说一句？"

当她的航班通知登机时，她如释重负地松了口气，收拾自己的物品走向门口，拒绝回头看一眼那个"偷窃而且忘恩负义的人"。她登上飞机，坐到自己的座位上，然后找寻那本她已经快看完了的书。当她把手伸进皮包时，她因意外而紧张得透不过气来，她的手摸到的居然是一袋甜饼！"如果这是我的，"她绝望地叹息道，"那么另一包就是他的，而他却愉快地与我分享！"太迟了，已经无法道歉了。她是那样难过，那个无礼的、忘恩负义的"偷饼贼"，恰恰是自己！

试想，如果这个所谓的"偷饼贼"当时就爆发的话，事情会变得极端尴尬。但是在面对这位女士误解的时候，那个男人克制住了自己的情绪，表现得相当冷静，于是一场尴尬就避免了。由此我们可以得出一个教训：在遇到别人误解的时候，冷静是最保险的。

2. 明确事实：误解是不可避免的

在遇到误解的时候，一定要牢记一个事实：误解有时候是不可避免的。也正因为如此，一个善于交际的人在面对误解的时候心里会有一个想法："我只不过碰上了一件不可避免的事情而已，就像命运的安排一样，我接受。"这是克制自己情绪的一种好办法。

3. 摆正心态：宽容别人，受益的是你自己

很多人之所以不能控制自己的情绪，是因为他们觉得自己宽容了别人，自己就受到了损失。其实这种心态本身就是不对的。宽容了别人，你什么都没有失去，相反，你却收获了很多东西，比如说别人的尊重、你的人际关系、你的修养……而这一切，都是一个好的倾听者最需要的。

总之，当我们在被别人误解之时，如果想要向对方解释，去消除误解的话，就必须寻找到被误解的真正原因出在哪里。换成另外一句话说，就是要求我们在被人误解后，在与误解我们的人交谈的时候，一定要懂得克制住自我，找到被误解的真正原因，从而选择合适的语言和方式，才能真正地将误解消除。

说话之前先过脑

——高情商说话就要学会掌控情绪

　　高情商的人同样会是一个情绪稳定的人，他们在与人说话的时候很少会受到自我情绪的影响，更不会因为无法控制情绪而说出一些不应该说的话来。在我们的身边，有很多人一开口就得罪人，即使说出来的是好话，听起来也让人觉得不舒服。他们很多的时候就是因为不懂得控制情绪，所以才让充满负面情绪的话脱口而出。

01
说与身份相符的话

　　一个聪明并懂得说话艺术的人，在与人交流的过程中，不仅仅会在说话的时候注意自己所说的内容，他们还知道，在开口之前，先考虑自己以及跟自己说话对象的身份，尽量使自己所说出的话与身份相符。因为他们知道，如果不考虑自己的身份便开口说话，所说的话不仅不会对对方起任何的作用，反而会给对方留下一个不知深浅的印象。

　　这对人际交往是有害而无益的。现实中，有许许多多的人就是因此给自己的人际交往和事业发展带来了阻碍。下面事例中的王小姐就是一个典型。

　　王小姐是杂志社的助理编辑，她文笔不错，学习热情高，刚进杂志社不久，就将各项业务摸得一清二楚。

　　有一次，老板召集大家开会，轮到王小姐发言时，她提到了印刷品质不好及成本太高的问题，并说假如这些杂志能降低百分之五的成本，那么杂志社每个月就能省下一二十万。老板听了他的报告之后，没有发表任何意见，但从这一天开始，王小姐感觉到负责印务的同事对她不友善了。

其实，王小姐的意见并没有错，错就错在不该由她来发表意见。因为身份不对，她仅仅是一个助理编辑。更何况，她还是杂志社的一名新人，即便她对出版业务比较熟悉，但是新人的身份还是确定的。这就是一个深刻的教训：人微，言轻，少开口，开口之前得想想自己的身份。

那么，我们在说话的时候，怎么才能使所说的话符合我们的身份，怎么才能说出中肯而动听的话呢？高情商的人告诉我们：

1. 说话时要认清自己的身份

所谓身份，就是说话者的角色地位。任何人，在任何场合，都有自己的特定身份。如果你说的话不符合自己的角色地位，就可能说出不礼貌的言辞。例如，在办公室，如果你仅仅是一个普通职员，但是却向其他职员发布命令，这就是你没有认清自己的身份。

2. 说话要尽量客观

这里说的客观就是尊重事实。特别是向对方传达某件事情的时候，不能添油加醋，更不能信口开河，否则往往会把事情办糟。

3. 把握话语的分量

所谓话语的分量，是指在说话的时候，你应该明白自己所说之话会有多少分量，会对听话者产生多大的冲击。如果你觉得对方可能受不了你所说之话的分量，那么这种话最好还是不要说。

一群朋友在一起聊天，其中说起全国地域性差异以及各个地区人的差异，一个人在没有经过思考的情况下，随口说 A 地区的人最不好了，既奸猾狡诈，又不懂得爱护环境，一个好好的城市就被他们给破坏了。

在他说完这句话的时候，他明显地感觉到气氛有点儿不对，这时他才想起这群人中间，有好几个都是 A 地区的人，便连忙道歉，可是他所说之话已经深深地伤害了对方，他再怎么道歉也已经没有用了。

这就是话语对人产生的伤害。俗话说"良言一句三冬暖，恶语伤人六月寒"。试想一下，如果你正好说的是一句坏话，那么这句话的分量会有多大，对周围人的伤害又会有多大。

02
直言也应有分寸

　　人际交往中适当的直言是一种智慧和能力，需要我们不断地修炼。古人云："得意便思有矜辞色否，失意便思有怨望情怀否。"无论得意时还是失意时，都需要不断自我反思与修炼。

　　说话尺度是分寸感中最难掌握的，有些人不懂得在说话时掌握分寸，因此常常得罪人，这并不利于人际交往。

　　有这样一个故事：

　　从前，有一个爱说大实话的人，什么事情他都照实说，所以，不管他到哪儿，总是被人赶走。因此，他变得一贫如洗，无处栖身。

　　最后，他来到一座修道院，指望着能被收容进去。修道院长见到他问明了原因以后，认为应该尊重那些热爱真理、说实话的人，于是，把他留在修道院里。修道院里有几头牲口已经不中用了，修道院长想把它们卖掉，可是他不敢派手下的人到集市去，怕他们把卖牲口的钱私藏起来。于是，他就叫这个人把两头驴和一头骡子牵到集市上去卖。

这人在买主面前只讲实话："尾巴断了的这头驴很懒，喜欢躺在稀泥里。有一次，长工们想把它从泥里拽起来，一用劲儿，就把它的尾巴拽断了。这头秃驴特别倔，一步路也不想走，他们就抽它，因为抽得太多，毛都秃了。这头骡子呢，是又老又瘸。如果干得了活儿，那么修道院长为什么要把它们卖掉啊？"结果买主们听了这些话就走了。这些话在集市上一传开，谁也不来买这些牲口了。于是，这人到晚上又把牲口赶回了修道院。

修道院长发着火对这人说："朋友，那些把你赶走的人是对的。我也不应该留你这样的人！我虽然喜欢听实话，可是，我却不喜欢那些跟我的腰包作对的实话！所以，老兄，你爱上哪儿就上哪儿去吧！"就这样，这人又被赶出修道院了。

其实，故事中主人公的遭遇并不是偶然的，现实生活中也不乏类似的例子。

小王过生日的时候，在家里举办聚会，邀请了很多生意上的朋友和公司的同事。时间已过了九点，还有几个人没有来。于是他着急地说："怎么该来的人还不来，他们干什么去了？"听到这样的话，在场的部分人心里感到不悦："该来的不来，那么他的意思就是说我们是不该来的了。"于是没有打招呼便出门走了。小王一看有人走了，更着急了，嘴里又冒出一句话："怎么不该走的人反倒走了啊！"这句话一出口，剩下的人就更加不高兴了："他们不该走，那么意思就是说我们是该走的了。"于是大家全部生气地甩袖而去。好好的一个聚会，被小王的这两句话弄得不欢而散。第二天，他前晚邀请的那些生意上的朋友不再愿意与他继续保持合作关系，而公司里的同事也对他没有好脸色了。

像小王这样的人不在少数，而他们通常会犯的一个通病就是说话太过于直接，在无意中伤害到他人。

不喜欢被否定，希望得到他人的认可和尊重，是人的共性。那些善于说话的人深知这一点，因此，他们在与人交往交谈的过程中，即便对方做得不怎么好，也会考虑到这一点，并不会直言相对，而是换一种方法将自己的意思表达出来。反之，那些不懂得说话技巧的人，此时也许就会实话实说，虽然他说的没错，但是却可能会引起他人的不快，以至于导致双方之间的关系由此产生一点点裂痕，影响到以后的交往。

不过，在这儿要提醒注意的是，不是我们不能够说真话，不能直话直说，而是要考虑到对象、时间和场合。也不是说，要我们在与人交往的时候，一味地说奉承的话，别人喜欢听的话，而是要学会换一种方式将自己的意思表达出来，即让对方能够听明白你的意思，又不至于让他们觉得让他们难堪。

03
不要提及他人的忌讳

每个人生活的环境不一样，心里的想法也不一样，所顾及的东西也不一样。在与人交往时，一定要将这一点牢记在心中，注意自我的语言，不能想到什么就说什么，完全不顾及对方的感受，否则，你所说的一句话可能就会在无意中伤害到他人，从而影响正常的人际交往。

历史上，就有许多的人吃过类似的亏：

明太祖朱元璋出身贫寒，做了皇帝后自然少不了有昔日的穷哥们儿到京城找他。这些人满以为朱元璋会念在昔日共同受罪的情分上，给他们封个一官半职，谁知朱元璋最忌讳别人揭他的老底，以为那样会有损自己的威信，因此对来访者大都拒而不见。

有位朱元璋儿时一起长大的好友，千里迢迢从老家凤阳赶到南京，几经周折总算进了皇宫。一见面，这位老兄便当着文武百官大叫大嚷起来："哎呀，朱老四，你当了皇帝可真威风呀！还认得我吗？当年咱俩可是一起光着屁股玩耍，你干了坏事总是让我替你挨打。记得有一次咱俩偷豆子吃，背着大人用破瓦罐煮。豆子还没煮熟你就先抢起来，结果把瓦罐打烂了，豆子撒了一地。你吃得太急，豆子卡在嗓子眼儿还是我帮你弄出来的。怎么，不记得啦！"

这位老兄还在那里喋喋不休，宝座上的朱元璋再也坐不住了，心想："此人太不知趣，居然当着文武百官的面揭我的短处，让我这个当皇帝的脸往哪里搁。"盛怒之下，朱元璋下令把这个穷哥们儿撵了出去。

虽然这只是一个小故事，但是我们从中可以看出，在人际交往中，说话没有顾忌，不讲究忌讳，可能会误伤人心，还会变得不受人欢迎。因此，聪明而能说会道的人，在与人交谈时会注意以下几个方面：

1. 民俗忌讳

我国是一个多民族的国家，幅员辽阔，各个民族之间甚至是各个省份之间都有很多独特的民风民俗，这些民风民俗里面包含着很多的忌讳和禁忌。因此，说话之前一定要想清楚了再说，万万不可因为自己的一时嘴快而得罪甚至惹恼了对方，不仅会闹出误会，甚至很多朋友都会离你远去，给你的人际交往造成不可挽回的损失。

2. 心理忌讳

心理忌讳是指很多人并不喜欢别人说自己什么样。以康熙皇帝为例，晚年的时候他很不喜欢别人说他老，否则就有可能"龙颜大怒"，这就是一种心理忌讳。

在评价一位女士身材的时候，不能用"肥""胖"甚至是"臃肿"的字眼，因为有的女士最怕的就是别人说她们肥胖。这个时候，如果换一种说法，说对方"丰满""有福相"，那么对方肯定非常高兴，不仅避免了尴尬，还会给对方留下一个好印象。当然，在说对方瘦的时候，也要注意用词，可以说对方"苗条""身材好"等。这些都是该注意分寸的地方。

4. 变"好为人师"为"拜人为师"

"好为人师"是很多人在交际时经常犯的毛病。在人际交往中，不妨将好为人师变成"拜人为师"，这样不仅能让你舍去很多麻烦，还能让你的人际关系更好、更稳固。

这种做法虽然简单，但是很多人并不一定能做到，特别是有些年纪比较大一点儿，经验比较丰富一些的人，总是喜欢倚老卖老，好为人师，使得对方甚是难堪，而他肯定也不会得到什么好处的。

5. 懂得适时"闭嘴"

在交际场上，"闭嘴"就好比是刹车，它能帮助我们减少很多的"车祸"。不仅如此，"闭嘴"有时还能帮助我们做成一些好事。

一个印刷业主得知另一家公司打算购买他的一台旧印刷机，他感到非常高兴。经过仔细核算，他决定以二百五十万美元的价格出售，并想好了理由。

当他坐下来谈判时，内心深处仿佛有个声音在说："沉住气。"终于，买主按捺不住，开始滔滔不绝地对机器进行褒贬。

他依然一言不发。这时买主说："我们可以付您三百五十万美元，一个子也不能多给了。"不到一个小时，买卖成交了。

当然，交际场上完全闭嘴是不可能的，关键就是要懂得沉住气，不要没完没了，更不能随意打断对方，要那样只会招致对方厌烦，甚至破坏整个谈话气氛。相反，一个懂得交际的人会适时缄默，给别人一个说话的机会，让别人先吐为快。

由此可见，适时的缄默对人际交往十分有益。让他人先吐为快，既表示了对他人的尊重，又能借机了解他人的为人。相反，如果一个人说话先吐为快，就可能让他处处掣肘，影响他的人际关系。

04

懂得婉转说话的技巧

在与人交往的过程中，我们难免会遇到令我们为难的事情，在这个时候，我们很矛盾，想要说一些什么却又不知道怎么开口。不说吧，说实在的，心里又觉得不怎么舒畅。在这个时候，该怎么办呢？

高情商的人不会为此而感到矛盾、焦虑，而是会采取较为有效的方式，将自己心中的意思表达出来，即采取委婉的方式将自己想说的说出来，在讲话时不直陈本意，而是用委婉之词加以烘托或暗示。这样做给人留了回旋的余地，因而这样的话就更有吸引力、说服力和感染力。

会说话的人，在遇到一些为难的事情，或者是要说不好直接说出来的话时，就会用这种方式去与人交流。

林女士做公交车售票员十多年了，颇受乘客与单位领导的喜欢，因为无论遇到什么情况，她从来都没有发过火，她的声调永远是柔和的，嗓音永远是优美的，最重要的是她说话的语气婉转，让人听着非常舒服。

有一天傍晚，正逢下班高峰期，公交车上拥挤不堪，而这时又上来一位抱小孩的妇女。林女士像往常一样对乘客喊道："哪位同志给这位抱小孩的女同志让个座？谢谢了。"也许是太拥挤了，她连喊两次，仍无人响应。

这时，林女士就站了起来，用期待的目光看了看靠在窗口处的几位青年乘客，提高嗓音说："抱小孩的女同志，请您往里走，靠窗口坐的几位小伙子都想给您让座儿，可您得先过去。"

话音刚落，"呼啦"一声，几位小伙子都不约而同地站起来让座。这位女同志坐下之后，只顾喘气定神，忘记对让座的小伙子道谢，小青年面有冷色。

林女士看在眼里，心里顿时明白，便忙中偷闲，逗着小孩说："小朋友，叔叔给你让个座儿，你还不谢谢叔叔。"一语提醒了那位妇女，妇女连忙拉着孩子说："快，谢谢叔叔。"那位小青年听到小孩道谢，忙笑着说："不客气，不客气。"

要想轻松说服别人，就要理解别人的合理需要，爱护别人的自尊心，只有这样才能把话说到别人的心坎里去。如果不能根据交际对象的心理，选择恰当的语言形式，话一出口先挫伤他人的自尊心，必然引起对方的不快，甚至争吵。在这方面，林女士可谓高手。试想如果林女士在请人让座时说："那么大小伙子一点儿也不自觉，没看到别人抱着小孩吗？"此种口气不引起一阵争吵才怪。或劝抱小孩的妇女应及时道谢时说："别人给你让座，你也不知道说谢谢。"后果当然也会不堪设想。

在许多情形下，委婉的措辞会比直接的批评和教育更容易让人接受。

吴小姐是一家商场的服务员，一天，商场里在搞儿童玩具促销活动，柜台前挤满了顾客，这时一个小孩子伸手抓起一件玩具就跑。不一会儿，小孩连同玩具就被有关人员带了回来。这时，围上来许多顾客，他们既为小孩担心，又想看看服务员到底如何处理这件事情。

小孩子拿商场的东西，多半是因为不懂事，这种情况如果说重了，怕小孩子的自尊心受不了，周围人也容易打抱不平。不说吧，毕竟商场有规定，而且小孩子养成这样的习惯也不好。

这无疑是个难题，吴小姐思考片刻，面带微笑地走到小孩身边，拉起小孩子的手温和地说："小朋友，你喜欢这件玩具吗？""喜欢。"小孩答。"小朋友自己拿玩具对不对？""不对。"小孩子不好意思地低下头。"对了，以后小朋友喜欢什么玩具就告诉阿姨，阿姨给你拿，好吗？""好。"小孩子高兴地回答，并把玩具交给了吴小姐。

这件本来很棘手的事情，吴小姐处理得很巧妙、精彩。她用亲切委婉的话语既要回了所丢失的商品，又维护了小孩的自尊心，还不失时机地对孩子进行了一番教育，赢得了周围顾客的好评。

其实，很多成年人都保持着小孩子的这种心理，听到好听的话就高兴，听到批评就不舒服，只不过成年人的情绪不那么外露罢了。所以，我们说服别人的时候，一定要委婉，避免伤害对方，这样就可以取得更好的说服效果。

能说会道的人大都是高情商的人，也是懂得顾全他人心理的人。也就是因为如此，他们知道，在与人交往时，有些话虽然没错，但是如果直接将它说出来，则有可能会令对方难以接受，因此，他们在说一些话时，懂得迂回委婉，不会横来直去地将它说出来。

高情商的人在说话的时候，之所以会采取这一方式，除了人所特有的细心，顾忌到他人能否接受之外，还有一个私心，那就是在人与他人交往的过程中，避免发生一些令自我感到尴尬的事情，同时，还有以下几个优点：

1. 维护自己的尊严

德国著名诗人歌德就是这样做的。

一次，歌德在公园里散步，与一位批评家在一条仅能让一人通过的小路上相遇。批评家说："我从不给蠢货让路。"歌德笑着退到路旁："我恰恰相反。"

诗人听到批评家的谩骂后，并没有像平常人那样"一听即跳"，而是仅仅使用了五个字。但正是这普普通通的五个字，却使批评家哑口无言，歌德也很好地维护了自己的尊严。

2. 表达自己的意愿

有一位顾客到一家饭店吃饭，点了一只油炎龙虾。结果菜上来后，他发现盘中的龙虾少了一只虾钳，于是就询问侍者。侍者无法解释，只好找来了老板。

老板抱歉地说："真对不起先生，龙虾是一种残忍的动物。您点的龙虾可能是在和它的同伴打架时被咬掉了一只钳。"

顾客巧妙地说："那么，就请给我调换一只打胜的龙虾吧。"

顾客用幽默的方式委婉地表达了自己的意愿。这种方式没有取笑他人，没有批评他人，也没有伤及他人的自尊，既保护了饭店的声誉，又维护了顾客的利益。

3. 巧妙拒绝

一些委婉的话语，不仅能缓解当时的尴尬气愤，而且还能巧妙地拒绝对方的要求。

电视剧《水浒传》中，在写鲁智深三拳打死镇关西后，为了逃避官家的追捕，只得削发为僧。剧中有这样一段台词：

法师问道："尽形寿，不近色，汝今能持否？"

智深回答："能。"

法师又问："尽形寿，不沾酒，汝今能持否？"

智深回答："能。"

法师再问："尽形寿，不杀生，妆今能持否？"

智深犹豫了。

法师最后高声催问："尽形寿，不杀生，汝今能持否？"

智深回答了一句："知道了。"

法师要求鲁智深不近女色不饮酒，他能做到，当要他不惩杀世间的恶人，实在难办。但若此时回答"不能"，法师肯定不许他剃发为僧了，这样他就无处藏身，因此鲁智深来了一个灵活应付，一句"知道了"，在法师面前过了关，又巧妙地拒绝了对方的要求。

很多情况下，说话委婉是一种智慧地表现，帮我们免除了一些不必要的麻烦。

4. 缓解尴尬

含蓄有时能够帮助我们避免尴尬。巧妙地运用委婉含蓄的语言，看起来似乎轻描淡写，但实际上却能让我们摆脱一些无形的尴尬。

既然说话婉转有着这么多的好处，那么，我们具体应该怎样做呢？

（1）改变说话的口气，尽量使用商量的口气

即把你考虑成熟的意见或建议对他人说时要用商量的口吻。如："您看这样是不是会更好一些？""我说的不一定全对，我想听听您的看法。""您觉得怎么样？"相信对方在听到这些话的时候，心里再怎么有情绪也会平息下来。

（2）在与人交谈时，多用试探的口气

即将自己的意见或者建议以试探性的口吻说出来。如："你是不是觉得这件事情应该……""对于这个方案，您看是不是得这样稍微修改一下……"虽然你表达的还是自己的意见，但是你用了试探性的口吻，对于听话者而言，心里接受力就会大大提高。

（3）在说话时要保持谦虚

即用一种谦虚、低调的口吻来表达自己的意思。如："这件事情我还是搞不太清楚，您看，是不是得这么进行啊？""我这个人比较笨，您看，这件事情是不是这样解决一下比较好啊？"

（4）懂得赞美

即用赞美的语气来表达自己的意愿。如果对方的看法与你大相径庭，那么你可以说："噢，您说得很对，确实是这么回事儿。不过您看是不是还可以说有这样一种意思……"赞美确实能使对方对你产生好感，觉得你很有礼貌，并慢慢接纳你的建议。

（5）委婉表达

例如，当谈到某人对一个人、一件事情有不满情绪时，说他

对此人此事有点"感冒"等。这都是在委婉含蓄地表达事情的本意。

（6）侧面回答他人的问题

即通过"旁敲侧击"的方式来达到自己的目的。如有人在超市购物忘记了付钱，作为营业员就可以这样问对方："您再好好想想，您是否忘记了什么事情呢？"有些事情不需直接点明，只需指出一个较大的范围或方向，让听者根据提示去深入思考，寻求答案，可达到含蓄的效果。

05
冷静面对他人提出的要求

能说会道的人一般也是一个具有自知之明的人。他们在与人交往的过程中，始终对自我有一个较为客观的认知。他们说出的话，总会给自己留有一定的余地，不会说过激的话，不会说自己做不到的话。正是因为如此，他们在与人交往时，才能够让与之交往的人觉得他值得信任、值得交往。可惜的是，在现实中，有些人在与人交往的过程中，可能是为了获得他人的好感，在他人提出要求或是请他帮忙时，会不假思索就答应下来，但最终却没有办到。

这种人的做法，可能会令对方暂时感到满足，觉得他是一个好人。当他不能做到这些事情时，又会给对方留下一个什么样的印象呢？毫无疑问，他的形象会在对方的心中来个一百八十度的大转弯。最终的结果是，这种人为了获得他人的好感，最终却失去了他人的好感。

王小姐是某公司的职员，一次，公司的某个项目遇到了困难。老板就将此事交给王小姐处理，问她有没有问题，能不能办好。王小姐不假思索就一口应承下来，并且让老板放心。过了三天，老板问她进度如何。她这时才面有难色地说事情不像想象中那么简单！虽说老板仍然继续让王小姐负责处理此事，但是老板已经对她的能力产生了怀疑。

以上就是在说话时，不假思索就满口应承下来的结果。如果我们面对自己不能做好的工作却满口应承下来，就会给我们的事业发展带来阻碍。在平常的人际交往中，如果我们像王小姐那样，又会产生怎样的结果呢？

因此，在面对他人提出的要求时，我们要先想想自己能否做到，千万不要不假思索便夸下海口、应承下来。那么在日常生活中，我们应该如何避免"夸海口"呢？懂得说话艺术的人告诉我们，在开口说话之前要注意以下几点：

1. 衡量自己的能力

俗话说，有多少能力就做多大的事情；没有金刚钻，不揽瓷器活。如果你不知道自己到底应该不应该答应对方，那么最好的办法就是静下心来，仔细衡量一下自己的能力，考虑一下自己是不是能将这件事情办好。如果你觉得你有这样的能力，那么你再答应对方；反之，如果没有，那么你在事情还没开始之前就应该拒绝对方。

我们在衡量自己能力的时候，因为有很多不确定的因素，所以要懂得"增减之道"，即将事情的难度增加三成，而将自己的能力减少三成。也就是说，我们衡量一下自己用 70% 的能力能不能办成难度是 130% 的事情，如果能，那就是能；如果不能，就应该好好考虑该怎么拒绝对方了。

2. 冷静片刻，不要让情感控制大脑

在很多的时候，向你提出请求的会是平时关系还不错的人。在这个时候，你可能会碍于情面答应下来。这样做是不对的。你应该明白：当你答应了别人之后，如果没能做到更伤害感情。因此，我们在面对他人请求的时候，应该冷静一分钟，在大脑中转一个圈子，考虑这件事情自己能不能办到、能不能办好。如果答案是否定的，就一定不要答应帮忙。如果你害怕因为拒绝对方产生不好的交际效应，那么建议你想一想失败之后的情景。到那个时候，交际效应又能好到哪里去呢？因为，如果你真的办不了却答应了对方，那么事情会越办越糟，你的处境就会更艰难。所以，办事要量体裁衣，当你遇到难以做到的事情时，你要鼓起勇气，说声：

"对不起，我实在无能为力，您是否可以找别人？"或者说："实在抱歉，我水平有限，只能让您失望了。我想，如果我硬撑着答应，将来误了事儿，那才对不起您呢！"相信对方听到你这样开诚布公的拒绝也会表示谅解的。

3. 预先想想做事的后果

要想避免夸下海口，考虑后果是一个好方法。有些事情一旦办了，后果就非常严重，比如说违法、违情、违理，使自己或别人名誉、经济或地位受损。这个时候，你千万要考虑事情的严重后果。

4. 学会拒绝

要想避免夸下海口，拒绝无疑是最好的办法。很多时候，我们碍于情面，对对方提出的要求不加分析地加以接受。但是事实上有很多事情我们是没有能力办好的，那么遇到这种情况，在还没有答应对方之前就拒绝对方，或许是最好的解决办法。

当然，拒绝别人的要求也是一件不容易的事情。日本的一位教授说："央求人固然是一件难事，而当别人央求你，你又不得不拒绝的时候，也是叫人头痛万分的。因为，每一个人都有自尊心，都希望得到别人的重视，同时我们也不希望别人不愉快，因而，也就难以说出拒绝的话了。"

这个时候，我们就要运用一些拒绝的技巧了，比如婉言拒绝、借口拒绝、推荐拒绝等，都是拒绝别人的方法。

5. 使用一些不确定性、模糊的字眼答复对方

一些高情商的人在面对他人的请求觉得自己难以办到时，大多偏爱诸如"可能、尽量、或许、研究、考虑、评估、征询各方意见"这些不确定的字眼，他们之所以如此，就是为了留一些空间好容纳"意外"，否则一下子说死了，结果事与愿违，那不是很难堪吗？

因此，当你遇到实在不能拒绝的事情，你可以接受，但是不能说"保证"，应代以"我尽量，我试试看"等字眼。

总之，说话不能说得太过，过犹不及的道理我们应该牢记于心。

06
积极寻找能引起共鸣的话题

对一个人来说，要想提高自己说话的技巧，就必须将对方的兴趣完全吸纳在自己的谈话之中。要知道，如果没有合适的话题，那么没有情感的交谈是不可能取得好的交谈效果的。因此，一个高情商的人在与人交谈的时候，会积极地寻求共鸣点。而要做到建立交谈的共鸣点，那些拥有良好的语言交际能力的人告诉我们，应做到以下几点：

1. 倾听对方的心声

倾听对方的"心声"是一个人建立交谈共鸣点的技巧。如果你不能倾听他人讲话，一心只想着自己如何才能说出更独到的言辞，自己该说什么才能给对方留下好印象，那么你如何知道你和对方的共鸣点应该建立在哪个话题或者哪一类话题之上。

日本金牌保险推销大师原一平曾有这样一段推销经历：他去拜访一位出租车司机，那位司机认为原一平绝对没机会向他推销人寿保险。当时，这位司机肯会见原一平，是因为原一平家里有一台放映机，它可以放彩色有声影片，而这是那位司机没有见过的。

但是原一平并没有一见面就给对方放彩色有声电影，而是仔仔细细地听对方说了半个小时的话。从出租车司机的谈话中，原一平发现了对方的一个想法：很想为家人带来一些什么。这说明这个出租车司机是一个家庭责任感很强的人。

知道这一点之后，原一平放了一部介绍人寿保险的影片，并在结尾处提了一个结束性的问题："它将为你及你的家人带来些什么？"放完影片，司机静悄悄地坐在原地。三分钟后，他主动问原一平："现在还能参加这种保险吗？"

最后，他签了一份高额的人寿保险契约。

"为家人带来什么"就是原一平通过倾听和对方建立起来的共鸣点。透过这个共鸣点，原一平很快达到了自己的目的。

2. 用谈话把对方整合到你既定的轨道上

卡耐基说："要让别人乐意照着你希望的想法去做，你就必须让他明白，他对你有多么重要，而他便会觉得这件事情对他也有多么重要，这同样是一个建立共鸣点的好办法，只不过这个共鸣点是一种内心的共鸣点，而不是话题的共鸣点。

威尔逊邀麦克阿杜参加他的内阁，这是他能赋予麦克阿杜的最高荣誉了。但威尔逊却以另一种方式邀请麦克阿杜，使他觉得倍加受宠。以下是麦克阿杜自己所说的话："威尔逊说他要组一个内阁，假如我愿意接受担任财政部部长这一职位的话，他将非常高兴。他做事的方式很令人愉快，他制造了一种印象，使我觉得，我接受了这份荣耀的话，就是帮了他的大忙。"

威尔逊遵从了人际交往中一项重要的法则，让别人乐意去做他所建议的事情。那么为什么别人乐意去做呢？很简单，威尔逊通过谈话将对方整合到了自己既定的轨道上，他和对方之间建立了一个内心的共鸣点。

3. 留心对方的举止言谈，发现相似因素

人与人之间存在的能够产生情感共鸣的相似因素很多，有的是明显的，有的是隐蔽的。在交谈中，我们只要留心对方的举止言谈，就不难发现一些相似的因素，可以作为交谈的突破口。

例如：经历相似。唐代诗人白居易身为江州司马，与地位低下的琵琶女邂逅相逢，也能很快地倾心交谈，并为之泪洒青衫，

就是因为"同是天涯沦落人"。经历上和遭遇上的相似，使他们暂时排除了地位上的差别，有了共同语言。

例如：兴趣相似。共同的兴趣与爱好是最能促进交谈双方相互接近的，它在人们的心理上往往具有一种特定的吸引力。比如与养鱼、种花者谈摆弄金鱼、花草之乐，与爱好音乐、体育者谈论音乐欣赏、体育比赛，与集邮者谈集邮之道等，这些兴趣爱好就成了他们进一步交谈的桥梁。

曾经有一位销售员，有人向他介绍了一名客户。那个客户是一个脾气十分古怪、让人难以接近的人，在这之前他们公司有销售员跟他接触过，但几乎都是没说上两句话就被拒绝了。

当他准备去拜访这位客户之时，原来的同事都劝他放弃，觉得不可能成功。但是，让人想不到的是，他竟然谈成了，客户很痛快地购买了他推销的产品。

为什么会这样呢？原来，他发现这位客户喜欢书法，于是，他在见到这位客户的时候，并没有说推销的事，而是从书法谈起，让这位客户接受了他，并最终接受了他推销的产品。

此外，还有地域相似、职业相似、年龄相似、处境相似等直接相似因素，以及对方与自己的亲戚、朋友、同学和邻居等有联系的间接相似因素，这些都可以成为沟通情感、找到共同话题的桥梁。

一位记者曾讲述过自己采访的一段经历：

记者去某地农村采访，住在一个老大娘家，进门打过招呼，便说："听口音大娘是山东人，好像是鲁中南的吧？"大娘说："是呀，老家是山东阳谷。"他接着说："我当兵时，我们连队山东人可多啦，连长、排长和班长都是山东人，山东老乡对国家的贡献大！"这番话引起了老大娘对往事的回忆，她对记者讲起了过去的事情，记者从她那里听到了不少有用的材料，收获颇大。

这就是通过间接相似点——战友和大娘都是山东人，从而与大娘有了共同感兴趣的话题，也使大娘产生了感情共鸣。

4. 通过内心独白

通过内心独白也可引起情感共鸣。有时候，我们发现无法与戒备心强的人沟通感情，其中原因之一在于对方抱着"我俩根本处于不同的世界"的想法。可以设想：两个生活经历、生活环境、思想背景或者生活习惯等完全不同的人，初次见面，当然会有格格不入之感。为了突破此种障碍，必须让对方相信，双方隶属于同一世界，确实存在着某种共同的嗜好或需要。互相之间的共同经历，足以迅速化解对方的警戒心，使对方愿意敞开胸怀，虚心接受善意的劝导。

5. 积极寻找与对方的共鸣点

所谓"寻找共鸣点"，其实就是了解对方的一个过程，只不过在了解对方之前，要让对方先了解自己，应该主动将自己的生活状况进行说明，促使双方形成共同的心理意识。

那么要想建立共鸣点，该如何寻找与对方的共鸣点呢?

（1）了解对方的兴趣爱好

初次见面的人，如果能用心了解对方的兴趣爱好，就能够缩短双方的距离，而且能够加深对方对你的好感。例如，和中老年人谈健康长寿，和少妇谈孩子和减肥以及大家共同关心的宠物等。即使面对自己不太了解的人，我们也可以与他谈谈新闻、书籍等话题，或许在这看似漫不经心的谈话中就能够找到双方都感兴趣的共鸣点。

（2）多说平常的语言

有很多人在跟他人聊天的时候，为了引起对方的注意会说一些故作高深，让人吃惊的话。其实这样做并非是较好的方法。因为一味说令人咋舌与吃惊的话，容易使人产生华而不实、锋芒毕露的感觉。受人爱戴与信赖的人大多并不是才情焕发，以惊人之语博得他人喜爱的人。否则不但不会得到共鸣，反而会让对方讨厌你。

（3）避免否定对方的行为

初次见面是建立良好人际关系的重要时期，在这种场合，对方往往不能冷静地听取意见、建议并加以判断，而且容易产生反感。同时，初见面的对象有时也会恐惧他人提出细微的问题来否定其观点，因此，初见面应当尽量避免有否定对方的行为出现，这样才能形成和谐的人际关系。

当然，这并不是不让你提相反意见，而是要尽量委婉，或者采用迂回的方式提出。这样做就不会引发对方反射性的反驳，还能够使对方接受并对你产生良好印象。

（4）了解对方所期待的评价

人往往不满足自己的现状，有时又暂时无法加以改变，因此只能持有一种幻想中的形象或期待中的盼望。这样的人在人际交往中，非常希望他人对自己的评价是好的，比如胖人希望看起来瘦一些，老人愿意显得年轻一些。

（5）注意自己的表情

一个人内心深处的想法或多或少会在表情上显露出来。一般人在到达约会场所时，往往只检查领带正不正、头发乱不乱等问题，却忽略了"表情"的重要性。如果你想留给初次见面的人一个好印象，那么不妨照照镜子，审慎地检查一下自己的脸部表情是否和平常不一样。如果你过分紧张的话，那么最好先对着镜中的自己傻笑一番。

（6）留意对方无意识的动作

在初次见面的场合中，如果有一方想结束话题，往往会有看手表等无意识的动作。因此，当你看到交谈的对象突然焦躁地看着手表或者望着天空，或者询问现在的时刻，就应该早一些结束话题，让对方明了你不是一个毫无头脑的人，你清楚并尊重他的想法，必能留给对方一个美好的印象。

（7）引导对方谈得意之事

任何人都有得意的事情，但是，再得意、再自傲的事情，如果没有他人的询问，自己说起来也无兴致。因此，你若能恰到好处地提出来，一定能使对方心喜，并敞开心扉畅所欲言，你与他的关系也会融洽起来。

（8）找机会接近对方的势力范围

每个人都会在自己的身体周围设定一个势力范围，一般只允许特别亲密的人侵入。因此，若想早日建立起亲密的关系，必须找机会去接近对方的势力范围。

（9）表现出自己关心对方

表现出自己关心对方，必然能赢得对方的好感。在招待他人或是主动邀请他人见面时，事先应该搜集一些对方的资料。这不仅是一种礼貌，而且可以维护他人的自尊，使他感受到你的诚意和热忱。

记住对方说过的话，事后再提出来当话题，也是表示关心的做法之一，尤其是兴趣、嗜好、梦想等，对对方来说，是最重要、最有趣的事情，一旦提出来做话题，对方一定会觉得愉快。

（10）先征求对方的意见

做决定之前事先征求对方的意见，也是尊重对方的表示。在处理某一件事时，身份最高的人握有当时的选择权，将选择权让给对方，也是尊重对方的表示。而且，不论是谁，都希望得到他人的尊重，不会因此不高兴或不耐烦。

（11）记住对方"特别的日子"

当得知对方的结婚纪念日、生日时，要一一记下来，到了那天打电话以示祝贺，虽然只是一个电话，给予对方的印象却很强烈。尤其是本人都常忘记的纪念日，一旦由他人提起，对方心中的喜悦是难以形容的。

对象和场合要分清

——高情商说话要因人因地而变化

高情商的人在说话的时候懂得分清对象和场合，知道在什么时候该说什么话。这是一种难得的为人处世的大智慧。

01
说话注意对方表情，才能说得恰如其分

察言观色是一切人情往来中的基本技术。如果一个人在与人交谈的过程中，不会察言观色，不懂得根据他人的表情说话的话，就很有可能说出一些令对方感到不愉快的话，甚至是令对方感到反感的话，如此一来，又怎么能够与他人建立起好的人际关系呢？

高情商的人或能说会道的人，他们说话之所以他人喜欢听，就是在于他们在说话时懂得察言观色，懂得看人表情说话。因为，在内心深处，人人都渴望被理解和尊重，当我们懂得察言观色时，恰好满足了人们的这种需求。如此一来，所说的话，别人怎么会不喜欢听或不爱听呢？

在与人交谈时，可以从以下几个方面去了解他人，去选择适合的语言和表达方式。

1. 根据对方的口气来辨别

口气是情绪和心理的一种口头表现，如果在交谈中我们能注意对方的口气，就能敏锐地捕捉到对方的心理想法。相反，如果我们连对方的口气都听不出来，就会给自己的交际造成很大的障碍。

一个举人经过三科，又参加候选，得了一个县令的职位。他第一次去拜见上司，却想不出该说什么话。沉默了一会儿，他忽然问道："大人尊姓？"这位上司很吃惊，勉强说了姓某。县令低头想了很久，说："大人的姓，百家姓中没有。"上司更加惊异，说："我是旗人，贵县不知道吗？"县令又站起来问："大人在哪一旗？"上司说："正红旗。"县令说："正黄旗最好，大人怎么不在正黄旗呢？"上司勃然大怒，问："贵县是哪一省的人？"县令说："广西。"上司说："广东最好，你为什么不在广东？"县令吃了一惊，这才发现上司口气不对，还满脸怒气，就赶快找了借口溜掉。

2. 读懂脸上的表情

察言观色当中的观色是指观察人的表情，从而获悉对方的情绪。人类的心理活动非常微妙，但这种微妙常会从表情里流露出来。如果遇到高兴的事情，脸颊的肌肉就会松弛；如果遇到悲哀的状况，自然就会泪流满面。因此，通过观察对方脸上的表情基本上就能确定对方的心理活动。

3. 透过"眼神"辨人心

希腊神话里有这样一个故事：如果被怪物三姐妹中的美杜莎看上一眼，立刻就会变成石头。这是将眼睛的威力神化了。其实人们深层心理中的欲望和感情，都会在视线上反映出来。在交谈中，视线的移动、方向和集中程度等都表达了不同的心理状态，观察视线的变化，有助于人与人之间的交流。

如果对方眼神沉静，就表示他成竹在胸，定操胜算。如果你向他请教，问题基本上就能得到解决，除非对方不想帮助你。

如果对方眼神散乱，就表示他对眼前的事情没有任何的解决办法，甚至他也有些着急。如果你向他请教，也是毫无用处的。

如果对方眼神横射，仿佛有刺，就表示他异常冷淡，甚至对你有些许的看法。

如果对方眼神阴沉，就表示他是一个有心机，甚至是个凶狠的人。和这样的人打交道，就必须得小心一点儿了。

如果对方眼神呆滞，唇皮泛白，就表示他对于当前的问题惶恐万状，尽管口中说不要紧，他虽未绝望，也的确还在想办法，但却一点儿也想不出所以然来。

如果对方眼神似在发火，就表示他此刻是怒火中烧。如果你不打算与他决裂，就应该表示妥协，以谋转机。否则，如果你再逼紧一步，就可能引起正面的剧烈冲突了。

如果对方眼神恬静，面有笑意，就表示他对于某事非常满意。

如果对方神不守舍，表示他对于你的话可能已经感到厌倦，再说下去也必无效果，应该乘机告退，或者寻找新话题，谈谈他所愿听的事情。

如果对方眼神凝定，就表示他认为你的话有听一听的必要，你就应该照你预定的计划去执行。

如果对方眼皮下垂，连头都向下倾了，就表示他心有重忧，万分苦痛。

如果对方眼神上扬，表示他不屑听你说的话，无论你的理由如何充分，你的说法如何巧妙，还是不会有好的结果，不如退而求接近之道。

总之，每个人在交谈时的眼神都不尽相同，有散有聚，有动有静，有流有凝，有阴沉有呆滞，有下垂有上扬，我们仔细参悟之后，有助于成功。

4. 通过观察座位来了解人心

在人与人之间的交往中，坐什么座位，怎样坐，都反映了人的深层心理。那么如何通过观察座位来了解人心呢？

（1）座位的物理距离 = 心理距离

座位的距离表示主观上想侵犯对方身体领域的程度，从而能判断出对方的一些心理想法，知道对方想干什么。如果对方和你的心理距离比较近，那么他会选择离你比较接近的座位，即便凳子比较远，他也会搬过来；相反，如果对方和你的心理距离比较远，那么他会选择离你比较远的座位，即便凳子比较近，他也会往后退。

（2）座位的方向意味深长

座位的方向有两个：一个是坐在对方的正对面或旁边，另一个是坐在背向房间的入口与里面的某处位置。

如果对方坐在你的正对面或旁边，就会产生一种距离感和敌对感，因为双方都处于可以观察对方的最佳位置上，很容易产生视线冲突，产生一种对峙的感觉，除非中间有一张桌子或其他东西。

如果对方坐在侧旁，则表示他和你的想法是一致的，他和你是同属一个阵营的，有肩并肩的感觉。

（3）以坐姿来了解对方的心理

如果对方浅坐，则表示对方处于紧张状态。浅坐的人在无意识中会表现出一种服从对方的心理来，但是他们内心的反抗意识是非常强的，在这种人面前，你千万不要显得太强大或太傲慢。

如果对方稳坐在椅子上，同时伸出脚，很悠闲，表示对方很松懈，并且不会立刻站起。

深坐的人在精神上占有优势，至少他希望自己能够居高临下。而浅坐的人坐在位置上常感不安，显示出一种屈居劣势的状态。

如果对方一坐下来就跷起二郎腿，就表示他并不服气。

如果对方是女性，并且一坐下来就跷起二郎腿，就表示她对自己的容貌或衣着服饰相当自信。

如果对方坐下来之后，脚在轻轻地抖动，就表示她对你所说的话不是毫不在意，就是她有些紧张和不安。

我们通过上面所叙述的内容，就可以选择自己的语言和表达方式了，不过要做到对方真正爱听，我们还应该做到：

1. 说话要尽量客观

这里说的客观是指尊重事实。特别是在向对方传达某件事情的时候，不能添油加醋，更不能信口开河，否则往往会把事情办糟。

2. 说话要有善意

所谓善意，也就是与人为善。俗话说"好话一句三冬暖，恶语伤人恨难消"，在人际交往中，一定要把握好这个"分寸"。

3. 揣摩他人心理

要使语言收到良好的效果，就要注意揣摩他人的心理，说对其心思的话。这一方面是你对对方表示尊重；另一方面，你的话说到了对方的心坎上，他自然乐意，这样一来，你的语言就会收到预期的效果。

4. 契合环境氛围

要想使自己的话说得恰到好处，就要留意说话时的环境，在什么场合说什么话。如果我们不顾场合与环境，毫无顾忌，信口开河，说一些有悖于环境氛围的话，就会遭到他人的怨恨和责难。

5. 注意捕捉时机

有时候，有些话你若说早了，可能不会产生预期的效果，而如果说晚了，也许又会错失良机。如果你能捕捉时机、恰到好处、坦诚中肯地表露你的见解，就会让他人信服。

6. 不能"一言堂"

对话是交际的基础，有对话才有交流，有交流才能产生情感。一次成功的交谈应该是"你来我往"的，如果把交谈变成独白，即使你讲得口干舌燥，也不会有人为你鼓掌喝彩，所以能说善侃者切忌把自己扮演成"一言堂主"的角色。

7. 不能狭隘偏激

交谈中，双方的观点难免发生分歧、碰撞和交锋。如果一听到对方提出不同的意见，就急迫地插话或打断他人的话，欲把自己的观点强加于人，就会影响自己的交际。一个善于交际的人必定懂得大度宽容，不会盲目排斥，懂得妥协，懂得求同存异。

8. 不能自我吹嘘

在交谈过程中，每个人都有虚荣心，这一点一定要考虑到。如果只热衷于表现自己，而轻视他人的表现，对自己的一切津津乐道，而对他人的一切不屑一顾，就势必造成自吹自擂、自我陶醉的不良印象。

02
了解对方个性，投其所好说对话

面对不同的人，懂得说话的人在交谈的过程中，不仅仅知道看别人的表情说话，还会积极了解对方的个性，根据对方的个性喜好说话。

个性，简单地说就是一个人身上所显现出来的较之他人所独特的一面。如果你在与人交流的过程中，能够把握住他人的个性，选择适合的语言和表达方式，对方便会觉得与你有沟通语言，是属于同一类的。当你在他们的心中留下这一印象后，他们怎么会不接受你，不愿意与你交谈呢？

根据他人的个性，说出投其所好的语言，会让你在人际交往中较为容易地获得他人的认可，并且很容易获得他人的好感，这对成功的社交十分有利。

既然如此，怎样才能知晓他人的个性呢？高情商的人告诉了我们一个秘诀，就是从他人谈话的措辞习惯上去寻找，因为一个人的措辞习惯，不仅仅是他说话的习惯，更是他心底秘密的流露。如果你在与人交往的过程中注意到这一点，去听听对方在说话时，喜欢用什么类型的关联词，有什么习惯语，爱讲什么口头禅，就能够对对方的个性有一个大概的了解。下面就是一些常见的话语中所透露出的个人个性信息：

1. 说实在的、老实讲、说白了、的确是、不骗你

爱讲这类话的人一般爱强调自己的观点，做事比较认真，生怕对方信不过自己，比较老实可靠、讲信用，是值得信赖的人。

2. 应该、必须、一定要、必然会

爱讲这类话的人大多判断力比较强。他们一般自信心十足，遇事比较冷静，思考问题很理智，见解也很深刻。

3. 据说、听说、听人说、一般来讲

爱讲这类话的人一般精于人情世故，说话善于给自己留余地，不显山露水。这类人有圆滑的一面，处处为自己留后路。

4. 可能是、也许会、大概是、差不多

爱讲这类话的人一般自我防范意识比较强。他们不会将自己的真面目暴露出来，懂得含蓄自卫，处世老练圆通，在待人接物方面很冷静，所以他们的工作和人际关系都不错。此类口语有以退为进的含义，精明的政客多用这类口头语。

5. 不过、只是、但是

爱讲这类话的人一般分析能力较强。他们讲话时还要对自己与对方的话进行分析思考，力争出言不误。但这类人多少有固执的一面，爱用"但是"否定对方的观点来为自己辩解。"但是"语又显示了他们温和谦让的特点，往往显得委婉得体、容易被接受。这是他们为自己留好的入口，是为显示自己使用的。从事外交、公关行业的人员常用这类口头语。

6. 这个、那个、啊、呀、嗯、哦

爱用这类语气词的人一般思维比较慢，反应较迟钝。他们讲话时理不清自己的思路，言语不能顺畅地表达，说话时爱用停顿、缓和的语气词。有一部分人爱用此类词并不是没主见，反而是胸有成竹、城府很深，只不过故意装出一副大智若愚的样子。他们因怕说错话，需有间歇来思考，不过这种人的内心往往很孤独。

7. 再者、另一方面、还有、另外

爱说这类话的人一般好奇心较强。他们爱追问究竟，又喜欢插手各种各样的事情。一般他们是从好意出发，为人解决困难，比较具有责任心。他们的判断力很好，思维灵活，时代观念很强，不会被传统观念束缚，富有创新精神，爱用其他方式思考问题，不落俗套。他们的缺点是缺乏耐心和持久力，往往会半途而止。

8. 总的来说、总之、总而言之、归根结底

这类语言有很浓的自负性与强烈的说教色彩，多出自骄傲自负人之口。爱讲这类话的人在谈话时会不断重复自己的结论，爱归纳总结。他们一方面比较固执、执着，另一方面对对方不信任，总是担心自己的观点、意见被否认或不被采纳，因此就用长者、尊者的口气来反复强调。他们爱责备人、爱发牢骚，对下属不放心、不信任，喜欢事必躬亲，却往往会招来对方的反感。

9. 我给你说、因此说、所以说、我要说

这类人说此类话时已经是极度的不耐烦了，不再想听你说一句，想让你闭口。他们已反对你的观点到极点了，这是他们对你的坚决反驳。这种人一般支配欲很强，爱反驳别人的观点，自认为聪明无比，不考虑别人的想法，喜欢将自己的观点强加于人。

10. 我知道、我明白、我理解

爱讲这类话的人一般很聪明、反应灵敏，往往能举一反三。他们的逻辑推理能力较强。他们能够从说话人的语言中领悟到对方的意图，并做出提前反应，但他们也有固执的一面。

11. 好啊、是啊、对啊、有道理

爱讲这类话的人一般很会顺从别人的意思，让别人对他们毫无防范，是刻意打破与对方的距离。一旦对方信以为真，讲出真

话时，他们就会抓住对方的个性和弱点对付对方。虽然他们的人际关系会很好，但这类人很自私，处处为自己的利益着想，一旦你损害了他们的利益，他们容易改变嘴脸，与你反目成仇。

12. 不

经常说"不"的人往往人情味十足，可能在外表上看起来比较坚强，但是内心还是很脆弱的，只要你懂得利用这一点，交际工作就会变得更加顺利。

13. 我就这样说、我就这样做、管别人怎么说

常说这类话的人大多表面上并不在乎别人的看法，而是对自己的言行坚决果断，甚至有些一意孤行。他们这样说不是讲给别人听的，而是在为自己打气，为自己鼓劲儿，在激励自己的自信心。他们把他人的反对、嘲笑、讽刺看得很重，正准备用自己的行动消除别人的阻碍。其实他们心里具有很强的反抗意识和好胜信念，只不过隐藏得很深。

14. 自我吹嘘

喜欢自吹自擂的人多数是因为自信心不足。他们之所以自我吹嘘是缺乏自信的表现。这类人很虚伪，不愿意别人看到自己的短处，对自己的长处宣扬不止，唯恐旁人不知。爱提自己"辉煌的历史"的人近况一般不佳。他们的表现只是一种心理的发泄，

毫无用处，还会给人留下华而不实的印象。我们在任何情况下自吹自擂都不会带来好处，应该尽量谦虚一些。

15. 爱用专业术语

一些爱使用专业术语的人表面看起来很有知识、很有素养，其实这是他们自我掩饰的一种方式。他们故意拿别人不熟悉的专业术语来增强自己的自信。真正在专业领域有大成就的人并不爱用专业术语。

三国时期，蜀国丞相诸葛亮便是根据不同人的个性采用不同的方法说服人的高手。例如，针对张飞和关羽不同的性格特征采取不同的说服方法：针对张飞暴烈、倔强的性格特点，往往使用"激将法"比较容易说服，做事怕他不行或怕他喝酒误事，激他立下"军令状"，而不用费很多口舌去说服。针对关羽自负的性格，诸葛亮则常使用"推崇法"。关羽提出要从荆州到四川与马超比武，诸葛亮便给他写了一封信进行说服："马超只能与张飞等人为伍，怎能与尔'美髯公'相比呢？再说，你担当镇守荆州的重任，如若有失，罪莫大焉！"关羽看了信后说："孔明知我心也。"就不再坚持要比武了。诸葛亮在说服关羽时，实际上是激起对方的自尊心，让对方的自尊心得到满足，从而接受了他的观点。

03
把握对方表情变化，选择有利的说话时机

在任何一种交流和沟通中，无论我们的话说得多么漂亮，在字词的选择上是多么巧妙，要想因此而获得他人的好感，还有一个先决条件，那就是我们所说的话是对方愿意听的。那么，怎样才能做到这一点呢？除了要根据他人的个性和情绪的变化选择语言和表达方式之外，还要考虑说话的时机。也就是我们常说的在什么时候说什么话。

高情商的人在跟人交谈时一定会注意到这一点。他们所说的话之所以很容易被他人接受，并且在他人的心中留下一个好的印象，是因为他们懂得选择说话的时机，知道在什么时候说什么话。

如何把握说话的时机呢？这就要求我们在与人交谈时，要学会观察对方的表情，并且由此来获知对方心灵的动机。如果我们能够做到这一点，就能较轻易识破对方的心理，这对人际交往来

说是非常有利的。那么，我们应该从哪几个方面去观察对方的表情，识破对方的心理，把握好说话的时机呢？我们可以从以下几点着手：

1. 眼睛

当对方认真与你交流时，他如果一直注视着你，说明他对你的话题比较感兴趣。如果对方两眼不住地看其他东西，就说明对方已无意再听你说下去或者对方已经感到疲倦了，你最好把握时机，做到适可而止。

2. 眉毛

要想通过观察眉毛的变化来观察表情，往往需要结合额部的表情，因为二者常连在一块。如果对方赞同你的观点，那么他通常会舒展双眉、额部肌肉上提；如果对方眉头突然紧皱一下，就表示他对你的观点感到惊讶或持否定态度；如果对方一直皱着眉头凝视着某一个东西听你谈话，那么你最好结束谈话，以免对方越来越不耐烦。

3. 鼻子

鼻子的表情动作较少，而含义也较为明确。厌恶时耸起鼻子，轻蔑时嗤之以鼻，愤怒时鼻孔张大，紧张时鼻腔收缩，屏息敛气。如果对方在谈话的过程中不断地用鼻子吹气，就表示对方遇到了困难或不顺，希望能得到你的帮助。

4. 嘴

嘴部的表情主要体现在口形变化上。伤心叹气时嘴角容易伴随鼻子吹气而下撇，欢快时嘴角会提升，委屈时通常噘起嘴巴，惊讶时会有张口结舌的动作，忍耐痛苦或思考问题时常常是紧咬下唇或紧闭嘴唇。龇牙咧嘴则是残暴者发怒的凶相。

当然，倾听之时除了可以通过五官的微妙变化来获知对方的心理之外，还可以通过对方的日常表情来了解对方的心理状况。

如果一个人在工作时，忽然停下来沉默不语，并明显地流露出不愉快的表情，那么一定是遇到了大事，并且是突如其来的坏事，这是他难以承受一时的压力才表现出来的失常的表情。

如果在交谈之时，对方毫无表情，就表示他心中可能有很多的不满，但是没有表露出来。如果某个职员对上司有所不满，但又敢怒不敢言，就会装出一副毫无表情的样子、毫无激情。

如果在交谈当中，对方始终带着微笑，显得非常亲和，表示他对你的印象不错，你们之间有深交下去的可能。

如果对方对你有愧疚，那么他一般不敢正视你，他的目光会低垂，爱朝下斜视。

总之，一个真正高情商的人或懂得说话艺术的人，在与人交往中从来不会忽视对方的表情，而是善于抓住对方的表情，并由此推知对方的情绪，并结合具体情况，把握住有利的说话时机。

1. 听话者的心情

只有听话者的心情与说话者的心情和话题相吻合时，交谈才能渐入佳境，否则就可能会出现双方心不在焉的局面，甚至还会招致别人的误解。

例如，如果领导正为与客户谈判的事而忙得焦头烂额，你却找他去谈待遇的不公，那么谈话很难有进展。

2. 听话者的能力

交谈双方，由于各人的阅历不同，对事物的理解能力也就不尽相同，这就要求说话者在说话的时候要考虑听话者的能力因素。比如说一个阅历不深、对事物认识比较浅显的人，和他说话时就必须降到与他相应的水平，不能说大话，不能说空话，否则，对方就会认为你是在拿他开玩笑。

3. 说话时的环境

在有些场合你必须说话，而在有些场合你却不能说话，这就是环境不同，说话的时机也就不同。例如，在一个宴会上，面对其他人的觥筹交错，你就必须说话，否则对方会觉得你很另类；可是如果在一些严肃的场合，比如说丧葬场合，你就不能过多地说话，否则就会被认为是对死者的不尊重。

4. 听话者的需求

这一点很多人在说话的时候并没有考虑到。所谓听话者的需求，是指听话者到底需不需要你说话。如果听话者本身就是一个表现欲非常强的人，那么在交谈之中，你就不要抢着说话了，因为时机不对，对方根本不需要你说话，你只需要倾听就可以了。如果对方确实需要你讲话，比如说需要你的安慰，那么你就应该尽可能地多说一些，说得好一些。

总之，说话并不是想说什么就说什么，想什么时候说就什么时候说。说话不仅要懂得"择言"，还要懂得"择时"。只要做到在合适的时机说合适的话，有效交谈就不是问题了。

04
注意场合，根据气氛选择合适的语言

很多人可能都会有这样的经历：在交谈时发现气氛突然之间变得紧张起来，这或许是因为有人说错了话，得罪了第三者；或许是因为有人拒绝接受当前的话题，却又不好明说……毫无疑问，出现这种情况，就只能让交谈中止了。

出现这种情况是因为，说话者在说话时忽略了交谈的气氛，没有选择合适的语言，从而破坏了气氛。高情商的人绝对不会这么做。他们在与人交谈时，首先会去了解交谈的场合和交谈时的氛围，并以此选择合适的语言，让交谈顺利进行。

怎么才能做到这一点呢？我们要想做到这一点，首先就应当从以下几点去判断交谈的气氛是否发生了变化：

1. 交谈者在交谈时投入程度的变化

通过观察每个人对交谈的投入程度就可以看出交谈的气氛是不是很好。试想，如果大家都踊跃地参与到交谈当中，那么交谈气氛应该不错。交谈者越是投入，那么说话气氛也就越好。

当然，在交谈当中，如果有一个或者两个人对所交谈的话题根本没有参与的欲望，那么说不定这个话题就是对方不喜欢或者不熟悉的话题，交谈可能就会陷入"冷场"的局面。

例如，几个人正说得兴高采烈，而旁边一个人则呆呆地坐在一边，对交谈没有任何兴趣，那么其他几个人可能就会受到影响，对这个话题减弱兴趣，甚至改变话题，有时候还不得不没话找话说，最终的结果也会是"冷场"，那么交谈效果也可想而知了。

2. 听一听说话者是否话外有话

话外音最能表现人的心迹，因此，通过倾听说话之人的话外音就可以判断交谈气氛是否正常。在交谈当中，如果说话人有什么说什么，根本就没有什么话外音，那么交谈气氛一定不错；如果对方话外有话，那么说不定对方就是在暗示什么，或者对第三者有意见、对某个话题敏感等，遇到这种情况，我们最好能尽早地结束交谈。

3. 把握说话者的情绪变化

情绪同样是心理的一种外露，观察情绪同样能判断交谈气氛是否正常。在交谈当中，如果其中一人的情绪波动比较大，甚至出现将情绪表现在行动之上，那么气氛肯定就不对了。相反，如果说话之人情绪都比较平稳，没有明显的大起大落，那么气氛应该属于正常，交谈可以继续下去。

4. 观察交谈之人的神情变化

神情变化意味着人的心理在变化，而观察别人的神情其实就是在观察别人的心理。如果一个人的神情不对，则说明他的心理有问题。在交谈当中，如果对方的神情从原先的轻松变得紧张，那么说不定你所听到的就是对方的隐私，或者是对方不愿意让你听到的事情，这个时候就应该转换话题，免得出现破坏气氛的事情。

5. 听懂对方的附和之语

在正常的交流当中，附和之语一般不会少。但是一旦你发现另一个倾听者在倾听第三者说话之时没有了附和之语，或者说附和之语仅仅只是一种应付之语，那么你就可以猜测对方是不是不赞同说者的观点，还是对方不愿意将这个话题继续下去。

当我们了解了这些之后，就知道交谈的氛围是否发生了变化，如果发生了变化就应当及时采取有效的办法去缓解气氛，让交谈顺利进行下去。

不过，如果我们在说话时，能够根据场合选择自己的话语，那么在很大的程度上就能减少这样的事情发生。那么，在说话时怎样才能做到讲究场合呢？

（1）说话内容与场合符合

在丧葬场合，说任何喜乐的话或玩笑的话，都是一种不讲究场合的表现。在医院里，与身患绝症的病人开几句玩笑，有可能会唤起他对生活的热爱，增强他与病魔抗争的决心，相反，一些安慰的话可能反倒会让对方觉得不安。安慰丧亲的不幸者，说急于劝阻对方恸哭的话是没有作用的，强烈的悲痛如巨石积压在心头，愈压愈重，不吐不快，让其宣泄、释放出来，反而有利于他们较快恢复心理平衡平静的状态。

（2）说话情绪与场合符合

当对方的情绪失控时，你说话的情绪将直接影响对方的情绪。这个时候，你与其说一些安慰的话，还不如保持沉默，等他冷静下来，恢复了理智，再同他交谈为好。

同样，在一些紧要关头，千万不要让自己说话的情绪表现得非常紧张，否则这种情绪会带动别人的情绪，影响事情的进展。

（3）说话要照顾所有人的感受

在很多场合，交谈不仅仅只有两个人。例如，在公众酒宴上，一人说，可能有好几个人同时在听，这个时候，说话的人一定要照顾所有人的感受。比如说有领导光临，主人受宠若惊，对领导大加溢美之词，就会让其他人听了不舒服。甚至有的主人只顾和领导说话，劝领导喝酒，而冷落了其他客人，这是不可取的。

幽默机智不冷场

——高情商说话要学会用智慧打破尴尬

　　高情商的人一般情况下同样是风趣幽默的人，并且有着极强的应变智慧和良好的心理素质。也就是因为如此，他们在与人交谈的过程中，会制造出轻松且快乐的交谈氛围。即便出现尴尬的场面，他们也能够轻松自如地化解。

01
主动寻找打开话匣子的钥匙

在与人交往的过程中，最令人尴尬与难堪的，恐怕就是双方都不敢先开口，不知道应该说什么。在这种情形下，是不可能会达到较好的交流、沟通的效果的。如果不打破这令人尴尬的气氛，最终的结果可能就是不欢而散。

像这样的情形，那些能说会道的人也常常会遇到。只不过他们能积极主动地去寻找打开话匣子的钥匙，让交流和沟通顺利地进行下去。

那么，他们是怎么做的呢？下面就是他们分享的几种开口方法和技巧。

1. 以礼开口

作为现代人，我们必须与他人建立和睦、友好的人际关系，彼此互敬互爱，共同为社会发展尽力。而这一切的存在都依赖于诚恳的态度和端庄的举止。

人的态度和举止在人与人的交往中占有十分重要的地位。如果一个人蓬头垢面、举止粗野，即使学问满腹，也会使人"敬而远之"；相反，如果一个人态度诚恳、举止文雅，给别人的第一印象也会是温文儒雅、落落大方的，那么即使他不开口说话，人们也会乐意与之相处。可见，只有在高明的说话技巧和高雅的行为举止相得益彰时，才能使彼此进行理想的交流。

在日常生活中，我们常常要求别人守秩序、有礼貌，而对自己却不能严格要求，这是不正确的。我们怎样对待他人，他人也会怎样回报我们。因此，我们处处以礼待人、诚诚恳恳，那么在交谈中也就容易开口了。

2. 用眼开口

众所周知，眼睛是心灵的窗口。其实，眼睛还是人们心灵语言表达的重要工具，通过眼神，我们可以看出一个人的思想动态；借着眼波，我们可以交换彼此的感觉和意识，可以传送感情。

"言有尽而意无穷""只能意会不能言传"，放在说话技巧上都恰到好处地说明了眼睛的无法取代的作用。有时言语无法完全表达明白我们的心思和用意，这就需要借彼此眼波的交流来达到心灵的沟通。如果我们要拒绝他人或者责备他人，或是不方便用言语来表达某种思想，不妨试试使用这种以眼代言的方法，也许能够达到较理想的目的和效果。

在我们的日常交谈中，人们多半只注重说话的技巧，而常常忽略了面部的表情，尤其是把握不了视线的高度，以至于发生一些有失礼仪的事情，造成许多不必要的误会。

既然眼睛是心灵的窗口，那么我们的一切言谈，不论是询问、请求，还是劝诫、说服，都可以从眼神和表情上表露出来。这里要注意一点，人的视线应该随着说话的语气高低有异。例如，若是有求于他人，或是答谢他人之恩，我们的视线应由下往上注视。

有时，凝视对方的眼睛可以使对方难以开口，而使自己更能大大方方地把话滔滔地说出来。这足以证明，眼睛的充分利用对增添人说话的信心有很大的作用。

3. 委婉开口

如果我们的朋友或长辈在公众言谈中不慎出现差错，而我们又不便在众目睽睽之下当面指责他们时，有可能会"有口难开"，心急如焚。这时就可借用委婉开口的方法，使朋友或长辈慢慢有所察觉，从而纠正自己的过失。如此一来，不但能收到如期的效果，更能替他人解围，可谓一举两得。

每个人都有自己独特的性情、独特的兴趣和不同的生活态度，在交往中不可避免地会产生观念上的冲突。如果我们能在不否定他人见解的前提下得体地表达自己的意思，就会达到交际上的成功。可见，委婉开口是一个很有用的说话方式。

当我们的意见和观点与他人相悖时，首先，在态度上就该给予对方发表其意见的机会，并且要表明自己已接受了他的观点；然后，再委婉地述说自己的意见，这样就可以与对方和谐地交换彼此的思想，求大同，存小异。当对方表达了他的观点，而我们无法苟同时，我们不妨先肯定和赞许他的观点，然后以谦虚的口气说一下自己的进一步建议，这样就很容易为对方所理解和接受。而对我们来说，这样做不但表现了自己的风度，又坚持了自己的立场，何乐而不为呢？

4. 间接开口

生活中有许多场合令人无从开口，比如说在批评和赞美他人的时候，如果"开口"不当，则会引起一些麻烦、误会乃至不堪设想的后果。这里介绍一种可供借鉴的方法，即间接开口法。

在一般人的观念里，总认为第三者所说的话较具客观性，较为公正，因此，我们可以针对这种心理，借用第三者的口吻来代替我们表达自己的意见，以此来批评或劝诫他人，这样更容易得到对方的理解；以此来赞美或安慰他人，也容易获取对方的信任，而且更重要的是帮我们找到了"开口"的"突破口"。

有时我们为了博得他人的好感，往往会赞美别人一番，但自己直接说"你真聪明""你的智商高得惊人"之类的话，不免让人觉得是在奉承、讨好，有点儿不舒服。如果我们换一种方式来表达，对方可能就会认为此言乃是真话，会非常高兴，并主动与我们联络感情，使交往得以顺利进行。可见，间接开口法运用得巧妙是很奏效的。

总而言之，只要我们正确、恰当地使用上述几种开口的方法，就会慢慢增添几分我们说话的自信心，找到打开话匣子的钥匙。

02

适时的沉默比千言万语的作用还大

好口才，能言善辩，应对自如的能力谁都想要，但是并不是谁都有。在许多场合，没有力度的语言反而会成为一个累赘。遇到这种情况，高情商的人告诉我们，还不如来他个缄口不言，闭着嘴巴不说话反倒更利于与人打交道，更能收到交往的预期效果。

那么哪些场合应该沉默呢?

1. 对方情绪不稳定时

当一个人情绪失控时，如果任何形式的安慰都难以使当事人接受，那么不如等他冷静下来，恢复了理智，再同他交谈为好。

某文化公司，在一周一次的选题会结束后，主编刚回到办公室，在选题会上被否的选题的一位编辑就敲开了他办公室的门。

那位编辑看起来情绪十分的激动，一走进来就问自己的选题怎么会否定，并且还说了一些过激的话。

在这个过程中，主编都没有说话，只是默默地看着对方，在听对方说。

时间一分一秒地过去了，那位编辑见主编没有回答，慢慢地也就觉得没有意思了，也就不再过多的说什么了。到了最后，他竟然消了气，并走出了主编的办公室。

过了几天后，这位编辑仔细地想了想，觉得自己当时可能真的做得不对，便再一次敲开了主编办公室的门。

这一次，主编才微笑着跟他谈起了否定他的选题的原因。

2. 不明白对方意图之时

高调者往往会因逞一时口舌之快，而使本可以迅速解决的事情陷入僵局；低调者常常沉默寡言，却可以令诸多问题迎刃而解。因为沉默也是一种利器，能让人有所畏惧。在没有明白对方的意图之前，你并不知道对方对这件事情是默认、赞许、同情、反对、胆怯、恐惧、轻视、尊重、怀疑、动摇或抗拒的。对方不说，你就什么都无法知道，在这个时候，我们就应该利用沉默来避免失言。

王丽和丈夫的第一个孩子出生时，她的丈夫由于工作繁忙，对她和孩子疏远了。刚开始几周，王丽还没有多大的反应，但是持续几周以后，她开始感觉筋疲力尽了，以至于想对丈夫大发雷霆。

有一天，她实在是忍不住了，就给丈夫写了封充满怨气的信。然而不知为什么这封信并没有交到丈夫手里。第二天，丈夫提出要给婴儿换尿布，并且说："我想我现在应该学着做这些事情了。"

王丽后来说："尽管我不知道他为什么会改变想法，但我还是非常高兴地把信撕了，并暗自庆幸我给了他时间。一场争吵就这样避免了。此后，他一直对我很好。"

这就是王丽的经验，虽然这种沉默是一种巧合，但是它同样带给了王丽神奇的效果。

人们往往不善于保持沉默，而沉默往往是适用于各种情况的一种策略。有时片刻的沉默会产生奇特的效果。

3. 在自己陷于劣势之时

很多人都觉得一旦自己处于劣势，就更加应该多说话来提升自己的优势。这种想法很正常，但是并不一定正确，因为我们发现很多时候，说太多的话并不能改变现状。相反地，如果懂得适时地沉默，情况反而能获得改变。

美国著名的总统林肯就很会利用沉默为形势带来改变，并依靠这种力量在他和道格拉斯著名的辩论中，一举扭转败势。这次辩论中的林肯成为成功运用沉默的经典。

林肯和道格拉斯为了争取一个进参议院的名额，进行了多次辩论，在这个著名的辩论接近尾声之际，似乎所有的迹象都显示出林肯辩论已经失败，可是林肯却始终没有放弃过努力，似乎他还有很多撒手锏没有用出来一样。在最后一次的演说中，他刚讲到一半的时候却突然停顿下来，默默站了一分钟，静静地望着他面前那些半是朋友半是旁观者的群众面孔。

然后，他以独特的单调声音说道："朋友们，不管是道格拉斯法官还是我自己被选入美国参议院，那都是无关紧要的，一点儿关系也没有；但是，我们今天向你们提出的这个重大的问题才是最重要的，远胜于任何个人的利益和任何人的政治前途。朋友们——"

说到这儿，林肯又停了下来，开始了足足十秒钟的沉默。听众们改变了态度，开始屏息以待，唯恐漏掉了一个字。"即使道格拉斯法官和我自己的那根可怜、脆弱、无用的舌头已经安息在坟墓中时，这个问题仍将继续存在……"

最终林肯在辩论中巧妙运用沉默，一举扭转败势，为他顺利进入参议院奠定了坚实的基础。

4. 在需要别人帮助时

当我们需要别人帮助的时候，我们所能做的就是将事情的来龙去脉讲清楚，对方答应还是不答应那是对方的事情。如果对方真的不答应，那么我们说再多的话也没有用。

不过在对方还没有表态的时候，我们最好保持沉默，给对方一个思考的时间，说不定这一刻的沉默就能改变对方的想法，从不愿意帮忙到愿意帮忙。

春节大甩卖期间，张小姐因为商品本身的原因去退货。柜台前挤满了顾客。张小姐要求退钱，可此时售货员正忙得不可开交，告诉她这种商品售出之后概不退换。在张小姐解释了原因之后，售货员也没有理会，然后就去为其他顾客服务了。张小姐想发火，但是一想不好，还是静静地等一段时间吧，于是，张小姐一声不响地拿着衣服在柜台前等候。

十分钟后，售货员又走了过来。张小姐面带微笑，依旧在等待。售货员只是在柜台前忙碌，张小姐还是沉默不语。又是几分钟过去了。这时，售货员突然走了过来，什么也没说，拿起衣服就走了。大约三分钟后，售货员回来了，而且还带着钱！

　　张小姐的耐心和温文尔雅的沉静得到了回报。如果她大吵大闹的话，可能只会给售货员增添麻烦，也许就什么也得不到了。

　　这就是沉默的力量。

03
面对他人不合理的要求，巧妙地说"不"

在人际交往中，没有人会永远一帆风顺。有时是自己提出的要求被人拒绝，有时又不得不拒绝一些熟人、朋友、亲戚向自己提出的要求。一些人在想要拒绝别人时，心里虽然想的是"不，不行，不能这样做，不能答应"，可是，他们嘴上却含糊不清地说："这个……好吧……可是……"最后自己却后悔。

很多人在面对他人提出的要求时会有这种表现，是由于他们害怕得罪人，害怕自己过于直率的拒绝会破坏他与提出要求的人之间的正常交往。

在很多的时候，他人所提出的要求并不一定合理，我们该怎么办呢？是拒绝，还是答应？我们会感到左右为难。其实，当遇到一些不合理的要求以及无法做到的要求时，我们最好还是拒绝为妙。高情商的人告诉我们，在拒绝的时候，只要懂得一定的艺术和技巧，就能够轻松愉快地说出"不"字，也能够使对方高高兴兴地接受"不"字。这样做会打破人际关系的僵局。

那么，到底应该怎么做呢？高情商的人告诉我们，可以采取以下的方法：

1. 通过暗示来拒绝

可以是语言暗示："您找我有什么事情吗？我正打算出去。""还要给您添点儿茶吗？"

也可以是动作暗示：对方正喋喋不休的时候，你可以中断谈话，把眼光移往别处；或者频频看表、打哈欠，这些漫不经心的小动作都表示拒绝。

2. 先肯定对方的要求，再强调拒绝的理由

例如，林黛玉初进贾府时拒绝邢夫人留吃晚饭，她对刑夫人说："舅母爱惜赐饭，原不应辞。只是还要去拜见二舅舅，恐领了赐去不恭，异日再领也未为不可，望舅母容谅。"人们把这种方法称为"是……但……"的模式。这种方法避免了一开口就说"不"，给对方留了一些面子，对方也好下台。

3. 用沉默表示否定

在三人以上进行交谈的场合，两个人在说另一个人的坏话时，你如果不同意，也不想加以辩驳，就可以采用沉默法。你这样做既不会因争论而造成对立，也不必违心地表示同意。你只需表现

出已接收到信息，但对信息不加评论。

4. 用拖延来表示拒绝

例如，如果你不想去参加某人的宴会，就可以对他说："谢谢，下次有空一定去，可今晚我不去了。"表面并没有拒绝对方的邀请，只是改个日期而已，而这个"下次"是没有期限的。聪明人一听就知道这是一种委婉的拒绝。这比"没空，不去"更婉转一些，更容易让对方接受。

5. 用推托来表示拒绝

如果朋友邀你晚上看电影，而你不想同他交往，当然这理由不能告诉他，就可以这样说："这电影是新影片，我也很想看。可是明天我要上课，我还有不少作业要做呢，电影只好割爱了。真对不起。"用其他事情来推掉不愿做的事情是常用的一种方法。

6. 把对方请求的根据转为拒绝的理由

例如："这类工作你很有经验，这次你一定要帮帮忙。""能帮忙当然帮，这类工作我是干过不少，但我觉得应该避免让有经验的人去做这件事，因为就这事本身来说，过去的经验反而会成为一种束缚，有必要的话，我可以推荐一个合适的人选。"这样的拒绝有针对性，容易说服对方。

7. 转移话题，表示拒绝

一位姑娘穿了一件新做的但并不适合她的连衣裙，还自以为得体，高兴地问："漂亮不漂亮？"她自然是想得到你的赞美。你不能违心地称赞她，又不能直说伤她的心。怎么办呢？你可以说："世界上的女孩子都是爱美的，比如……"或："今年夏天姑娘们都爱穿连衣裙。你看过电视'裙之勉'吗？那上面介绍的款式可真多，又时尚又漂亮……"

这种"顾左右而言他"的方法就是转移话题法。当然，这个新的话题必须和原来的话题有一定联系，还必须能引起提问人的兴趣，否则会引起对方的疑虑或反感。话题一转移，对方自然不好再问同样的问题。

8. 答非所问，避实就虚

球王贝利在一次比赛中赢得了比赛。赛后他被记者们团团围住。一位记者问："贝利先生，你认为刚才你踢进的球中，哪一个是你最满意的？"他如果回答一个也不满意，这当然也是一种否定法。然而他并没有，他笑笑说："下一个。"记者们一愣，然后热烈地鼓起掌来。

这个回答确实十分巧妙。表面上看，他是答非所问，但他既表达了他对已有成绩的不满足，又表现出他对未来充满信心。

避实就虚，似答非答，达到了在要害问题上拒绝答复的目的，又显得落落大方，无懈可击。

9. 预埋伏笔，适当时候再拒绝

从人际关系的角度考虑，要尽可能把拒绝的理由讲充分，从接受者的心理考虑，要让他有足够的思想准备。为此，可以先不拒绝，充分阐明不利因素，埋下伏笔，再在适当时机用适当方法（比如书面通知，请人带口信等）加以拒绝，这样，即使对方的要求没有达到，但他会感到至少你已经尽心尽力了，也不会怪罪你。

例如，某人托你给找一份工作而你又难以办到。如果他问："前些日子拜托你的事情，现在怎样了？"你答道："不好办啊。上次同你讲了，你学历达不到规定，难度比较大。何况名额又那么少，僧多粥少哇。不过，我会尽力争取的。当然你也不要太乐观。""学历不到""名额太少"充分展示了不利条件，"不要太乐观"又埋下了伏笔。虽然你没有拒绝，但是实际上已为后来的拒绝做了充分准备，以后再拒绝他也顺理成章了。

虽说这种较为"委婉"的拒绝方式能够取得一定的效果，但是，无论怎么说，遭到拒绝总归是不愉快的。高情商的人知道，要想减弱被拒绝时对方产生的这种不愉快感觉，你还应当在拒绝对方时注意到以下几点：

（1）态度要真诚，不能嘲讽、冷落对方

拒绝总是令人不快的。"委婉"的目的无非是为了减轻双方的心理负担，并非是玩弄"技巧"来捉弄对方。特别是领导、师长在拒绝下级、晚辈的要求时，不能盛气凌人，要以同情的态度和关切的口吻讲述理由，使之心服。在结束交谈时，要与对方热情握手，热情相送，表示歉意。一次成功的拒绝，也可能为将来的重新握手、更深层次的交际播下希望的种子！

（2）要顾及对方的自尊，给对方留台阶

人都是有自尊的。当你拒绝别人时，一定要考虑对方可能产生的反应，要注意准确、恰当地措辞。例如，当你拒聘某人时，如果悉数罗列他的缺点，就会伤害他的自尊心。此时，你可以先称赞他的优点，然后再指出他的缺点，说明不得不这样处置的理由，对方能更容易接受，甚至感激你。

（3）要给对方留退路

如果一个人满腔热情求助于你，结果被一下子拒绝，一点儿回旋余地也没有，那么往往会使他伤心，甚至导致不堪设想的严重后果。例如，对于求职者，你可以告诉他，这次主要是他的外语水平低了一点，如果他能够努力一下，那么下一次他也许就能够成功。或者说，他的外语水平对涉外宾馆来说，还欠缺一些，但他完全可以胜任别的饭店的工作。如果他能从你为他设想的退路中取得成功，就一定会感谢你这个"拒绝者"。

（4）要选择适当的时间、地点和机会，尽量减少"副作用"

拒绝一般是早拒比晚拒好，因为及早拒绝，可以让对方抓住时机争取别的出路。无目的的拖拉是对他人不负责的态度。至于地点，拒绝时一般以把对方请到办公室来为好。如果在公共场所，则场所宜小不宜大，宜暗淡不宜明亮。为了避免眼光的直接接触，两人的座位也以斜对面或并肩坐为宜。时机也很重要，不宜在人多的场合拒绝。

（5）让对方明白你是感同身受的

王女士在民航售票处担任售票工作，她时常要拒绝很多旅客的订票要求。王女士总是怀着非常同情的心情对旅客说："我知道你们非常需要坐飞机，从感情上说我也十分愿意为你们效劳，希望能够使你们如愿以偿，但票已订完了，我实在无能为力，欢迎你们下次再来乘坐我们的飞机。"

王女士的一番话，叫旅客们再也提不出意见来了。因为她从旅客的角度考虑问题，能体会到旅客的焦急心理，抚慰了对方。

（6）避免只针对一人

针对一人有可能使矛盾激化。

某造纸厂的推销员到某单位推销纸张。推销员找到他熟悉的这个单位的总务处长，恳求他订货。总务处长彬彬有礼地说："实在对不起，我们单位已同某国营造纸厂签订了长期购买合同，单位规定不再向其他任何单位购买纸张，我也只能按照规定办。"

因为总务处长讲的是"其他任何单位"，就不仅仅针对这个造纸厂了。这样不针对一人，就避免了激化矛盾。

（7）以友好、热情的方式拒绝

一位作家想同某教授交朋友。作家热情地说："今晚我请你共进晚餐，你愿意吗？"不巧教授正忙于准备学术报告会的讲稿，实在抽不出时间。于是，他笑了笑，带着歉意说："对你的邀请，我感到非常荣幸，可是我正忙于准备讲稿，实在无法脱身，十分抱歉！"

他的拒绝是有礼貌而且愉快的，但又是那么干脆，使对方无话可说。

掌握了以上的技巧之后，在面对他人所提出的一些不合理的要求时，如果加以灵活运用，就不用为此而感到烦恼了。

04
面对尴尬，学会给自己圆场

在与人交谈的过程中，即便是社交能力再强的人也可能会做错事、说错话。在这个时候，我们要懂得如何为自己圆场。学会给自己圆场不仅仅是交际手段，也是避免自己尴尬的手段。练地摊玩把戏的人有一句口头禅："有钱的捧个钱场，没钱的捧个人场。"这其实就是一种维护自己和别人面子、避免自己尴尬的手段。即便在围观的人当中，没有一个人给钱，玩把戏的人也不会觉得没面子，因为大家都捧了"人场"。

那么在现实交际中，我们该如何给自己圆场呢？高情商的人告诉我们，可以像下面这样去做：

1.将错就错，想方设法自圆其说

有时候说错了话，强辩和耍无赖只会让别人更加厌恶你。这时候，你只要将错就错，想方设法自圆其说，就能成功地解冻，甚至还会有意想不到的收获。

在某学校的一次体育课上，一群男学生在练习投篮，十次就有九次不能投进去。

体育老师看到后，让学生停下来，并从学生手中接过篮球，说："现在你们看好了，我给你们做个示范！"

说着话，他便将篮球向球筐投去，可是没有投进篮。

围在一旁的学生看到后哄堂大笑。

老师也感到有些尴尬，不过他连忙说道："你们知道吗，你们刚才就是这么投篮的。"

他再一次将篮球向篮筐投去。这一次球进了。

"你们看清楚了吗？你们应该像这样才能进球！"他拍拍手对学生说。

2. 找到依靠，将球"踢"还给对方

当别人故意给你出难题，你又不便或者不能拒绝时，你不妨找到一个合适的依靠，将这个难题再巧妙地"踢"给对方，对方就会自然而然地放弃对你的刁难。

清代学者纪晓岚很受乾隆皇帝的宠爱。一次，两人在野外散

步聊天。乾隆突然问道："纪卿，'忠孝'之义何解？"纪晓岚回答："禀告皇上，君要臣死，臣不得不死，谓之忠；父要子亡，子不得不亡，谓之孝！"乾隆又说："嗯，说得好，现在，朕想以君的身份要你去尽忠，怎么样？"纪晓岚一惊，少顷，回答说："臣遵旨！"

纪晓岚说完就走了。皇帝当然知道纪晓岚不会去死，不过也想看看他是如何为自己解围的，于是静观其应对。不一会儿，纪晓岚回来了。乾隆问道："你怎么没死，没尽忠啊？""我刚才想跳河尽忠，正在这时碰到屈原了，他不让我死！""此话什么意思？""我去到河边，正要往下跳时，屈原从水里向我走来，他说：'晓岚，你为什么要这样呢？我那时跳河自尽，是因为当时楚怀王昏庸无能，而你现在所处的是开明盛世啊！这样吧，你先回去问一问皇上，让他说一说他是不是昏庸无能。如果他说是，那么你再来跳河，我等你！'这样，我就回来问您了！"

乾隆听后，放声大笑，连连称赞："好一个巧舌如簧的纪晓岚，真不愧为当今雄辩之才啊！"

纪晓岚真是聪明绝顶，他能巧妙地为自己找到一个解脱困境的依靠——屈原。他借屈原之语，为乾隆设立窘境，指出"如果皇上承认自己昏庸，我就去死"。皇上当然不会再将玩笑推到此地步，故纪晓岚很自然地把自己从"死"中解脱出来了。

3. 就坡下驴

善于圆场的人不仅能够自圆其说，还能够巧妙地就坡下驴，替他人解围。

慈禧爱看京戏，常以小恩小惠赏赐艺人。一次，她看完著名演员杨小楼的戏后，把他召到眼前，指着满桌子的糕点说："这些赐给你，带回去吧！"杨小楼叩头谢恩，但不想要糕点，便壮着胆子说："叩谢老佛爷，这些尊贵之物，奴才不敢领，请……另外恩赐点儿……""要什么？"慈禧心情好，并未发怒。

杨小楼又叩头说："老佛爷洪福齐天，不知可否赐个'字'。"慈禧听了，一时高兴，便让太监捧来笔墨纸砚举笔写了一个"福"字。

在一旁的小王爷看了慈禧写的字，悄悄地对杨小楼说："福字是'示'旁，不是'衣'旁的呢！"杨小楼一看，这字写错了，若拿回去必遭人议论，但不拿回去也不好，慈禧一怒就会要自己的命。要也不是，不要也不是，他一时急得直冒冷汗。气氛一下子紧张起来，慈禧太后也觉得挺不好意思，既不想让杨小楼拿去错字，又不好意思再要过来。

旁边的李莲英脑子一动，笑呵呵地说："老佛爷之福，比世人都要多出一'点'呀！"杨小楼一听，脑筋转过弯来，连忙叩首道："老佛爷福多，这万人之上之福，奴才怎么敢领！"慈禧正为下不了台而发愁，听这么一说，急忙顺水推舟，笑着说："好吧，隔天再赐给你吧！"就是这样，李莲英为二人解脱了窘境。

在某些场合，我们如果说错了话就改口反而不美，甚至可能把错话越说越黑。有时就着错误妙打圆场，就坡下驴或许能达到避免尴尬的目的。

4. 自找台阶

如果因为说错了话而陷入尴尬的境地，那么也可以顺着错处续接下去，自找台阶，为自己也为对方打个圆场。

婚礼正在进行中，一位来宾对新人的祝福却引起了一场轩然大波。

当时，这个婚宴上的来宾正在争先恐后地祝福新人。一位先生激动地说道："……感情的世界时常需要润滑，你们现在就好比是一对旧机器……"

举座哗然。一对新人的不满之情溢于言表，因为他们是各自离异后又重新组合的一对，自然以为那位先生说的"旧机器"隐含着讥讽。那位先生更是后悔不迭——原来，他的本意是要将一对新人比作新机器，希望他们能够少些摩擦，多些谅解，没想到却一时说错了话。

见改口反而不美，那位先生马上又补了一句："已过磨合期。"见举座称妙，那位先生乘势而上，继而又充满深情地说道："新郎新娘，祝愿你们永远沐浴在爱的春风里。"大厅内一时掌声雷动，一对新人早已面若桃花。

5. 巧释词义

被误会时，申辩争吵往往无济于事。将错就错，巧释对方的词义，往往可以很快平息风波。

某学校举办作文竞赛，一个获一等奖的学生苗苗在颁奖大会上宣读作文。就在他满怀激情地朗读作文的时候，忽然有人高喊了一声："抄的！"

在同学们的交头接耳中，苗苗同学却大声宣布："是抄的！"

全场哗然！作文朗读也停了下来。老师一惊，低声却又不乏严肃地对苗苗同学说道："作文比赛是一项严肃的活动，不允许任何弄虚作假的行为。假如你的文章是抄的，核实后将被取消评奖资格。"

老师的声音虽小，但全场又是一阵骚动。这时，苗苗同学却坦然地说："请允许我把话说完。我说的抄是经过自己深思熟虑打好腹稿之后，再抄到草稿纸上加以润色，最后定稿抄到规定的稿纸上。我抄的正是我自己独特的思想，难道这种抄，不对吗？"

一阵静默之后，全场响起了热烈的掌声。

懂得给自己圆场，在交际场上不仅能避免尴尬，而且能提升自己的形象。

05
幽默风趣的人多少会懂得一些自嘲

在很多的时候，人或许会遇到这样一种情景：在与人交流沟通时，对方突然间不再说话了，而导致整个气氛变得格外沉闷。这确实是让人感到尴尬的事情。在出现这种情形时，我们该怎么办呢？从下面的事例中，我们就能够找到答案。

一位数学教师刚走上讲台，同学们忽然大笑起来，使他感到莫名其妙。坐在前排的一名女生小声地对他说："老师，您的扣子扣错了。"教师一看，果真第四颗扣子扣在了第五颗扣眼里。局面有些尴尬，但这位教师煞有介事地对学生们说："老师想心事了，急急忙忙赶着与你们来相会。不过，这也没有什么好笑的。昨天我们有的同学做习题时，运用数学公式就是这样张冠李戴的。"

　　这位老师先用幽默的语言为自己解了围，紧接着又顺势把这意外事件和学生的学习情况连了起来，借此做比，指出了学生学习中的类似错误，既显得自然，语言又形象，很快解除了尴尬局面。

　　清代名人蒲松龄，是千古名著《聊斋志异》的作者。而在民间，也有这样一则关于蒲松龄的故事：

　　有一天，蒲松龄到王大官人家去做客，被众人推到上座。但是，王家的独眼管家却从下席开始斟酒，故意把他冷落于一旁不顾。而王大官人亦想故意作弄他一番，便端起酒杯朝他说："蒲先生，喝呀！"

　　蒲松龄端坐不动，笑着说："大家先别急着喝酒，我说个笑话来给大家助助兴。我刚出门那会儿，碰到内人正在用针缝衣服，就以针为题即兴作诗一首，现在念给大家听听：'一头尖尖一头扁，扁间只有一只眼。独眼只把衣裳认，听凭主人来使唤。'"

　　大家听了，都朝独眼管家看过去，极力忍着笑意，并且都大声叫好。如此一来，王大官人和他的管家反而狼狈不堪。

　　蒲松龄借用针的形象，尖锐地讽刺了想为难自己的王大官人及其管家，不但保全了自己的尊严，也让作弄自己的人"搬起石头砸自己的脚"。

　　用幽默的调侃能够使得交谈双方的压力得以释放，使得沉闷的气氛变得轻松起来，这样就能够有效地打破尴尬，让交流与沟通顺利地进行下去。不过在这里要注意的是，在调侃自己或者是调侃他人时，幽默的话语一定要得体，只有体现出真正的人情味和艺术性来，才能使得我们成为一个真正受人欢迎、受人喜欢的人。

那么，在实际中怎样运用调侃打破沉闷的社交气氛呢？我们可以按照下面的方法去做：

1. 把笑话和动作结合起来

在调侃术的运用中，故作蠢言还可以与故作蠢行结合起来。

在一次聚会上，不知道从哪儿飞来了一只苍蝇，总是在卓别林的面前飞来飞去，甚至还落在他的头上。这让卓别林感到很尴尬。但是他不愧为幽默大师，在看到这只苍蝇的时候，突然间想到了一个绝妙的注意，于是，他便要了一个苍蝇拍，说要打死那只苍蝇，于是，他就开始拿着苍蝇拍追打起来，打了好几下都没打着。不一会儿，一只苍蝇停在他面前。卓别林举起了苍蝇拍，正要给它致命的一击，忽然停住了，又仔细地看了一会儿，便把苍蝇拍放下了。人们问他为什么不打，他耸了耸肩膀说："这不是刚才缠着我的那一只。"

这个举动和说法看起来是很不聪明，是非常愚蠢的。但是，卓别林的幽默却正在于此。他不仅摆脱了自己打不着苍蝇的窘态，更使大家钦佩他的机智和幽默才能。这种"自我调侃""自我解脱"，需要有一种拿得起、放得下的精神。

自我调侃的幽默是一种情感，超越了实用性的原则。我们正是因为从实用和理性的心理习惯中解脱了出来才获得了更大的精神满足。对于实用的理性原则来说，我们总是越聪明越好。但对于幽默原则来说，我们有时故意说了一些蠢话，做了一些蠢事，才显出心灵的丰富。

2. "大言不惭"的调侃术

自我调侃的方法是指把自己有限的缺点夸大到荒谬的程度，甚至明明很聪明，却装作连普通常识都没有，说出一些显而易见的蠢话来，更显出自己在智慧、教养和道德上的优越。而故意吹牛，说大话与故作蠢言一样，也都属于自我调侃的幽默法则之列。因此，在运用调侃术时，不仅仅可故作蠢言来自我调侃，也可用故作大言来自我调侃。

维克多从文化宫出来，正好碰到了他的一位女性朋友。朋友问他："你玩得怎样？"

"玩得很开心！"维克多眉飞色舞，不无夸耀地说，"我打了网球，又下了象棋。嘿！我既赢了著名的象棋冠军，又赢了著名的网球冠军。"

"你打网球、下象棋都这么棒吗？"朋友问道。

维克多说："我和网球冠军下象棋，赢了他；后来我又和象棋冠军打网球，我也赢了他。"

故作大言的幽默，其实是幽默中最易成功者。

3. 调侃别人时要适可而止

明朝有个人叫陈全，有一次误入皇家禁地，被一个大太监（俗称"公公"）给抓住了。太监说："听说你很会说笑话。你现在给我说一个字，把我说笑了，我就放了你。"陈全于是说了一个"屁"字。太监不解，问是什么意思。陈全说："放也由公公，不放也由公公。"太监大笑不止，连说："放了吧！放了吧！"

陈全的一个"屁"字，同时说了"放屁"和"放人"两个意思，自嘲了一番，就被放走了。这虽然算是皇宫深院里的无奈，无奈中的处世，但也可以算上一种豁达。

调侃术具有很强的刺激作用，就像"橡皮榔头"打人，未见皮肉破裂，但能致人内伤。运用调侃术调侃别人时应慎重，通常情况下，应该"点到为止"。

4. 顺势而为巧脱困

一名大学生为谋职四处奔走。他走进一家报社问道："请问你们这里需要编辑吗？""不需要。""那需要记者吗？""也不需要。""那么需要印刷工人吗？""不需要，我们目前没有职务空缺。""那你们一定需要这种东西。"大学生边说边拿出一个制作精美的标牌，上面写着："本社满员，暂不录用。"这个富有创造性的谈话使这名大学生备受青睐，结果他被录用了。

可见，幽默是一种智慧，它可以让你机智灵活巧妙地解决难题。

5. 避免采取玩世不恭的态度

在这里需要提醒大家注意的是，千万不要将自嘲看作是玩世不恭。因为，自嘲是一种机智、幽默，更是对待自我与人生的一种豁达，采取的虽然表面上看起来是一种消极自我嘲讽方式，但实质上是积极地向好的方向转换的手段。而玩世不恭则是人们对世事表现出的冷漠、讥讽和不负责任的态度。如果自我调侃出于这种态度的话，就会失去积极意义，无益于说辩。

多想一想自己的缺点，经常自我嘲笑，这就是豁达。豁达往往意味着超脱，但又没发展到虚无，所以它是一种积极因素，是一种美好的人性的表现。自以为是、斤斤计较、尖酸刻薄的人难以望自嘲者项背。自嘲不伤别人，也伤害不了自己，是论辩中一种安全的软武器。

不管你是大人物还是小人物，自嘲都能让你备受欢迎。大人物因自嘲可减轻妒意而获得好名声，小人物可以苦中作乐，甚至由此一夜成为笑星。

格子间内无事故

——高情商说话不会踩职场的雷

高情商的人更是懂得人际交往准则和规则的人，正是因为他们深深地了解这些准则和规则，常常能很好地利用这些准则和规则，所以才能在激烈的竞争中与同事建立良好的人际关系，并且为自己在职场上的发展奠定良好的基础。

01
知道什么该说，该如何说

　　说出去的一句话就好比是打出去的一个拳头，这个拳头既有可能是朋友之间亲密的象征，也有可能是攻击的一种行为。那么到底是亲密还是攻击，完全在于你出拳时的场合以及方式方法。或许你想表达的是一种亲密感情，但是没有表现到位，很容易被对方误解为你要攻击对方。同样的道理，如果你本意是要攻击对方，但是表现得太过于"温柔"，容易被对方误认为你有"亲密"的意向。

　　很显然，在现代职场之上，有些人往往不注意检点自己的言行，只凭一时快意，想到哪儿就说到哪儿，想怎么说就怎么说，根本不在乎听者的感受，以至于同事为了避免"受伤"而不愿与你保持关系。即使你个人有很强的能力，他人也会对你敬而远之，这样你又如何能让对方的心向你靠拢，你又如何说服对方呢？

明道是公司里的业务能手，平时为人坦诚，身边有不少朋友。可是就在一次公司组织的户外活动中，他却因一时的心直口快遭到了同事的厌恶，从此那个亲切能干的明道也从大家的印象中消失了。

事情是这样的，一次户外拓展训练中，有一项团队协作游戏的比赛，明道受到推举成为游戏的裁判员。虽然说只是一个游戏，但是谁也不愿意扯团队的后腿，大家都很努力地完成自己的任务。甲组里有个叫小蒙的女孩，身体素质不是很好，没跑几步就已经气喘吁吁了。其他的同事都在为她呐喊助威，她也努力地将比赛坚持到最后，虽然他们组因她而输掉了比赛，但是大家还是给了她热烈的掌声。

裁判明道作最后总结的时候对大家说："今天的比赛非常好，充分显示出了我们大家的团结，不过我说小蒙，你平时应该注意一下运动了，看你现在胖的那样儿，平时就知道往嘴里塞东西吃，一个女孩子，那么胖像什么样子啊，今天，你们组就是因为你才输掉了比赛。"

话音刚落，就见小蒙的脸唰地红了，险些哭了出来。大家都对明道说："你就别说了，她已经很努力地完成了比赛，这只不过是一个游戏而已，重在参与，不要太在乎结果……"明道不以为然："怎么了？她本来就胖啊，难道还不让说啊，谁让她平时就知道吃的。"大家都沉默了，不是因为明道的话，而是在想明道怎么会是这样的人，竟然不顾及别人的感受。

自从这件事情之后，谁都不愿意再理会明道了。无奈之下，明道只得放弃这份前途光明的工作，跳了槽。

不知道该如何说话的人不仅不能达到说服的目的，而且也容易让自己成为职场之上的"孤家寡人"，因为他们的话语总是那么不中听、成为他人的眼中钉。那么在职场说服中，我们该如何规避这一不好的习惯呢？总的来说，要尽量做到以下几点：

1. 说话不能太直率

说话直率一些并没有错，但是凡事都应该有个度，过于直率就有可能被别人误解。很多时候，就算你的观点是对的，但是你的说话方式不对，也有可能会引起别人的反感，甚至还会伤害别人的感情。人都是感情动物，伤了别人的感情，别人自然会觉得不舒服。而且，说话直率也要分场合。说话过于直率如同把人性中丑陋的一面示于人前，让人异常不舒服，严重者还会伤及别人。不妨低调一些，把话讲得含蓄一些。

2. 不要激怒对方

乱说秘密会让自己惹祸，轻易地激怒对方有可能会遭致更大的祸害。当然，口不择言是激怒对方最关键的原因。会说话，小则自己愉悦，大则兴邦救国；不会说话，小则招怨，大则坏事，甚至送命。要想做一个会说话的人，千万不要用自己的话语激怒听话者，这一点是十分重要的。

3. 别随便传播所谓的"秘密"

既然是秘密，就不要随便告诉别人，那样对你一点好处都没有。千万不要想利用"告诉你个秘密"来提升你在对方心目中的分量，这样做是相当愚蠢的。因为你的秘密一旦被说出口，不要多长时间，就会成为众人皆知的事情。更何况，即使你告诉了对方秘密，两者之间的关系并不会好转，甚至还会恶化。说到底，既然秘密是自己的，那么就无论如何也不能对任何人讲。从大了说，这是保护你的隐私；从小了讲，这是一种说话的分寸，一个人要知道什么该说，什么不该说。

4. 避免说狂言

在 2002 NBA 赛季刚开打不久，原 NBA 球星巴克利因为十分瞧不起新加盟火箭队的中国队员姚明，便在电视节目的"美国职业篮球赛（NBA）内部秀"上滔滔不绝，并口出狂言地说，如果姚明能够在本年度的任何一场常规赛上得到十九分，他就会去"亲吻"同事——当年火箭队夺冠的功臣肯尼·史密斯的屁股。

这句话经过若干次"误传"后，到姚明的耳朵时就成了"如果姚明得到十九分，巴克利就会亲吻姚明的屁股"。姚明听后就笑着说："那好，我就拿十八分算了。"

没想到的是，火箭队在客场挑战湖人队时，姚明竟然拿下了二十分，在为自己赢得尊重的同时，也把巴克利逼入"绝境"。

肯尼·史密斯在知道姚明得了二十分后欣喜若狂，表示一定要让巴克利履行诺言，巴克利要非常难堪地去应付他的"赌债"。

不日，镜头聚焦、强光灯灯光闪耀，在周围发出的一阵狂笑声中，巴克利一脸难堪地蹲下身去，无奈地、痛苦地朝"肯尼·史密斯的屁股"替身驴屁股啃去……

你不要以为这是段子，而是全世界从 NBA 球星到球迷无人不知、无人不晓的"吻屁股佳话"。在读完上述故事之后，相信口不择言所带来的危害你了解得更为清晰了吧！

02

最好不批评，除非有技巧

虽然很多时候忠言逆耳利于行，但是批评这种忠言往往是不招人待见的，如果你没有批评的技巧，就很容易遭到对方的抵抗，对方会从心理上排斥你的批评。这对于我们的初衷——说服别人，是非常不利的。

所以，很多职场人士总结出来一条规律：如果你没有十足的把握，就不要轻易批评一个人。即便你要批评，也应该找到一些技巧，而不是毫无顾忌、噼里啪啦把对方一顿乱骂。这样的批评不仅达不到原先的效果，还会恶化彼此之间的关系。

批评在我们的日常交际中是不可避免的一种行为，怎么样才能既实现批评对方的目的，同时又让他不至于对批评的行为产生排斥心理呢？

1. 顺着对方的话说

美国第一任总统乔治·华盛顿的一位年轻的女秘书上班来迟了,她看到华盛顿正在等着自己,心里很不安,便编造了一个理由。

女秘书抱歉地说:"对不起,总统阁下,我的表出了毛病。"华盛顿婉转地说:"小姐,恐怕你得换一只表了,否则我就要换一个秘书了。"

华盛顿是一位极守时的人,对秘书的迟到感到不可容忍,尽管如此,他也没有揭穿秘书推诿的谎言,而是顺着她的话,让她换一块表。这样一来,让女秘书既感到华盛顿有人情味,又受到了教育。

这就是一种通过顺着对方的话说来达到批评目的的典型案例。

2. 从被批评者的角度去选择批评方式

批评之所以会被人拒绝,有两个主要原因:一是让被批评者感到委屈;二是让批评者感受被侮辱,从而感到反感。而要想解除这两个阻力,最好的办法就是从被批评者的角度去选择方式。

有个人在一处禁捕的水库内网鱼,此时从远处走来一个警察,捕鱼者心想这下可坏了。谁知道警察走近后，不仅没有大声训斥他，而且还非常和气地问他："先生，您选择的地方可真对，这里的水的确很清澈，但是您想，您在此洗网，下游的河水会不会被污染到呢？"

警察刚说完，这位捕鱼者就已羞红了脸，非常诚恳地表示歉意。

读完这个故事，你一定会觉得这位警察真是高明：他没有大声去批评这位犯错误的捕鱼者，而是明知对方有错，却偏偏夸对方不错，让对方自己去知错、改错。

3. 批评者不要表现得太权威

每个人都有一定的防卫倾向，特别是在做错事情的时候，这种防卫倾向更加明显。如果在这个时候，你再以权威者的形象去批评对方，那么他肯定防卫得更加厉害，对于你的批评也就更加充耳不闻了，那么你的批评结果与初衷就会适得其反。

一次，老板怒气冲冲地冲入办公室，"啪"的一声将一份计划书摔在秘书的桌上，大吼道："你自己看看，都干这么多年了，居然还写这样空洞无物的计划书，送到客户手中，人家一定会认为我们都难胜其任，订单就不会发给我们。以后你脑子里多装些东西，别天天无精打采的！"说完，一甩手就走了。秘书被晾在一旁，尴尬异常。办公室里其他同事也都愣住了。老板以为这是个惩一儆百的好机会，通过这件事情，办公室的工作效率会有所提高。

可是，一个星期过去了，事与愿违，员工们都躲着老板，甚至连秘书也似乎在躲着他。老板布置工作时，大家不是说没时间，就是说手头有要紧事要做，总之，就是不接受老板布置的工作。

老板这才明白了其中的道理：人人都爱面子，如果你表现得过于权威，反而达不到原先的目的。如果换一种批评的方法，其结果可能就会改善很多。

4. 以鼓励代替批评

就心理学而言，一个批评与被批评的过程是批评者和被批评者在思想上和感情上的相互交流和认同的过程。人在批评过程中越是尊重、理解对方的处境，就越能获得对方对自己批评意见的重视和接受。而利用鼓励来达到批评的目的就是一个很好的方式。

秘书小张在执行一次任务的时候不小心把事情搞砸了，甚至还得罪了一个客户，为此她非常担心老板会因此而炒自己的鱿鱼，于是提心吊胆地过着日子。

可是一个星期过去了，老板没有说什么；一个月过去了，老板还是没说什么。

在一个私下的场合，秘书小张向老板提及了此事，并且准备道歉。可是没想到的是老板只是笑笑："那件事确实做得不怎么漂亮，不过我相信你以后会做得更好的！"

简单的一句话，让小张感受到了无比的温暖。果然，在接下来的工作中，小张表现得更加成熟、更加干练了。

有人曾经做过这样一个比喻：好的批评就好比是一剂良药，能救人于疾病之中；而不好的批评则是一剂毒药，能将人活活毒死。那么同样是批评，为什么有的就是良药，而有的就是毒药呢？关键就在于这个批评是不是利用了技巧。它应该是一种"含蓄"的表示，也是苦药之外的"糖衣"。如果你利用了技巧，那么对方就能听从你的批评，从而达到我们的目的——说服对方。反之，效果就是相反的。

03
你必须知晓的职场语言沟通技巧

职场一般竞争激烈，并且环境较为复杂。身在职场中的人都知道，在这样的环境中生存发展时，语言表达的重要性。但是，他们却对怎样才能正确地使用语言，怎样才能建立起融洽的人际关系感到迷惑。那些在职场中游刃有余的人告诉我们，其实很简单，只要我们知道一些职场语言的沟通技巧就行了。

那么，具体应该怎样做呢？在这里介绍一些建立融洽人际关系的语言表达秘诀。

首先要恰到好处地使用文明用语。文明用语有"谢谢""不用谢""对不起""没关系"等。这些文明用语可以向别人表达我们的感激或歉意，沟通人与人的心灵，建立融洽的人际关系。如果在得到别人的帮助时，不能真诚地说一声"谢谢"，而只是把感激之情埋在心底，那么会使对方有一种不快的感觉，认为你不懂礼貌，今后也不会再帮助你。同样，如果在打搅别人、给别人添麻烦时能真诚地说一声"对不起"，对方的气就会削弱大半。恰当地使用文明用语是建立融洽人际关系的第一秘诀。

其次，多用"添加语言"也是一个非常重要的秘诀。添加语言有"实在对不起""真是不好意思""打搅您一下""麻烦您一下"等。

"对不起，您能不能给我点儿时间""我想麻烦您一下，请看一看这个计划"等。这样把添加语言添加进去，后面语句的语气就会变得委婉一些。

"添加语言"还可以在某种程度上说明一件事情的状况。例如，有人问："方方在吗？"如果你回答："实在对不起……"那么对方也可以立即推知"方方不在"这一事实情况了。

"添加语言"又称"缓冲语言"，如果多用这类缓冲语言，人际关系自然就会变得融洽、和谐。

交谈方法和语言表达是紧紧联系在一起的，注意听别人讲话是建立良好人际关系的秘诀。

人们的交谈是按一定的顺序进行的，不是想说什么就说什么，也不是想什么时候说就什么时候说的。交谈时，说者和听者只有互相配合才能使谈话顺利地进行下去。

几个人在一起交谈时，有的人光是说有关自己的话题，不能很好地听别人谈话，不仅如此，而且总是打断别人的谈话。这样的谈话是"我……我……"的类型，这样的人谈起话来总是围绕着自己的生活。开始人们也许还会有兴趣听，时间久了便失去了兴趣，并开始畏惧这些喋喋不休的"我……"了，甚至会躲着说话者，而最终他也会被从人际关系圈中排挤出来。

过分的坦白直率和少根筋差不多，任何一个成熟的职场人都不会这样"直率"的。

在办公室里与同事们交往离不开语言，但是你会不会说话呢？俗话说"一句话说得让人跳，一句话说得让人笑"，同样的目的，表达方式不同，造成的后果也可能大不一样。在办公室说话要注意哪些事项呢？

1. 不要跟在别人身后人云亦云

老板赏识那些有头脑和主见的职员。如果你经常只是人云亦云的话，那么你在办公室就很容易被忽视了，你在办公室里的地位也不会很高。有自己的主见，不管你在公司的职位如何，你都应该发出自己的声音，应该敢于说出自己的想法。

2. 在办公室里要有话好好说，切忌把与人交谈当成辩论比赛

在办公室里与人相处要友善，说话态度要和气，要让人觉得有亲切感，即使是有了一定的级别，也不能用命令的口吻与别人说话。说话时，更不能用手指着对方，这样会让人觉得说话的人

没有礼貌，让人有受到侮辱的感觉。虽然有时候大家的意见不够统一，但是有意见可以保留，对于那些原则性并不强的问题，有没有必要争得你死我活呢？的确，有些人的口才很好，如果你想发挥自己的辩才的话，则可以用在与客户的谈判上。如果一味好辩逞强，就会让同事们敬而远之。久而久之，你不知不觉就成了不受欢迎的人。

3. 不要在办公室里当众炫耀自己

如果你的专业技术很过硬，如果你是办公室里的红人，如果老板非常赏识你，那么这些就能够成为你炫耀的资本了吗？骄傲使人落后，谦虚使人进步。你再有能耐，在职场中也应该小心谨慎。强中更有强中手，倘若哪天来了个更加能干的员工，那恐怕就会成为别人的笑料。

4. 办公室是工作的地方，不是互诉心事的场所

我们身边总有这样一些人，他们特别爱讲话，性子又特别直，喜欢和别人倾吐苦水。虽然这样的交谈能够很快拉近人与人之间的距离，使你们之间很快变得友善、亲切起来，但心理学家调查研究后发现，事实上，这种类型的人只有1%能够严守秘密。所以，当你的生活出现个人危机，如失恋、婚变之类，最好还是不要在办公室里随便找人倾诉；当你的工作出现危机，如工作上不顺利，

对老板、同事有意见有看法，你更不应该在办公室里向人袒露胸襟。任何一个成熟的白领都不会这样"过分的直率"。如果你的生活或工作有了问题，则应该尽量避免在工作的场所里议论，不妨找几个知心朋友下班以后再找个地方好好聊。

　　说话要分场合、要看"人数"、要有分寸，最关键的是要得体。不卑不亢的说话态度，优雅的肢体语言，活泼俏皮的幽默语言……这些都属于语言的艺术。当然，拥有一份自信更为重要，懂得语言的艺术，恰恰能够帮助你更加自信。懂得语言艺术，你的职场生涯会更成功！

04
不和人做无谓的争辩

富兰克林曾说："如果你辩论、争强，你或许会获得胜利，但这种胜利是得不偿失的，因为你永远无法得到对方的好感。"聪明而懂得说话艺术的人对这句话有着较为深刻的了解，因此，他们在职场中，在与身边的同事交往时，绝对不会与他人做无谓的争辩、辩论。

"永远避免和别人正面地冲突。"这是那些身在职场中，拥有好的人际关系的人所遵循的一条职场生存准则。因为他们知道，争论并不能让他人改变意愿，只能加深彼此间的不快。

杰克受的教育很少，但很喜欢与人辩论。他做过汽车推销员，但没有一次能成功地卖出一辆载重汽车。虽然他十分想把汽车卖给顾客，但如果一位未来的买主对他出售的汽车说出任何贬低的话语，他就会恼怒地打断顾客的话头，大声地为自己的汽车辩护。后来他对培训的经理说："我常常无可奈何，我教给那些人一些东西，但他们并没有因此而买下汽车。"

培训部的经理了解了杰克的实际情况，便教他如何保持克制，以避免和别人发生冲突。杰克不久便成了纽约怀特汽车公司的一位推销明星。他是如何成功的呢？这是他自己的说法："假如现在我去向客户推销汽车，如果他说：'什么？你们的汽车？你白送给我，我都不要，我要买赛伦牌的车。'我便告诉他赛伦牌的确是一种好卡车，如果你买那种牌子，那肯定错不了。赛伦牌是一家十分可靠的公司制造的，推销员也很优秀。他就无话可说了。如果他说赛伦牌最好，我也同意他的说法，那么他总不能整个下午一直说赛伦牌最好。然后我们离开这个话题，我开始给他介绍我们卡车的优点。"

人有好口才不是坏事，但运用不当则会坏事。把"逞口舌之快"当成一种"快乐"，这是一个人最大的悲哀。要时刻牢记：逼人不可太甚，给自己留条后路。为此你要做到：

① 把口才用来说明事理，而不是用来战斗。不过当有人攻击你时，你当然可以"自卫"。

② 要驳倒对方，坚持自己的意见时，点到为止即可，切莫让对方"无地自容"，换句话说，要给对方台阶下。

③ 若自己的观点有错，要勇于认错，并接受对方的观点，切莫用辩论的技巧死命反击，因为黑就是黑，白就是白，硬辩只会让人看不起你。

④ 留有余地，如果你得理便穷追猛打，逼得对方走投无路，那么有可能会激起对方"求生"的意志，既然他们是"求生"，就有可能"不择手段"，这将对你自己造成伤害。好比老鼠关在房间内，不让其逃出，老鼠为了求生，就会咬坏你家中的器物；放它一条生路，它"逃命"要紧，便不会对你造成伤害。

05
言辞上锋芒毕露，职场上举步艰难

　　每个人都喜欢别人认为自己聪明、有才华、能干，因此，我们便常常会看到一些人在言谈举止之间，总是有意无意显示一下自己某方面的优势。如果是同事或朋友之间这样做，那么应无大碍，顶多引来一些人的嫉妒。但如果是在一些心胸不够豁达的人面前蓄意显能，则往往会给自己带来霉运。因为你太聪明了，什么事情都瞒不过你的眼睛，有的人就会视你为眼中钉、肉中刺。历史上的杨修便是最好的例子。

　　东汉末年，杨修以才思敏捷、领悟过人而闻名于世。

　　一次，曹操路过孝女曹娥的墓地时，见到墓碑正面刻着一段赞扬曹娥的短文，背面刻着蔡邕手书的八个字：黄绢幼妇外孙齐白。

曹操问身边的杨修："你知道这几个字的含义吗？"杨修点点头，正欲开口说。曹操却摆摆手说："你先别说，让我思索一下。"

二人骑上马走了约莫三十里，曹操领悟了它的含义，对杨修说："我已想出了它的含义，请主簿先说说看。"

杨修说："'黄绢'是黄颜色的丝织物，隐含一个'绝'字；'幼妇'是少女，隐含一个'妙'字；'外孙'是女儿的儿子，隐含一个'好'字；'齑臼'是用来盛放辛辣食品的，隐含一个'辞'（辞的古体字）字，合起来就是'绝妙好辞'。蔡中郎（蔡邕曾任左中郎将）用这句隐语来赞扬这段十分精彩的碑文。"

曹操听后连声说："对，对！跟我理解的完全一样。"

谁能说得清曹操究竟理解了没有呢？就算他真的想出来了答案，心中也会大为不快。一个人要是知道世上另一个人的才智和反应速度要早自己三十里地，那他无论想干什么，不是都会被对方早早看穿了吗？这对于曹操而言是一种威胁。而此时的杨修只知得意，还浑然不觉呢。

建安十九年春，曹操与刘备争夺汉中之地。刘军防守严密，无懈可击，又逢连绵春雨，曹军出战不利。曹操见军事上毫无进展，颇有退兵的意思。

这天，曹操独自一人吃着饭，一个军令官前来请示曹操当晚军中用什么口令。此时，曹操正用筷子夹着一块鸡肋骨，于是脱口而出："鸡肋。"军令官听了并没觉得有什么奇怪。消息传到杨修耳里，他便悄悄地整理笔札、行装，做撤退的准备。有人不解。杨修淡然一笑说："丞相用'鸡肋'作军中口令，'鸡肋'的含义不就是'食之无肉，弃之可惜'吗？丞相正是用它来比喻我军在汉中的处境。凭我的直觉，丞相已考虑好撤军的事情了。"

曹操听闻这件事情，愕然一惊，他急忙找人来查问。弄清楚之后，对杨修的过分机灵早已不快的曹操，这下子抓到了把柄，立即以惑乱军心的罪名，把杨修杀了。

俗话说得好："聪明反被聪明误。"杨修是一个绝顶聪明的人，却因锋芒太露，不懂闭口之道而招来杀身之祸。

由此看来，郑板桥的"难得糊涂"倒真是处世的至理名言了。凡大智者，无不是"愚"人。不失时机地说话，恰到好处地闭口，才能在与他们的周旋中处于优势地位。故作高深、卖弄学问只会给自己带来不必要的麻烦。

改变一生的口才绝学

高效沟通

快速解决问题，赢得人心的交谈艺术

黄灿灿 ◎ 编

关键性对话，逻辑性说服
消除拖延、误解与对抗的沟通技巧

在互联移动时代，
快节奏的生活环境，
我们必须要提升我们沟通的效能

吉林出版集团股份有限公司

前　言

沟通无处不在。

我们与他人交流沟通得如何，从某种程度上来说会影响我们人生的成败。

这绝非虚言。在现实之中，有很多人恰恰就是因为未能与他人形成有效的沟通，从而陷入困境。

与他人不能达成有效的沟通，就很难在对方的心中留下较好的印象，从而难以形成良好的人际关系。所带来的结果就是难以从对方那里获得有效的信息，在需要他人协助的时候，得不到他人的支持。

不能形成有效的沟通，会让对方对你的意图有所误解，你让他做 A，他可能去做 B 了。致使彼此双方不仅仅花费了大量的时间和精力，做出来的事却不是所想要的结果。

相信你已经知道沟通的重要性了吧。而在今天这个越来越需要互助的时代，沟通就显得越发重要了。那么，如何才能做到有效沟通，或者说是高效沟通呢？这就需要我们掌握一些沟通的准则，做到有针对性、目的性、策略性的有效沟通。这就是本书所要告诉你的。

　　本书不仅仅会告诉你在与人沟通的时候应该怎么说，还叙述了一些行之有效的，能够提升沟通效果、实现沟通目的的方法和技巧。

目录
Contents

第三章　你的气势同样是一种语言

第四章　找准切入点才能事半功倍

第五章　不同情况善用不同方法

第六章　永远不可忽略的交往规则

第一章

高效沟通从修炼
仪表开始

在与人交流沟通时，要想达到有效的沟通，与你给他人留下的印象有着直接的关系。可以说，你外在形象的好坏，在很多的时候直接影响到沟通的成败。因为人们有时是从你的外在形象这一无声的语言去了解你，并决定是否与你继续交流沟通。

01
注重仪表，让外在形象说话

　　仪表是你的第一张名片，外在形象在很大程度上决定别人对你的第一印象，这一点是无法回避的现实。

　　世界级的口才大师戴尔·卡耐基在他每次说话之前都会十分认真地整理自己的衣着，他曾说过：如果演说者是位不修边幅的男士，穿着宽松的裤子、变形的外衣和鞋子，胸前口袋外面露着自来水笔和铅笔，西装的外兜塞着报纸或烟斗；或者演说者是一位女士，带着一个样子丑陋的大手提包，衬裙又露在外面。面对这样的演说者，听众们是很难对他们树起信心的。听众有时甚至会认为，这位演说者的头脑一定也是乱七八糟的，就如同他那蓬乱的头发，未经擦拭的皮鞋，或是胀得鼓鼓的手提包。

　　一个人的仪态能显现谈话者的内在思想。一个内心缺乏勇气的口语表达者,他的仪态一般会显得怯懦、缺乏自信。如站立不稳、驼背斜肩,有时会不自然地抓耳朵、挠头发、玩弄纽扣、扯衣角,或两脚交替摩擦等,这些都会给人留下胆小、不自然、不雅观、缺乏自信心的印象。无法肯定自我又何谈去影响他人。

或许有人要说:容貌是天生的,漂亮的人总是有优势;又或许有人会说:美丽的外表是需要金钱来包装的,我怎么穿得起名牌。在这种种的声音中,我们听到的只是一个个借口而已。长相、衣着或许不如人,但是朴素整洁的形象总是会给人留下认真踏实的印象,亲切的笑容总是很容易拉近彼此之间的距离,优雅大方的仪态更是可以通过平时的训练而得到。

经常听到有人夸赞某人风度很好,大家都愿意亲近他,所谓风度,也是仪表的一种体现。在我国的传统理念中,风度也就是儒家所言的"君子风度",即良好的道德修养,精深的文化修养,仪表端庄、言行恭敬、态度谦和、胸襟宽阔,富有同情心和宽容精神。风度也是一种诱人的气质和品格。如知识丰富,兴趣多样,待人真诚、大方;懂得尊重、体谅别人,能勇敢对待困难,热情向上;不趋炎附势,不趾高气扬。这种气质和品格的培养,都是要靠平时坚持不懈的学习和积累。

1. 从得体的衣着开始

衣服除了有蔽体和御寒的功能之外,还有一个重要的功能——展示。在现代社会，衣着的展示功能愈发凸显出来。所以成功的口语交际一定要从得体的衣着开始。

衣着可以反映一个人的职业、个性、爱好和价值观念等。嬉哈的奇装异服反映了一些青年人追求个性的状态；T恤衫上面印的字或画，往往是着装者的心理反映。

对于那些面临就业和初涉职场的年轻人来说，需要谨记的是，在交际、面试、工作这样一些正式或半正式的场合中，正确的穿衣理念是"无错便是最优"。因为此时最需要展现的是你的工作能力以及成熟的心智。

当然，在现在很少有人会犯衣着不得当的低级错误。图书、杂志、电视等传媒都会教大家着装的技巧。在了解这些技巧之后，反而出现了另外一个问题，那就是对自己过度自信。有些人即使是在面试这一类正式场合，在衣着符合得体的要求的同时，也总是在试图体现自我的个性特征。比如混搭潮流的服装款式、选择特殊的颜色、添加另类饰品等。这些做法都是不恰当的。在一些公众场合，还是要遵守基本的着装要求。

在正式与半正式的场合下，仪表的基本要求：

（1）整洁。应注重身体和服饰的整洁。身体的整洁主要表现在头部、面部和手上。保持干净整洁是最基本的要求。此外要避免前卫的造型，例如怪异的发型、烟熏的眼妆、彩绘的美甲一类。

（2）得当。服饰和装扮应根据身份和环境的需要，保证大方、得体。服装和装扮能传达出一定的信息，比如穿牛仔裤，显得随和、热情、奔放，适宜年轻人穿着，但不适合于庄重的场合；穿西服戴领带，显得举止庄重、沉稳；女性穿裙装，显得含蓄、漂亮，充满女性魅力；女性化妆也以淡妆为宜，这样显得正派、能干。

（3）细节。人们有时过多地关注于形式的表现，却忽略了许多重要的细节。例如，西装革履的年轻人走进面试间，干净清爽的形象让人印象深刻，然而，就在他坐下时，却露出了彩色的袜子。

2. 适合的饰物让你更有魅力

爱美之心，人皆有之。人们凭借不同款式的珠宝首饰所闪烁出的光华，来使自己更有魅力，更有生气。但是饰物是为了给你的形象加分，而不是为了展示你的财富。优雅的形象可以助你在口语交际中占尽先机。

怎样才能体现这种装饰美呢？佩戴者在选用珠宝首饰时必须考虑时间、场合、对象等环境，以及自身的因素，尽量使你所佩戴的珠宝首饰与之和谐。这样才能形成整体的美感。

春季，冰雪消融，万物复生，大地披绿，一派勃勃生机，这时佩戴翡翠、绿宝石、孔雀石等绿色宝石首饰较为适宜。夏季炎热，应减少首饰品种，不要同时佩戴过多数量的首饰，应该佩戴一枚戒指或一条项链，或一条手链；从色彩上来说，基调以冷色、含蓄为宜，不要太夺目、耀眼；从材料质地上来说，要选择细腻、光滑的材料，即不论何种款式，首饰的尖角、棱角要少，甚至没有，因为夏天穿的服装裸露部分较多，一不小心，很容易刺伤皮肤。同时，也应注意，夏季人的情绪往往容易烦躁，故选戴首饰不要给他人和自己的视觉引起过度活跃之感，从而造成心理上的不宁。因此，夏季适宜佩戴蓝宝石、带微蓝色的钻石、青金石等绿色或蓝色宝石首饰，可使人感到清凉爽快。秋季，正值收获的季节，此时佩戴红宝石、星彩宝石、黄宝石、玛瑙等宝石首饰，会使人感到充实。冬季，大地冰封，万里雪飘，山河银装素裹，佩戴月光石、欧泊石、珍珠等乳白色珠宝首饰，与大自然的美景相互交融，显得纯洁；如果佩戴浅绿色、黄绿色或粉红色的宝石首饰，似乎在严寒的冬季传来了春的信息，听到了春天的脚步声。

参加舞会、宴会之类的社交活动时，一般宜佩戴高贵、华丽的首饰，这样效果显著。如果参加活动时身穿礼服，那么首饰必须选择符合传统礼仪的款式，而不要过于新奇别致，以免与服装造成冲突。

参加沙龙、拜访之类的社交活动，宜选用具有鲜明主题款式的首饰，如带有标志性的首饰。这样和所参加的社交活动的气氛比较融洽，有时还会从中引出话题，成为有趣的插曲。要是在这时使用过分耀眼的、豪华的首饰则是不合时宜的，会让人觉得你是在炫耀，从而影响与他人的交际。当你去拜访长者、前辈时，应该使用色彩不太鲜艳的首饰，这可以避免带来不必要的拘谨。因为年长者一般不那么喜欢醒目的装饰物，虽然他们不会直言，但从心理角度来看，这是符合逻辑的。

对于参加聚会、联谊等社交活动，宜使用一些款式活泼的首饰，如色彩鲜亮的胸针、耳环、宝石项链等。这样能显示出你对参加的活动很感兴趣，使周围的好友觉得你是带着愉快的心情来参加活动的，从而留下良好的印象。在参加这些活动时，如果身穿时装，那么你应该尽量选用时装首饰。

与初交的朋友或不熟悉的人见面，不妨佩戴星彩、游彩、变彩的珠宝首饰，使对方产生安谧的神秘感，有助于互相接触，互相了解。如果与情人、挚友相会，可佩戴具有永恒象征的宝石，如钻石、红宝石、祖母绿等珠宝首饰，这样会使你们的约会充满爱意和温情。

在参加追悼会或葬礼时，应尽量不佩戴色彩艳丽的珠宝首饰，如果要戴不妨佩戴色泽素雅的小件珠宝首饰，如胸针、领针，以表示自己的哀思。

戒指，是点缀手的饰物，佩戴起来，局限于手指，比起项链和耳环来不那么引人注目，但对人的整体形象的影响不容忽视。这是因为戒指的佩戴，是一种无声的语言，也是一种暗示。它往往能够反映出佩戴者的择偶和婚姻状况，且形成了一套约定俗成的戴法。除大拇指外，双手各个手指都可以佩戴戒指，不过戴在不同手指上有不同的含义。一般认为，戴在食指上，表示单身或者想谈恋爱；戴在中指上，表示订婚或心有所属；戴在无名指上，表示处在热恋中或者已结婚；戴在小指上，表示独身，或表示终身不嫁或不娶。

3. 不容忽视的气味因素

对人体气味在交际中的作用的研究也是身体语言交际研究的一个重要组成部分。影响人体气味的因素很多，包括饮食、心情、生活习惯、性别、年龄、健康状况、卫生和情绪等。此外，还有环境气味的影响，如吸烟人的烟味；人体皮肤、头发和衣服吸附的气味，如香水的气味。在跨文化交际中需要注意两点：一是正确对待来自不同文化背景的人的身体气味，即身体气味的文化差异；二是养成良好的卫生习惯并认真对待因某种原因而产生的气味。

嗅觉可以在交际中起到作用，它可以传播有关文化和家庭的习惯特征等信息，帮助人们识别自己的气味并正确对待别人的体味。人体气味与人的饮食习惯有极大关系，不过，除此之外，人体气味还有许多差别，人们可以排除烟草、香水和其他外加的气味，嗅到人体的本来气味，从中辨别出每个人。在跨文化交际中，人们对本文化的人的身体气味往往习而不察，而对其他文化的人的气味很敏感。

　　在交际场合，人们常常忌讳口出臭气、腋窝流汗、人前放屁和因衣着不洁或洗漱不勤快而出现的身体怪味。例如，吃葱、蒜、韭菜等怪味菜后若不注意清除口中遗留的气味，在对外交往中就容易造成障碍。有人与他人交谈时，由于站得过近，为了不让人闻到自己的口臭而用手捂住嘴，这样也容易引起对方的反感。现在，人们花费不少金钱购买各种化妆品来掩盖自己的身体气味。当然，也有人对此很敏感，因为过于浓烈的化妆品味也会使周围的人感到不适。

02
发挥姿态语言的丰富表达功能

你的听众对你的反应在很大程度上取决于他们看到了什么，而不是听到了什么。你的话语或许洋溢着自信，但颤抖的双腿和哆嗦的手指给人的却是另一种全然不同的印象。消沉颓废的姿势和拙劣蹩脚的表达使得诸如"我真高兴能站在这儿"这样的话成了苍白无力的语言。在进行练习和实际进行演说时，一定要注意一下自身的形象。跟口头表达一样，体态表达的目标是呈现出自然放松的样子，并避免任何有可能使你的听众从你的演说信息中分心的动作。

在肢体语言的学术研究成果中，20世纪以前最富影响力的一部作品大概要数查尔斯·达尔文于1872年出版的《人类和动物的情感表达》一书了，这本书引发了一场全球范围内的关于面部表情与肢体语言的现代研究，达尔文的许多观点和观察结果最终也都得到了来自世界各地的研究者们的证实。从那时起直至现在，研究者们已经收集并记录下了约百万条非语言信息及线索。

20世纪50年代的一位研究肢体语言的先锋人物阿尔伯特·麦拉宾发现：一条信息所产生的全部影响力中，7%来自于语言（仅指文字），38%来自于声音（其中包括语音、音调以及其他声音），剩下的55%则全部来自于无声的肢体语言。由此可以看出，在交际过程中，除了之前提到的仪表，处于辅助地位的姿态语言也有着巨大的信息容量。姿态语言是指通过人体某一部分形态的变化来交流思想、表达情感的一种辅助性语言表现方式，它是一种没有声音的伴随性语言。有声语言用来传递信息，无声语言用来表达人与人之间的态度，同时也用来作为传递信息的替代物。

交际中，形形色色的姿态语言交往符号，可以用来表达交际者许多想说而又未说出来或不便说出口的意义。交际者的一举一动、一颦一笑都展示出其特定的含义，体现出特定的内容。一位名人说：所有人都掩盖不了自己，如果他口唇静止，手指在轻轻击节，则秘密就会从他的每个毛孔中流溢出来。这说明姿态语言具有丰富的表达功能。在一次面对面的交流中，语言所传递的信息量在总信息量中所占的份额还不到35%，剩下的超过65%的信息都是通过非语言交流方式完成的。

　　杨光在与人沟通时，总是能通过自己的身体方向让每个和他交谈的人都得到很好的照顾，从而避免了许多不快。有一次他和自己的老同学黎川见面，而黎川还带着自己的妻子。他们坐在一张桌子上，黎川和妻子坐在一边，杨光自己坐在另一边。杨光和黎川聊得很开心，但他注意到黎川的妻子几乎一言不发，这让杨光觉得有点不好意思。于是，当黎川问他最近有没有打算跳槽时，他改变了自己的身体方向——向黎川妻子的方向略微动了动，在开始回答时看着黎川，然后把头转向黎川的妻子，然后回头看黎川，再看黎川的妻子，在最后结束回答时，他则注视着黎川，毕竟问题是黎川提出来的。他的这个小技巧让黎川的妻子感到自己仿佛也参与了谈话，于是回到家里后，黎川的妻子说杨光是个很会谈话的人，他能够让每个人都不会感觉到自己被冷落。

　　现代社会，人们将目光都投向了有声语言，因此，大家都渴望自己能成为一名健谈的人。在每一次面对面的谈话中，有一部分信息是通过肢体语言来进行交流的，但是，绝大多数人却经常会忽视肢体语言信号以及它们的作用和影响。

　　研究人员对发生于20世纪七八十年代的上千次销售和谈判过程开展了详细的研究，其结果表明，商务会谈中，谈判桌上60％－80％的决定都是在肢体语言的影响下做出的。同时，人们对一个陌生人的最初评判中，60％－80％的评判观点都是在最初不到四分钟的时间里就已经形成了。除此之外，研究成果还指出，当谈判通过电话来进行的时候，那些善辩的人往往会成为最终的赢家，可是如果谈判是以面对面交流的形式来开展的话，那么，情况就大为不同了。因为，总体而言，当我们在做决定的时候，在所见到的情形与所听到的话语中，我们会更加倾向于依赖前者。

一位成功的演说家必然会注意观察听众的形体动作。演说者们通常把这种"直觉"或"本能"称之为观众意识或群组意识。假如座位上的观众将整个上半身都靠在椅背上，下巴微含，双臂环抱于胸前，那么这个时候，一位"洞察力敏锐"的演说者就应该立刻察觉到他的演说并没有打动台下的观众。如此一来，演说者就应该意识到，此时此刻，他需要改变方法，用另一种不同的方式来引起观众的共鸣和互动。同样的道理，假如演说者的"感知力"不够敏锐，他就不会注意到这些细节，只会不管不顾地继续自己的演说。

在观察对方之外，许多成功的人也是擅长运用自身形体动作的。

一位总裁在回忆与竞争对手的谈判时说：他经常靠在椅背上，用富有表现力的手势来增强谈话的效果。当要扩大谈话范围，或是从中得到一般性结论时，他经常用手在前面一挥；在搁浅的争论有了结论时，他经常把两手放在一起，十指相对；在正式会议中，他对一些俏皮话暗自发笑；在闲聊时，他又变得轻松自如，有时对善意的玩笑发出朗朗的笑声。

从这里可看出对方在谈判中，善于根据谈话的内容把有声语言与姿态语言巧妙地配合起来，从而给人留下了举止沉着、风度儒雅的良好印象，有利于促成双方的合作。

03
察言观色，适时使用表情语言

　　不要让演说带来的紧张压力把你的脸变成面无表情的扑克脸。你自然的面部表情可以为有效沟通提供又一种渠道。通常来说，面部表情的变化相当于预报了气氛或心情的转换。相较于那句已经被滥用的老生常谈"但更为严重的是……"，用一副忧心忡忡的皱眉和蹙额面容取代原本欢欣愉快的面容是一种更为高明的过渡。

　　表情是人心灵的荧屏，它把听众复杂变化的内心活动如实地反映出来。发言时，要注意自身表情的真挚、有分寸，克制影响交际效果的表情；听对方发言时，要"听其言而观其色"，观察对方面部表情的变化。

　　下面我们来看一些常见的脸部表情：

　　（1）突出下颚表示攻击性行为；

　　（2）缩紧下巴表示畏惧和驯服；

　　（3）抚弄下颚表示掩饰不安或胸有成竹；

（4）伤心时嘴角下撇，欢快时嘴角提升，委屈时噘起嘴巴，惊讶时张口结舌，仇恨时咬牙切齿，忍耐时咬住下唇；

（5）下颚上抬，把鼻子挺起，是傲慢、自大、倔强的表现；

（6）用手摸鼻子，是怀疑对方；

（7）用手摸耳垂表示自我陶醉。

以上罗列的脸部表情，如果它们互相配合，综合运用，按照论辩的内容要求，根据论辩者的感情控制，可产生愤怒、害怕、高兴、妒忌、喜爱、紧张、骄傲、悲伤、满足、同情等感情色彩。

再从感情的两个极端"愉快"与"不愉快"看看脸部的活动情况：

愉快：① 嘴角后拉；② 笑肌上提；③ 眉毛平展；④ 眼睛平眯；⑤ 瞳孔放大。正是"眉毛胡子笑成一堆"。

不愉快：① 嘴角下垂；② 面颊下拉；③ 眉毛紧锁；④ 面孔拉长。正是"拉得像个马脸"。

自然可更具体些：

（1）表示有兴趣、快乐、高兴、幸福、兴奋的表情：眉毛上挑，嘴角向下，鼻孔开合正常，嘴巴张开，瞳孔放开；

（2）表示蔑视、嘲笑等表情：视角下斜，眉毛平或撮，抬起面颊；

（3）表示痛苦、哭泣等表情：皱眉、眯眼、皱鼻、张开嘴、嘴角下拉，配合有声传递；

（4）表示发怒、生气的表情：眼睁大，眉毛倒竖，嘴角拉开，紧咬牙关；

（5）表示惊愕、恐惧的表情：眉毛高扬，眼睛与口张开，倒吸凉气。

下面特别强调在发言时微笑的表达。微笑是一种良性的脸部表情，可以反映一个人的内心世界，是自信的标志、礼貌的表征、涵养的外化和情感的体现。在论辩中运用可以象征性格开朗与温和，可以建立融洽气氛，消除抵触情绪，可激发感情，缓解矛盾。

下列场合可运用微笑技法：

（1）表达赞美、歌颂等感情色彩时；

（2）向辩友、主持人、观众行注目礼时；

（3）面对对手提问时；

（4）面对观众表达时；

（5）表达一些与微笑不相背的感情时。

下列场合不能微笑：

（1）表达悲痛、思索、痛苦、愤怒、失望、讨厌、懊悔、批评、争论等负面情绪时；

（2）已完全放开时；

（3）不自觉地紧张时；

（4）没有必要运用微笑来控制情绪时；

（5）松弛紧张时。

总之，脸部表情运用时要适时、适事、适情、适度，切忌呆板麻木、情不由衷、晦涩不明与矫揉造作。

04
在适当的时候做适当的动作

莎士比亚说："行为胜于雄辩，愚人的眼睛是远优于他们的耳朵的。"

赫伯特·斯宾塞说："语言虽然是表达思想的工具，然而却也能够阻碍思想。动作在意义和情感上的表现是十分有力的，譬如你说'离开这间屋子'，总不如用手指着屋门来得明显；你低声说着'不要'，还不及你把手指放在嘴唇上得力；你向人家招招手，比对人家说'到这里来'还要有力量。你瞪眼扬眉，表现着惊讶的心情，那是十分显著的。你耸一耸肩的姿势，如果改用语言来表述，它的力量便就失掉了许多了。"

贺巴德说："流利的演说，是靠态度获得的，并不是靠字句获得的。"

从上面的言辞来看，演说姿势的重要，大概也就可以悟知了。

不管是听众还是观众，他们都是无法抗拒将目光投向移动物体的。演说者只要能够记住这条真理，那么，他就能使自己免于一些困扰及不必要的烦恼，尽快地把听众融入讲演之中。即使你一直站在讲台后面，你也可以发表一篇相当不错的演说。然而，在适当的时候做适当的动作可以为绝大多数演说增色不少。向左或向右走几步，或者走得离你的听众更近一些，这些都可以使你的演说富有变化或者更好地突出重点。与此同时，你还跟你朝着其移动的听众建立了更为亲密的联系。在演说中的身体移动是缓解紧张的一种有效方式。

要有目的地移动你的身体。在屋子里烦躁不安地踱步会扰乱听众的心神。那些对移动身体犹豫不决的演说者的试探性动作同样也是如此。这样的演说者会慢吞吞地变换姿势，不知道该向哪边摇摆，伸出一个足尖仿佛试探水的温度一样，然后飞快地缩回，又僵滞在那里了。如果你打算移动，动作要坚定果断。至少要直接向前或沿对角线迈出正常的两到三步。在你停下来之后，将你的身体和视线对着听众中最集中的部分。

如果你移动身体的时机选择得当，那将增强你表达观点的力量。通常来说，在解释复杂的问题或者列举你最扣人心弦的例子或者提出雄辩有力的观点时，不适宜四处移动。在过渡的时候进行身体移动能够取得最佳的效果——这显示着心情、内容或形式的变化。

如果你混在人群之中，只要你不是掀起了巨大的波浪，你的举动是不会受人注意的；即使你掀起了巨大的波浪，你引人注意的举动，也只是大的举动，至于细小的动作，那是根本不会引人注意的。可是，你站在演讲台上，情形就不同了。因为台上只有你一个人，你的一颦一笑，甚至手指动一动，人们都可以深深地印入脑海中。然而，你这种动作被人印入脑海中，人家会一直注意你的动作，对你所讲的话也不会再听到，你的演说将遭到大大的失败。

分散听众注意力的特殊怪癖可以分为两类：你随时随地都有的怪癖（不停地将你的眼镜往鼻梁上推，把你的头发拢到耳朵后面，摆弄你的指关节使之噼啪作声），以及只有在你进行演说时才有的怪癖（无意识地折叠你的记录卡片又将它展开并弄出很大的声音，前后摇摆你的脚后跟，在讲台上轻叩你的铅笔）。

这些身体上的小动作等同于在说"你知道……你知道……你知道"。很少有什么动作是天生就令人生厌的，让人们不耐烦的是这一动作的一再重复。正如口头表达中的怪癖一样，除非有人指出来，否则你自己是意识不到某个动作的高频率的。因此，根除问题的最重要的一个步骤就是意识到问题的存在；在某些时候，意识到问题的存在就可以解决它。

某种分散听众注意力的怪癖不可能在一夜之间形成，同样的，幻想在一夜之间就彻底根除它也是不切实际的。首要目标应当是通过应用行为矫正技巧来减少这种怪癖出现的频率。

大演说家戴尔·卡耐基说："不要解开或是扣上你的衣纽，或是摩擦你的双手，假使这种不自然的动作你必不能免去的话，那么，把你的双手放到背后去，你在身后扭着手指好了，因为那里是没有人见到的。再不然，你不妨动动脚趾也可以，因为那里也是没有人注意的。"

为什么要把手指放到背后去动呢？因为在前面动，人们将会注意你的手指的动作，反而不注意你的语言了。假如你的手脚动得太厉害，会增加听众的疲惫感。比如，你的右手向上一举，听众的目光便会随着你的右手向上一望；你再换左手向上一举，听众的目光便又随着你的左手向上一望；你再换右手向上一举，听众的目光便又随着你的右手向上一望。你的左手右手两相交换地一上一下，听众的目光便随着你的两手而一上一下地动着，因此听众的头不得不随着目光而略略地一仰一俯。这样，听众听不了多久，他的头颈就会因酸痛而没有精神了，你的演说词无论说得再怎样的好，他们的耳朵是没有法子听进去了。

有一次，有位很有名的纽约演说家在演说时，用手玩弄着讲台上的桌布，结果听众们都专心地望着他的手足足有半小时之久。

如果可能的话，演说者应该把听众的座位作适当的安排，使他们不会看到迟到的听众进来，如此可以防止他们分散注意力。另外，说话者都不允许舞台上放置红色的鲜花，因为它们会吸引太多的注意力。

　　说话时保持良好的姿态，对于吸引听众的注意力，从而融听众于说话中，引起他们共鸣也有积极的作用。

　　演说者在演说之前，不要坐着面对听众，而应以崭新的姿态出现在会场，这样比听众眼中的老形象要好一些。

　　但是，如果我们必须先坐下来，那么，我们就要十分注意我们的坐姿。懂得坐下艺术的人，先用脚背碰一下椅子，控制一下，使自己缓缓坐下去。

　　我们前面说过，不要玩弄你的衣服或你的首饰，因为这样做会分散听众对你的注意力。另外还有一个原因，这样做会给人一种怯懦且缺乏自我控制力的印象。任何不能增加你演说分量的动作都会减少听众对你的注意力。但没有任何动作又是不会吸引听众注意力的。所以，您必须以一种平静的状态站着或坐着，控制你自己的身体，这将使听众对你产生一种有心理控制力、泰然自若的感觉。

　　当你准备站起来向听众发表演说时，不要急急忙忙地开口。这是业余演说家的通病。先深深吸一口气，望着你的听众大约一分钟的时间，使听众之间的嘈杂声或骚动停下来，等到一切平静为止。

　　你应该克制自己自然地慢慢地把话说出来，假如台下有着杂乱的声音，你静静地等候着，自然，嘈杂的声音便极快地没有了，待到大家都安静了，于是，你就可以发出一些微微的笑容而开始说话了。

"喜悦产生喜悦"，人脸上应保持微微的笑容，这样大家便会觉得你和蔼可亲，你说的话就能深深地进入大家的脑海。因为，你对听众发生着兴趣，那听众也会对你发生着兴趣；你若怒容满面地走上讲话台，听众也会对你产生讨厌的情绪，所以，我们在讲话之前，究竟受人欢迎或是反感在我们的态度方面早就有了决定。

你的双手应该如何处理呢？忘掉它们。如果它们能够很自然地下垂在身体两侧，那最理想。如果你觉得它们就像一大串香蕉似的，千万别认为没有人会去注意它们。它们最好能轻松地下垂在你身体的两侧，这样才不会受到注意，也不会有人批评这种姿势。此外，当情况需要时，它们还能自然而不受妨碍地摆出各种强调性的手势。

有的人常常把手插在衣袋里，这种姿势非常难看。但是，如果你感觉到你的手插在衣袋中才能减轻你心里的不安的话，那这样做了也是无妨的。这种姿势，著名的演说家有时也会用。我们反过来说，最要紧的还是你有着诚挚的热情的讲话，你应该用热情来讲出人们所要听的话，你的两只手时时在帮助你把意思表达出来，所以无论你两只手怎样地动，都不要紧。不过，你要注意不要像打拳似的手舞足蹈。

我们还得再来注意一下坐的姿势。我们在准备说话之前，往往先要被介绍一下。当被人介绍的时候，也许介绍人请你坐在一旁。但是你怎样坐着才是适当的姿势呢？有些说话者，他们左顾右盼，那种动作很是难看。或者，当找到了座位，猛然坐下，像是把一袋沙土抛掷到椅子上的样子，这种姿势十分不雅，会给人留下不好的印象。我们可以文雅地用脚背碰一下椅子控制一下，然后身体挺直了很自然地坐下，这样就可以显示出你的举止文雅，精神饱满，人们对你也就先有了一个良好的印象。

第二章

语言表达得更精准更有效

你必须善用语言的魅力，在与人说话的时候让自己的意思表达得更为准确一些。有时候，我们跟别人说了那么多，但对方依然一脸茫然，便是在于你说话时所用的语言让他们难以真正地明白你的意图。

01
因简洁而生的强大力量

很多时候，话不在多而在精。我们在工作场所里，无论是管理者，还是营销人员，往往最需要的不是喋喋不休地向别人展示自己有多能说，而是学会在最需要的时候，说出到位的话。这就是我们通常所说的"四两拨千斤"。

在古代，有一个孩子叫苏吉亚，他非常聪明，没有人能难得住他。有一天，国王邀请他到王宫，想见见这位聪明的孩子。

十一岁的王子听说苏吉亚要来王宫，就跟自己的同伴们商量说："等一会儿苏吉亚来了，我们用什么方法难住他才好呢？"王子身边的这些少年都是国王为了给王子做伴，从众多的同龄孩子中选拔上来的。给王子做伴的少年一共有四个，个个都非常聪明。但是，这回面对的是被公认为全国最聪明的孩子苏吉亚，他们倒一时没了主意。正当少年们绞尽脑汁地想办法时，其中一个少年突然高兴地说："殿下，我有好办法了！苏吉亚一直都没有见过您，也没有见过我们，所以，我们都打扮成和您一样，在这里站成一排。苏吉亚再聪明也不可能找得出殿下来。这样，他就没有办法向您问候，到那时，他非惊慌失措不可。这个主意怎么样？"

王子一听，拍掌称好，大家也认为这个主意出得妙。于是王子立即叫来侍女，让她把四个少年都打扮成和自己一模一样，衣服就不用提了，从发型到鞋子也全然一样。装扮完毕，大家均板着面孔，和王子并排站着，连侍女也很难找出哪个是王子了。当一切准备好后，王子便派人去把苏吉亚请来。

却说在国王面前，在众多大臣们的簇拥下，苏吉亚利用他那无穷的智慧，频繁地逗得大家开怀大笑。这时，他听到王子殿下要召见自己，便请示国王，待国王同意后，他便离开了座席，跟着来人进入了王子的宫殿。

苏吉亚一进殿门就要拜见王子，可是当他抬起头时，不禁大吃一惊。只见殿堂上坐着五个穿戴完全一样的孩子，他不知道哪一个才是王子。不过，他马上就镇静了下来，他知道王子是在故意给他出难题呢。

苏吉亚略一思索，就有了主意。只见他哈哈大笑起来，并目光锐利地环视了一番大家的脸，然后说："嘿嘿嘿，诸位想的难题倒真的很妙啊！但是，可惜得很，你们出了一个漏洞。瞧，你们都没有注意到，偏偏让殿下的脸颊沾上了墨！"

听苏吉亚这么一说，大家都不自觉地扭头去看了看王子的脸。苏吉亚立即向那真正的王子鞠了一躬，恭恭敬敬地问候道："殿下，小民是苏吉亚，愿您前程无量，往后请多关照！"

王子很遗憾地眨巴着眼睛，再三抚摸着脸颊说："是苏吉亚吗？不必多礼啦。不过，万没想到我脸上沾了墨。"

苏吉亚忍着笑道："殿下，那是我的策略而已。我一说殿下脸上沾了墨，其他人就会疑惑地看殿下的脸，所以我才会那么说的。果然不出所料，大家都看正中间的人的脸，于是我马上就知道您是殿下了。"

语言的选择贵在一个"精"字，一字一句都是直达人心，就如同林肯最为著名的葛提斯堡的演说。这次演说林肯仅仅用了几百字，而且他从上台到下台的时间还不到 3 分钟，但是却赢得了约 1.5 万名听众经久不息的掌声。

当时报纸评论者说："像这样篇幅短小精悍的演说真是一种无价之宝，感情深厚，思想集中，措辞精练，而且字字句句都写得很朴实、优雅，行文又很完美，完全出乎人们的意料。"

如今，他的手稿被收藏于美国国会图书馆之中，他的演说词也被铸成金文，放在牛津大学。牛津大学还把它作为英语演说的一个最经典的范例。

1984 年，新当选法国总理的洛朗·法比尤斯发表的就职演说，则更是短得出奇，有人这样描述道："还没等人们醒悟过来，新总理已转身回办公室去了。"

他的演说词中只有这样的两句："新政府的任务是国家现代化，团结法国人民。为此要求大家保持平静的心态，拿出最大的决心。谢谢大家。"这篇讲话言辞委婉，内容精练，真可谓"独具匠心"。

在历史上还有美国莱特兄弟的"一句话演说"，这个演说也一直为人叫绝。

当他们成功地驾驭动力飞机飞上蓝天之后，在欢迎酒会上，人们再三邀请哥哥威尔伯·莱特进行一次演说，他即兴地说了一句："据我们所知，鸟类中会说话的只有鹦鹉，而鹦鹉是飞不高的。"这句哲理深刻的演说感染了每个人，博得了当时所有人的掌声。

如果要做到上面所讲的这一点的话，那么首先就要求我们的讲演者忍痛割爱，大刀阔斧地删除演讲稿中那些废言赘句，也就是把"臃肿"的演讲稿进行"抽脂减肥"，还要使演讲稿的主题鲜明、重点突出，而且要言简意赅，最大限度地提高演讲稿的语言和文字的信息量。但是词语欠缺，表达的时候会词不达意、啰唆干瘪；思维模糊，表达的时候也会语无伦次，枉费一番唇舌。

　　高尔基曾说过："简洁的语言中隐藏着最伟大的哲理。"文采灿烂的法国作家福楼拜，他可以称为锤炼语言的一个模范。有一次，他为了能够寻找恰当的四五句话，足足花了一个月时间。这对演说很有启发意义。

　　在演说过程中，不仅要学会长话短说，还要学会"筛选"和"过滤"，从而选出最精辟的、恰如其分地表情达意的词句，还要尽可能地用精练的语言表达出深刻的内涵。

　　当今社会，人们的生活节奏在不断地增快，人们都不喜欢那些穿靴戴帽、繁杂冗长、繁文缛节的空话或者套话。演说要能够达到简洁、明快，就要做到千锤百炼，才能使你的词汇更加丰富、思路更加清晰。

02
"把脉"听众心理，做到有的放矢

千万个人就有千万种个性，有千万种需求。想说服他们，前提是了解他们、懂得他们。虽然如此，但幸运的是，我们有很多种渠道可以了解不同的个性及不同个性的反应，对症下药，抓住听众的心理需要，以多种手段吸引听众注意力。

1. 迅速而有效地引起听众注意

某印染厂厂长李某，作为区代表候选人之一与其他几位候选人一起，先后到该选区所属的 11 家工厂与选民代表见面，发表简短演讲。面对素昧平生的听众，如何用少量的话语打动人心，争取到所有选民的拥戴？他仔细研究了听众（工人）的心理，心里便有了底。

李某先到了染化厂，他说："我们印染厂，一分钟也离不开染化料。染化厂历来就是我们印染厂的坚强后盾。正是有了你们生产的高质量的染化料，我们印染厂才可能生产出漂亮的花布。我们印染职工深深感谢你们！"他的话一下子说到了选民的心里，大家都很高兴。

然后到了造纸厂，他讲："我对造纸厂是有感情的，我在大学里学的是木材加工专业，毕业实习进的就是造纸厂。我的事业可以说正是从造纸厂起步的！"这么一讲，双方在心理上的距离一下子缩短了。

当李某来到与自己印染厂隔路相望的针织厂时，他说道："你们厂和我们一直是好邻居。你们厂生产比我们好，效益比我们高。今年春节，给职工发了许多活鱼，我们厂的职工都看见了。我这个厂长日子不好过呀！我要好好向你们厂取经呢！"这几句称赞的话说得针织厂的全体职工乐呵呵的。

在鞋钉厂，他又有新词儿了："我们印染厂有 1600 名职工，可以说这 1600 双脚下，都有你们鞋钉厂的产品，如果有机会让这 1600 双脚排好整齐地走一走，我相信，脚下的脚钉一定会奏出动听的交响乐。"话音刚落，鞋钉厂的选民代表全部都由衷地笑了，有人赞美他们的小小鞋钉，还是破天荒第一遭呢！

李某最后赢得了选举了吗？结果是可以预料的。连鞋钉厂工人的心理都这样了解，顺利当选当然是众望所归。

也许有人认为李某讲话圆滑，其实只要态度真诚，合乎事实，即使是"投其所好"，"拉个近乎"，也是合情入理。

2. 说服应因人而异

"知己知彼，百战百胜。"在说服对方之前，必须透彻地了解被说服对象的有关情况，以便有针对性地进行工作。

首先最为重要的是要了解对方的性格，不同性格的人，对接受他人意见的方式和敏感程度是不一样的。如：是性格急躁的人，还是性格稳重的人；是自负又胸无点墨的人，还是有真才实学又很谦虚的人。掌握了对方的性格，针对不同性格特征的人采取不同的说服方法，就是说服他人的技巧之一。

三国时期，蜀国丞相诸葛亮就很善于用不同的方法说服不同的人。例如，针对张飞和关羽不同的性格特征采取不同的说服方法。对张飞暴烈、倔强的性格特点，往往使用"激将法"比较容易说服，做事怕他不行或怕他喝酒误事，激他立下"军令状"，而不用费很多口舌去说服。对关羽自负的性格，诸葛亮则常使用"推崇法"。如关羽提出要从荆州到四川与马超比武，诸葛亮便给他写了一封信进行说服：马超只能与张飞等人为伍，怎能与你"美髯公"相比呢？再说，你担当镇守荆州的重任，如若有失，罪莫大焉！关羽看了信后说："孔明知我心也。"就不再坚持比武了。

除了需要了解听者的性格，还有许多方面都是我们不能忽视的，我们需要掌握的听者的信息还包括：

了解对方的长处。一个人的长处就是他最熟悉、最了解、最易理解的领域。如有人擅长文艺、有人擅长语言、有人擅长交际、有人擅长计算等。在说服人的时候，从对方的长处入手：第一，能和他谈到一起去；第二，在他所擅长的领域里谈论起来，他容易理解，便容易说服他；第三，能将他的长处作为说服他的一个有利条件。如一个伶牙俐齿、善于交际的人，在分配他做推销工作时可以说："你在这方面比别人更有难得的才能，这是发挥你潜在能力的一个最好机会。"这样谈既有理有据，又能表明领导者对他的信任，还能引起他对新工作的兴趣。

了解对方的兴趣。有人喜欢绘画，有人喜欢音乐，还有人喜欢下棋、养鸟、集邮、书法、写作等，人人都喜欢从事和谈论其最感兴趣的事物。从这里入手，打开他的"话匣子"，再对他进行说服，便较容易达到说服的目的。

了解对方的其他想法。一个人坚持一种想法，绝不是偶然的，他必定有自己的理由，了解他真实的想法，便于更好地说服他。

3. 想方设法，让对方打开"话匣子"

更多时候，听者的情况是无处可查或是没有时间去做好事先调查的，这就需要直接观察对方，了解他的想法。我国春秋战国时期有这样一个故事：

　　淳于髡年轻时，经某人的介绍得以晋见魏惠王。淳于髡在当时以博闻强识、滑稽善辩而闻名遐迩，所以惠王心里自然也期待能从其口中听到一些有益的事。但不料，在第一次会见时，淳于髡始终闭着嘴巴，一言不发。惠王无奈，乃另定日期，再度召见淳于髡，令左右近臣退下，制造一次二人可以畅谈的机会。但是淳于髡这一次，还是始终不肯开口。惠王十分惊讶："这个家伙，哪里是滑稽善辩，根本是个呆子嘛！"

　　惠王指责引见淳于髡的人说："你绝口称赞那个家伙，说什么管子、晏婴都不如他。但当寡人召见他，他却一言不发。难道说他瞧不起寡人？"

　　淳于髡后来闻悉，乃解释说："那当然的嘛！第一次晋见时，大王满脑子想着马的事。第二次晋见时也心不在焉，看样子大王是在想舞乐的事吧，所以我就一句话都没说。"

　　惠王听到淳于髡的一番解释，大吃一惊："淳于髡先生真是名不虚传。第一次见面时，因为有人献来骏马，寡人是急着想去看它。第二次也是一样。有人推荐歌手，寡人也正想听听看，先生就在这时来到。寡人虽然屏退左右，制造二人畅谈的机会，其实也只是做做样子罢了。寡人的心思，居然都被先生识破了！"

　　不久，惠王第三次召见淳于髡。惠王这一次积极表现出其有意倾听淳于髡游说的态度。这一次，据说两人谈了三天，惠王对他极为推崇。

淳于髡素以"察颜观色"为长，在说服人之前，必先仔细观察对方的表情与态度，以猜测对方的心意。所以对淳于髡来说，要识破惠王心不在焉的心态，想必是轻而易举的事。

每一个优秀的、成功的人士在与人交谈的开始就像是一位经验丰富的老中医一样，总是会先为他的听者做一番望闻问切的功夫。许多人不能说服别人，是因为他不仔细研究对方，不研究用适当的表达方式，结果便适得其反，如下面这个故事：

明朝时，四川有个杨升庵，中过状元。因讽刺皇帝，要被充军到很远的地方。

杨升庵想：充军还是离家乡远一点好。他就求皇帝说："皇上要把我充军，我不辩驳，但我有个请求。"

"什么请求？"

"任去口外三千里，不去云南碧鸡关（今昆明）。"

"为哪样？"

"皇上不知，碧鸡关，蚊子有四两，跳蚤有半斤！切莫充军到碧鸡关呀！"

皇帝心想：哼，你怕到碧鸡关，我偏叫你去！于是下令：杨升庵即充军云南！

03
用悦耳动听的声音打动听众

　　你注意听过广播剧、电视剧或舞台剧中的演员们的声音吗？他们那种充满激昂顿挫的声调和表情丰富的语感，是表演的关键之一，也是打动观众的关键之一。甚至那些口才奇佳的政治家们，一个个无不是能把声调、音量等各方面控制自如的人。他们高度的技巧，使我们很容易就分辨出事情的是非曲直；反之，如果始终用相同的声调、速度，那么这种演说是多么平凡而乏味啊！

　　忆秦娥已经 50 岁了，不得不退出京剧舞台，在团里给她准备的联欢会上，她用低沉哀婉的语调朗诵了一篇能代表她心声的稿子，是毕飞宇的《青衣》：

　　自古到今，唱青衣的人成百上千，但真正领悟了青衣意蕴的极少。

筄燕秋是个天生的青衣胚子。二十年前，京剧《奔月》的演出，让人们认识了一个真正的嫦娥。可造化弄人，此后她沉寂了二十年，在远离舞台的戏校里教书。学生春来的出现让筄燕秋重新看到了当年的自己。

二十年后，《奔月》复排，这对师生成了嫦娥的 A、B 角。把命都给了嫦娥的筄燕秋一口气演了四场，她不让给春来，谁劝都没用。可第五场，她来晚了。筄燕秋冲进化妆间的时候，春来已经上好了妆。她们对视了一眼，都没有开口。筄燕秋一把抓住化妆师，她想大声告诉化妆师，她想告诉每一个人，"我才是嫦娥，只有我才是嫦娥"，但是她没有说，她现在只会抖动嘴唇，不会说话。

上了妆的春来真是比天仙还要美，她才是嫦娥，这个世上没有嫦娥，化妆师给谁上妆，谁就是嫦娥。大幕拉开，锣鼓响起来了，筄燕秋目送着春来走向了上场门。筄燕秋知道，她的嫦娥在她四十岁的那个雪夜，真的死了。

观众承认了春来，掌声和喝彩声就是最好的证明。筄燕秋无声地坐在化妆台前，她望着自己，目光像秋夜的月光，汪汪地散了一地。她一点都不知道自己做了些什么，她拿起青衣给自己披上，取过肉色底彩，挤在左手的掌心，均匀地一点一点往手上抹，往脖子上抹，往脸上抹……她请化妆师给她调眉，包头，上齐眉穗，戴头套，镇定自若，出奇地安静。

筱燕秋并没有说什么，只是拉开了门，往门外走去。筱燕秋穿着一身薄薄的戏装走进了风雪，她来到了剧场的大门口，站在了路灯下面，她看了大雪中的马路一眼，自己给自己数起了板眼。她开始唱，她唱的依旧是二黄慢板，转原板、转流水、转高腔。

雪花在飞舞，戏场门口，人越来越多，车越来越挤，但没有一点声音。筱燕秋旁若无人，边舞边唱。她要给天唱，给地唱，给她心中的观众唱。

筱燕秋的告别演出轰轰烈烈地结束了。人的一生其实就是不断地失去自己挚爱的过程，而且是永远地失去，这是每个人必经的巨大伤痛，而我们从筱燕秋的微笑中看到了她的释怀，看到了她的执着和期盼。生活中充满了失望和希望，失望在先，希望在后，有希望就不是悲！

忆秦娥在演说中诉说着自己对舞台的不舍与眷恋，她低沉悲伤的声音，沉痛哀婉的语调，字字饱含情感，催人泪下，感动了在场所有人。

良好的声音表情就是人的发音，强调方法、语气顿挫和语调的变化。能事先仔细了解话题的意思和含义，然后才能以恰当的声调将其表达出来，两相配合，相辅相成。有些时候我们要慢，例如诉说慎重的提案、令人痛心的事件、难读的诗等；相反，容易使人明白的朗读、有速度感的说明、中途顺便插入的例子以及警句等，为了使其节拍能配合内容，必须有较快的速度。人的声音天生就有各种变化，语气、速度和音量的不同，立即就能反映出内心的情感和态度。

文尔顿和汤姆逊两人合著的《演说根本》一书中有这么一段话，是告诉人们怎样把握时机的很好例子。

"演说最漂亮的进行速度，完全在于发音是否清晰明了。有时为了采取歌唱似的语调，则会降低速度；但能够加快速度，同时又能使听众明白的人，可能只限于发音特别清楚的少数人。

"不过，凡是能保持高速度的人，其主要原则还是在于多求变化。变化多，自然能够吸引听众。该强调的时候就强调，决不装模作样。因为演说的主要目的，就是自始至终把你的意思传达给听众。如果想要说的事既简单又明了，那当然可以很快地交代过去；但如果需仔细说明的事，却快马加鞭、迫不及待地一口气说完，那么只能留给听众一般性的印象而已。此时如果侃侃而谈，听众听来自会觉得你所说的每一个问题都是重要的。而如果是内容欢快、充满幸福或者令人毛骨悚然的冒险故事，讲到高潮之处或者情感将要迸流而出之时，就必须加快速度才能达到预期效果。当然，主题严肃、感情压抑或者充满悬念气氛的部分，还是应该慢慢地叙述。"

所以，当我们听到一段动情的演说时，我们就可以认定那位演说者掌握了良好的时机和技巧。也就是说，他知道该在什么地方缓缓，什么地方作有效的中断；也知道该在什么地方加快速度，把听众带入高潮。具有这些条件的人，就是一位高明的演说家。那些口才优异的推销员，也一样要具备这些条件才能大大地提高成功率，并得到上司的赏识和器重。

相同的语句如采用不同的语调可产生不同的表达效应，展示丰富立体的情感色彩。因而语调也变化多、变化快。交替展现出高低、疾徐、抑扬、升降、张弛、强弱，显得错落有致，表现出辩论语言的声音美；而且语调的快速变化也能传递出说话者的喜、怒、哀、乐、忧、敬、爱、恨等情绪的不断变化，使得整个演说过程有声有色，绰约多姿。

这里所谈的语调，主要是指说话的腔调，我们平时所说的四声，指的是声调。语调是指整个句子的音调高低的变化，声调放在句子中，就随着语调的影响而产生变化，它是服从语调需要的。语调的变化多种多样，最基本的有四种：

1. 升调

调子由平升高。常以此表示疑问、反问、设问、惊讶、号召、鼓动、命令等语气。

2. 降调

调子由平降低。常以此表示肯定、感叹、请求、坚决、自信、赞祝、祈使或心情沉重等语气。

3. 平调

调子平稳，没有高低变化。常以此表示叙述、说明、解释、庄重、严肃、悲痛、冷漠、平静等语气。

4. 曲调

调子高低变化曲折，先升后降或降后再升。常以此表示感叹、含蓄、讽刺、幽默、愤慨、思索、意在言外、正话反说等语气。

不同的语调要运用不同的声音来表现。要想使各种语调获得预期的效果，就必须恰如其分地处理好声音。首先要善于控制自己的声音，使之可高可低，可直可曲，变化多端，运用自如；其次，要善于根据思想感情的变化随时变换语调；再次，说话者还要善于从实际需要出发，交替使用各种语调，而且要自然流畅、抑扬顿挫、声情并茂，切不可矫揉造作、生硬艰涩，使人反感。

04
美化语言，强化现场效应

要想让心中流淌出来的语言拥有一种"大珠小珠落玉盘"的效果，最为重要的一点是"同声相应，同气相求"。在语言技巧中最不可忽视的便是配合别人的表达方式，在提高自己亲和力的时候，让他感觉到我们是可以亲近与信赖的。

1. 形象语言听众容易接受

人们通过感觉器官得到的各种感觉是相通的，它们可以互相转移。

语言是无形的，我们既不能看到也不能碰触，但是语言却可以让我们感受到那些看不到、触不到的东西，这些效果都是通过听觉与其他感觉器官的相通性来实现的。一个说服力强的社交活动家是怎样看待人类对各种感觉方式的不同感知能力的呢？当然他们是顺势利用人类的这种能力。

美国青年维克勒在庆祝保护家乡母亲河碧林艾河十周年宴会上的发言，不着痕迹地运用了视觉、触觉、听觉、嗅觉四种感觉方式，每一句话都唤起了听众的想象和内心深处的情感，成为整场宴会的高潮发言。

他是这样演说的：今晚碧林艾河欢快地流淌着，一泻千里。深邃的天空中，星星闪闪烁烁，俯瞰着广袤无垠、平静的碧林艾河（视觉的）。那凉爽的河水，沁人心脾（触觉的）。你看，雾气正穿越松林，松林与飞溅的水花嬉戏，低低的、宽阔的河面如一条银练，缓缓伸向了远方（视觉的）。听，雷声大作，河水穿梭于激流的漩涡之中（听觉的）。那茶色的河水在雷鸣声中慢慢流淌（视觉的和听觉的）。月亮将她长长的影子投在"大峡谷"的峭壁上（视觉的）。碧林艾河如千百年来那样，波涛汹涌，起伏不停。看，它是多么欢快啊，散发着自由的气息。我们也是自由的，自由地呼吸着碧林艾河清新的空气（嗅觉的）。

诉诸感觉器官的语言，在大脑中会长久地存留下来，因为我们每天使用的感觉器官都会不停地提醒我们曾经听到的话。熟悉的味道会让我们想起母亲的话语，旧地重游会让我们记起曾经的山盟海誓，粗糙的课桌会让我们依稀听到儿时的欢声笑语。

2. 让听者自己去思考

在一家酒店的餐厅里，大家都彬彬有礼地在和谐的轻音乐中慢慢地品尝美味佳肴，或者与同伴之间轻声细语地交谈。但是，有这样一位客人，他将餐巾系在自己的脖子上，然后一边旁若无人地狼吞虎咽，一边大声地自言自语。在餐厅中，这位客人的行为举止非常扎眼和不礼貌，顿时引起了其他用餐客人的反感与不满，于是就有客人到餐厅经理那里去投诉，希望能够制止这位客人的做法。无论是真不懂抑或装作不懂用餐礼仪而哗众取宠，这位客人的行为都应该被制止。但是面对这样看起来蛮不讲理的客人，应该怎么样才能够让他"安静"下来呢？

餐厅经理将这一看起来非常棘手的任务交给一位服务生去执行。这位服务生并没有采取过激的言行举止或者其他的方式制止那位行为不端的客人，而是走到客人身边，悄悄地说了一句话。奇怪的是客人听了服务生的话之后，立刻自动将餐巾拿下来，然后规规矩矩地和别人一样正常用餐了。服务生用了什么有效的魔法制止了客人呢？其实很简单，这位聪明的服务生只是对客人问了一句："先生，请问您是要剪头还是修脸？"那位客人一听这句话，就知道自己的举动明显与场合不协调，也就自动将餐巾迅速取下来了。

　　同样的一个目的，可能会有许多种方法达到劝阻那位就餐客人，效果最糟糕的做法就是直接走过去对这个客人说："先生，对不起，本餐厅不允许客人做出违背用餐礼仪的举止言行。请你将餐巾取下来，并且注意不要影响了其他人的就餐环境。否则的话，请你离开这个餐厅。"如果这样的话，本来就不讲道理的客人很可能会无法忍受别人用这种态度对他讲话，双方的矛盾会进一步激化，事情将变得不可收拾。换另外一种做法，如果态度温和或者拜托客人收敛一下自己，很可能客人会不理不睬，这样就难以达到劝阻客人改正自己错误的目的。而那位服务生显然并没有这样做，而是用另外一种方式，委婉地告诉客人他的举止在这里非常不适合，首先请他考虑尊重自己的形象，既让客人认识到自己的错误，同时又给客人找了个改正的台阶，客人只好顺从。这样一来，服务生没有花费太多的气力，又保持了他自己的尊严，还把双方的矛盾一下子化解于无形中。这就是四两拨千斤的最佳效果。

　　服务生站在客人的立场，知道把餐巾放在脖子上是客人的自由行为，并没有触犯法律或者有关规定。如果服务生单方面要求客人解下餐巾，客人很容易感到自己的自由受到了限制与干扰，必然引起不满和争执，甚至他会觉得自己被人取笑不懂礼仪，心里自然不舒服，后果可想而知会很糟糕。

3. 巧用谐音，化平淡为神奇

谐音是一种修辞法，其作用在于使思想表达更含蓄、曲折，给人印象更深刻。

有两个人，自认为才华出众。一天，他二人同游于山川之间，诗兴大发，乃吟出一联云："看见两只鹅，慢慢走下河。"

忽然间，二人发觉自己的诗太妙了，像这样的天才可能会短命，所以他们便痛哭不已。

恰好欧阳修这时赶到，问他们为何痛哭流涕，二人据实以告。欧阳修遂加上"白毛浮绿水，红掌拨清波"二句以成诗。

二人觉得此人做诗平淡无味，比起自己还差十万八千里，于是说："咱们去拜访当代大诗人欧阳修。"欧阳修也答应陪他们一块去。

三人乘船行至江中，那人诗瘾又发，乃出口一联句："三人同一舟，去访欧阳修。"欧阳修紧接着说："修也不知尔，尔也不知修（羞）。"

欧阳修利用"修"和"羞"的音同，恰到好处地提醒了那两个狂妄自大的人。

巧用谐音，也能收到说辩中幽默与讽刺的效果。有这样一个故事：

纪晓岚是清朝著名的雄辩家，被誉为"铁齿铜牙"，他曾当过朝廷的侍郎。大臣和珅是一个奸臣，曾当过尚书。和珅对纪晓岚的才能十分嫉妒。有一天，纪晓岚和他一起到公园散步。这时，有一条狗从他们身边跑过来，和珅指着狗问纪晓岚："是狼（侍郎）是狗？"他想用谐音双关骂纪晓岚。纪晓岚十分机警，马上回答："垂尾是狼，上竖（尚书）是狗。"弄得和珅十分狼狈。

和珅自作聪明，想利用谐音骂纪晓岚，结果反倒被纪晓岚用谐音戏弄了一番。

4. 妙趣横生，轻松化解刁难

化解刁难的功夫是需要修炼的，我们在日常生活中可能会遇到别人居心叵测的挑衅和刁难，要成功地反击对方的刁难，就需要对语言加以锤炼，根据当时的实际情况，巧妙地反击对手。

汉武帝晚年很希望自己能长生不老。一天他与东方朔闲聊："相书上说，一个人鼻子下面的'人中'越长，寿命就越长；'人中'长一寸，能活一百岁。不知是真是假？"

东方朔听了这话，知道皇上又在做长生不老之梦，脸上露出一丝讥讽的笑意。皇上见东方朔似有讥讽之意，喝道："你居然敢笑话我？"

东方朔毕恭毕敬地回答："我怎么敢笑话皇上呢？我是在笑彭祖的脸太难看了。"

汉武帝问："你为什么笑彭祖呢？"

东方朔说："据说彭祖活了八百岁，如果真像皇上所说，'人中'长一寸就活一百岁，彭祖的'人中'就该有八寸长了，那么，他的脸岂不是太难看了吗？"

汉武帝听了，不禁哈哈大笑起来。

东方朔的机智幽默在一两句话之间就展露无遗，一下子即令人折服，其出色的应变能力令怒不可遏的汉武帝转怒为喜。

有时候略微自嘲一下，也可以化解别人给你的尴尬：

原一平是日本保险行业当之无愧的"推销之神"。有一次，他去见客户时，刚递上名片，客户只看一眼就恼火地说："又是明治保险公司的，你们公司的业务员昨天才来过！你们跑得再勤快也没用，昨天那个就被我给赶出门了！"原一平听到这话，不急不忙，反而认真地问了客户一句："是吗？不过，我总比昨天那位同事英俊潇洒吧？"要知道，原一平的个子非常矮，而且长相很普通，完全跟"英俊潇洒"搭不上边。客户被他的这句自我调侃给逗乐了，回了他一句："昨天那个业务员比你好看多了。"就这么几句话聊下来，客户对原一平已经大有好感了。

同样，在生活中，你与朋友出现意见分歧时，也可以用语言化解紧张情绪，使朋友、同事摆脱窘境或消除敌意。

刘威和陶谦都是刚参加工作的人，刘威血气方刚，性格急躁，容易冲动，陶谦则比较沉稳，具有幽默感。一次，两人工作中发生了摩擦，刘威怒气冲冲地将陶谦拉到外面的走廊上，要找个时间、选个地方跟陶谦决斗。陶谦说："单挑我可不怕你。不过，时间、地点及武器由我决定。"刘威同意了。

陶谦说："时间就是现在，地点就在这里，武器用空气。"

刘威一愣，然后哈哈大笑，他要做的只有挠陶谦的胳肢窝了。

陶谦用一句漂亮的幽默话，缓解了和刘威的紧张气氛，巧妙且有趣。

你的气势同样是
一种语言

当我们带着一定的目的去跟他人沟通时，你不仅仅要懂得怎么说，还应当将自我的气势表现出来。这种气势表明的是你对所需要沟通事务的态度，会在无形中提升沟通效果。

01
分析利害，引起对方的高度关注

想要说服对方，可以给对方造成一种"如果不迅速采取措施，可能会引起一些不必要的麻烦，给自我带来一些不必要的损失"的感觉。

苏秦游说燕文侯获得初步成功后又来到赵国。这时奉阳君已经去世了，苏秦便借机劝说赵王："当今天下人都非常推崇您，说您是一个能行仁义的贤君，很久以来，大家都很希望能在您跟前效力，接受您的教导。虽然这样，但是奉阳君忌讳您，所以一般宾客游士，没有谁敢到您面前来尽心效力的。现在，奉阳君已经死了，您从今以后又可与士民亲近。因此，臣下我才敢向您尽忠。

"对大王来说，没有比使人民安宁、国家太平无事更为重要的了。安民的方法在于稳定外交。外交途径选择妥当，人民就能安定；外交途径选择不妥当，那么，人民必将不能安定。现在，请让我来分析说明赵国外患的情形。

"假如赵国与齐国、秦国两面为敌，那么人民势必无法安定。又假如赵国倚靠秦国来攻打齐国，人民也同样无法安定。又假如赵国倚靠齐国来攻打秦国，人民仍然是无法安定。

"假如您真能听我的建议，必可使燕国献上盛产毛毡、皮及狗马牲畜的土地；齐国必献上盛产鱼盐的海域；楚国必献上盛产橘柚的田地；韩、魏也会献上一部分封地作为您的汤沐之邑。说起让别国割地奉献，而获取极大利益的这种好处，是他们拼着军队被消灭、将领被俘虏也要追求的。使自己的亲戚都能封侯的这种好处，更是商汤、周武王努力征战的原因。现在，您只要安坐不动，便能两种好处都得到，这就是我最替您谋划的事。

"如今，假如大王您与秦国相交，那么秦国必可利用这优势去削弱韩、魏；假如您与齐国相交，那么齐国必定可利用这优势去削弱楚、魏。魏国一旦衰弱了，就必定要将河外这地方割让出去。韩国一旦衰弱了，就必定要将宜阳奉献出来。宜阳送给秦国，那么能通往上郡的道路便断绝了。河外割让给秦国，那么往上郡的道路也同样不能畅通。如果楚国衰弱，则赵国便没有了外援。这三种策略，不能不详细考虑清楚。假如秦国军队攻下轵道，那么韩国的南阳便危险了。秦国若进而取韩国，包围周都，则赵国便会受到威胁。假如秦国据有卫地，进而取得郑城，那么齐国在无法抵抗的情况下，必定屈服于秦国。秦国既已得到山东，就必然举兵攻向赵国。一旦秦国的军队渡过大河，越过漳水，占据番吾，那么秦兵便攻打到了邯郸城下。这就是我最替您忧虑的事。

"当今山东诸国，没有比赵国更强大的。赵国地方二千余里，军队几十万，战车一千多辆，坐骑一万多匹，存粮足够支用十年。赵的西面有常山，南面有黄河、漳水，东面有清河，北面又邻接燕国；燕本是个弱国，没有什么值得惧怕的。在诸侯国中，秦国最畏惧的就是赵国。但是，秦国不敢举兵攻打赵国，为什么呢？就是怕韩、魏从后面图谋它啊！既然这样，那么韩、魏就是赵国南边的屏障。秦国要是攻打韩、魏，没有名山大川的阻挡，可以渐渐地蚕食它，直到占有他们的国都为止。韩、魏不能抵挡秦国，必然向秦国臣服。秦赵之间如果没有韩、魏的阻隔，灾祸便到了。这又是我为您所感到忧虑的地方。

"我听说，尧没有三百亩大的地盘，舜没有一点点土地，而能拥有天下。大禹不到一百个部众，却能在诸侯间称王。商汤、周武王的战士不超过三千人，战车不超过三百辆，却能被立为天子，他们实在很懂得平治天下的道理啊！所以，一个贤明的君主，对外必能预测敌人的强弱，对内必能估计自己战士的好坏。不必等到两方的军队相抗击，而胜败存亡的谋略，已先在心中形成了。怎么可以被众人的言论所掩蔽，而糊里糊涂地去决定事情呢？

"我按照地图来衡量现在的情势：各诸侯国的土地合起来，有秦国的五倍大。各诸侯国的兵卒加起来，有秦国的十倍多。假如将六国联合为一，尽所有力量向西边攻打秦国，秦国就非败不可。然而，现在大家却不这样做，反而向西面追随秦国，做秦国的臣属。攻破别人与被人攻破，使别人称臣和向别人称臣，怎能同日而语！

"说起那些主张联合六国去追随秦国的人，他们都希望分割各诸侯国的土地给秦国以同秦国讲和。假如秦国吞并天下成功，那么他们便可得到很大的封赏，既可以拥有楼阁宫阙以及漂亮的车子，又可拥有许多美女。一旦秦祸临头，主张连横者却不与诸侯共忧患。所以这些主张连横事秦的人，日夜都在以秦国的权威来威慑各诸侯，以求取割地。因此，我希望大王能仔细地考虑！

"我听说一个贤明的君主能决断疑惑，去除谗言，屏阻小人散播流言的途径，封塞乱臣结党营私的门路，所以我才能在您面前抱着忠诚之心，来陈述种种使国君尊贵、使土地增产、使军队强大的计策。我私下为大王所筹划的计策，最好是将韩、魏、齐、楚、燕、赵六合为一，合纵对抗秦国。并使天下各国的将相，在洹水上聚会，交换质子，杀白马结盟誓。而彼此约定说：假如秦国攻打楚国，那么齐国、魏国便各派出精良的军队助战；韩国负责断绝秦国运粮食的道路；赵国渡过黄河、漳水，从西南边援助；燕国则固守常山的北面。假如秦国攻打韩、魏二国，那么楚国可以断绝秦国的后路；齐国则派出精兵来帮助他；赵国渡过黄河、漳水援助；燕国固守云中一带。假如秦国攻打齐国，那么楚国可以断绝秦国的后路；韩国守住城皋；魏国堵住河内的道路；赵国渡过漳水援助；燕国派出精兵来助战。假如秦国攻打燕国，那么赵国守住常山；楚国出兵攻武关；齐国从沧州渡河到温州去援助；韩、魏都出精兵来助战。假如秦国攻打赵国，那么韩国便出兵宜阳，楚国出兵武关，魏国出兵河外，齐国渡过清河，燕国也派精兵助战。假如诸侯之中有哪个国家不依照约定的，便用其他五国的军队来讨伐他。假如六国真能南北联合，共同抗拒秦国，那么秦国的军队必不敢出函谷关来侵害山东各国，果能这样做，您的霸业便可成功。"

赵王听了苏秦一番议论后，回答说："寡人年少，即位的时间很短，从未有人告诉我治理国家的长远之计。如今，您有意要使天下得以生存，使各诸侯国得以安定，寡人将听从您的意见！"

于是赵王送给苏秦一百辆装饰得很漂亮的车子，二百斤黄金，一百双白璧，一千束锦绣，用来邀约其他诸侯加盟。

把问题的利害讲清楚，让对方来权衡利害之间的关系，从而放弃原来的主张，达到和我们观点的统一。

02
刚言硬语，掷地有声

刚言出口，理直气壮，义正词严，铿锵有力，有闻之震耳、以正压邪的作用。这种特殊的表达功能，是柔声细语所望尘莫及的。

秦王统一六国以前，攻城略地，势不可挡，先后灭了韩、魏等国，变得不可一世，专横武断起来。他想兵不血刃占领安陵，于是派人对安陵君说，愿以十倍于安陵的地方来换安陵。其实，秦王的野心，安陵君早已经心知肚明。安陵君借口领地是以前的国君封赏，想世世代代守着那片土地而不愿交换。秦王心里不高兴，于是安陵君派唐雎出使秦国交涉此事。

唐雎拜见秦王。秦王怒气冲冲地说："我用十倍的地方换你安陵，安陵君居然不换，真不识好歹！况且我灭韩亡郑，不对安陵动武，是因为我觉得安陵君有德行。现在居然辜负我的一片好心，是不是瞧不起我？"

唐雎说："不，不是这样。安陵君是从先王那里领来的封赏，即使拿方圆千里的地方，也是不敢换，何况五百里呢？"

这无异于火上浇油，秦王火冒三丈，指着唐雎说："先生听说过天子发怒的情形吗？"

"没有！"唐雎说。

"天子发怒，可以让天下尸横遍野，血流成河！"

唐雎针锋相对："大王听说过平民百姓发怒的情形吗？"

"平民老百姓发怒，只不过披头散发，赤着脚板，用脑袋往地上撞罢了！"秦王不屑地说。

"这是蠢材发怒，不是义士怒。想当年，专诸刺杀吴王时，彗星遮住了月亮；聂政刺杀侠累时，白虹穿过太阳；要离刺杀庆忌时，鹞鹰冲击大殿。这三个人都是平民百姓中的侠义之士。心中的怒气不能消除，上天就降下福祸的征兆，我唐雎即将加入他们的行列，成为第四人。如果义士发怒，只有两个倒地而亡，流血也只有四五步，只不过天下却要披麻戴孝了。今天，时候到了！"说完，抽出宝剑逼近秦王。

秦王面色沮丧，直挺挺地坐在唐雎面前，说："先生请坐，哪能到那个地步呢？我明白了，韩国、魏国这样的大国都灭亡了，而安陵却凭五十里之地得以保存，是因为有先生您这样的人啊！"

唐雎在不可一世的秦王面前慷慨陈词，气势如虹，为了震慑秦王，他拔剑而起，誓与秦王同归于尽，最终不仅保住了安陵的土地，而且让秦王对他尊敬万分。

掷地有声的刚言力度如何，并不仅仅是靠"嗓门高、口气冲、措辞烈"，还得讲究一定的方式方法。

1. 要有刚毅的精神

某公司在整治家属区"脏乱差"的活动中遇到了麻烦，一个外号叫"大强子"的扬言："谁动老子的地方，让他吃不了兜着走！"公司经理听了，心生一计，决定以其人之道还治其人之身。他只身一人来到大强子家，装作很不好对付的样子，不打招呼便往沙发上一坐，开门见山地说："你是要走法律程序呢，还是和平解决？"隔了一会儿，公司经理继续沉着脸说："法律程序呢，你没理，我稳赢。但我还是劝你和平解决，别把事情搞严重，这对你和大家都有好处。"大强子被一下子给镇住了，哪里还敢对垒叫阵，于是原本想要大动干戈的念头都化成了一句圆滑的托词："我不是不配合，是人手太少忙不开。"经理于是说："我有的是人，义务帮忙！"这个难题一解决，仅仅几天时间，家属区就楼洁院净，秩序井然。

如果在论辩过程中遇到劲敌，不仅需要为排除外部困难而坚持不懈，同时还要防止自身产生消极情绪，克服动摇斗志的畏缩心理。

2. 要有气势磅礴的力度

战国时期，自称为"天下第一高手"的秦国人在楚国表演，出口不逊，叫嚷"打遍天下无敌手""让你们楚国这些宵小之辈开开眼界"……楚国人公孙氏怒火中烧，纵身上台说："我是楚国人，愿在这台上当着众人的面与你较量，怎么样？我们楚国人比武有两种方法：一种是君子斗，一种是小人斗，前者不伤人，后者要见血。就看你要哪一种？"这时，秦国武士的侍从上前悄悄介绍公孙氏的厉害。秦国武士听了，顿时矮了半截，忙说刚才的演说都是夸张宣传，为的是挣钱混口饭吃。

公孙氏回应秦国武士的这番话，气势磅礴，咄咄逼人。在秦国武士高叫"宵小之辈"时，首先一句"我是楚国人"，口气沉稳，气度非凡，先挫对方的狂妄气焰，而后提出"当众较量"，咄咄逼人，从心理上征服对方。最后，使用一个问句，是君子斗还是小人斗，显示其稳操胜券的十足信心，终于彻底瓦解了对手的精神防线。

刚言硬语中若气势不充沛，真理在握却低声下气，义愤填膺却不痛不痒，胸有成竹却患得患失，那么，论辩中就会"立"得不显，"驳"得无力。论辩固然先要"理直""义正"，才能"气壮""词严"，但"气不壮""词不严"，"直"理和"正"义也难以充分展现。所以，刚言直语要注重气势，要有气势磅礴的力度。

3. 表达"刚"劲和"硬"度的技巧

第一，遇事要沉着冷静，要养成处变不惊、临危不惧的大将风度。越是情况紧急，越要沉稳。要有敢于斗争和战胜对手的坚强信心。神态自若本身就给对方施加了强大的心理影响；从精神上压倒对方，这就为刚言出口创造了条件。

第二，无理取闹者本来就不得人心，要利用其色厉内荏的弱点，据理攻心。有时要抓住对方语言上的漏洞发起攻势，造成自己的优势和强势地位，把对方置于被动挨打的位置，使其不敢鲁莽行事。

第三，在用语上要注意选用一些十分有劲的带"骨头"的词句。语句要短促，语势要凌厉，发声要有力，态度要威严，要有斩钉截铁、拔剑砍地之势，要有响雷轰顶、震人魂魄之感。这样才能使之震颤。

第四，把握分寸，摸清对方的心理，因人而异运用刚言。运用刚言硬语不是为了耍威风、把矛盾激化，而是为了转化矛盾，以"不战而屈人之兵"，进而达到解决问题的目的。因此，刚言硬语不是说蛮话、激话、脏话。如果硬过了头，那就会使矛盾激化，产生危险的后果。

03
标新立异，吸引对方的注意

　　人们往往对平常司空见惯的东西不屑一顾，也许有许多人并不会刻意追求新奇与刺激，但这并不妨碍人们留意新颖独特的东西。好奇心人人会有，如果你抓住了人们的好奇心，就能将对方的视线成功地吸引过来。标新立异的说话技巧，必定能很快地吸引对方的注意力。

　　春秋时期，晋文公自即位后，发愤图强，使得国家迅速兴盛起来，成为春秋时的一大强国，晋文公也成了一代霸主。可接下来，晋襄公、晋灵公却不思振作，只图享乐。晋国的霸主地位也不知不觉地被楚国代替。晋灵公即位不久，不思进取，大兴土木，修筑宫室楼台，以供自己和嫔妃们享乐游玩。有一年，他竟挖空心思，想要建造一个九层高的楼台。可以想见，在当时那种条件下，如此宏大复杂的工程，要耗费多少人力、物力，无疑会给老百姓造成沉重的负担，使国力衰竭。因此，大臣和老百姓都反对建九层楼台。但是晋灵公固执己见，并且在朝堂之上严厉地对大臣说："敢有劝阻建楼台的，立即斩首！"气氛十分紧张。一些想保全身家性命的大臣，都噤若寒蝉，再没有人敢说反对的话！

一天，有个叫苟息的大夫求见。晋灵公以为他是来劝谏的，便命人拉开弓，搭上箭，只要苟息开口劝说，他就要射死苟息。谁知苟息进来后，像是没看见他这架势一样，非常轻松自然，笑嘻嘻地对晋灵公说："我今天特地来表演一套绝技给国君看，让国君开开眼界，散散心。国君，您感兴趣吗？"晋灵公一听有玩的就来神儿了，忙问："什么绝技？别卖关子了，快表演给我看看。"苟息见晋灵公上钩了，便说："我可以把九个棋子一个个叠起来，再在上面放九个鸡蛋。"

晋灵公听到这事十分新鲜，不相信苟息会有这么高的技艺，但是又急于一饱眼福，便急急说道："我从未听过和见过这种事，今天你给我摆摆看！"苟息当然清楚，如果国君认为是欺骗了他，就会有杀头的危险。当晋灵公叫人拿来棋子和鸡蛋后，苟息便动手摆了起来。他先是小心翼翼地把九个棋子堆了起来，然后又慢慢地将鸡蛋放置在棋子上。他先放上一个鸡蛋，又放第二个、第三个……战战兢兢，如履薄冰。

这时，屋子里的气氛十分紧张，只能听到鸡蛋碰到棋子的声音，围观的大臣们全都屏住呼吸，生怕鸡蛋落下来。苟息也紧张得额头冒汗。晋灵公看到这情景，禁不住大声说："这太危险了！这太危险了！"晋灵公刚说完"危险"，苟息就从容不迫地说："我倒感觉这算不了什么危险，还有比这更危险的呢！"晋灵公觉得奇怪，因为对他来说，这样子已经是够刺激、够危险的了，还会有什么更惊险的绝招呢？便迫不及待地说："是吗？快让我看看！"这时，只听苟息一字一句、非常沉痛地说："九层之台，造了三年，还没有完工，三年来，男人不能在田里耕种，女人不能在家里纺织，都在这里搬木头、运石块。国库的金子也快花完了。兵士得不到给养，武器没有办法铸造。邻国正在计划乘机侵略我们。这样下去，国家很快就会灭亡。到那时，国君您将怎么办呢？这难道不比垒鸡蛋更危险吗？"晋灵公听到这种十分合理又十分可怕的警告，不由得吓出一身冷汗，意识到自己干了一件多么荒唐的事，犯了多么严重的错误，便立即下令停止筑台。

晋灵公早就关闭了大臣们进谏的大门，并当众宣布了敢于进谏者的严重后果。在此情况下，即便你雄辩滔滔，有万千的大道理，没有人听你的，那也是白搭。好一个苟息，让晋灵公在体验了惊险刺激的垒鸡蛋表演后，指出了晋国将亡国的更大危险，迫使晋灵公改变主意。这就是"标新立异"的神奇效果。

一般来说，有如下情况，你可以采用标新立异的手法来引起对方的注意。

1. 想向上面传达心声

姜子牙，本名吕尚，是中国古代著名的政治家和军事家。姜子牙生活在商朝末年，当时纣王无道，荒淫无度，社会矛盾急剧激化。与此同时，各诸侯国迅速崛起，特别是西伯姬昌（周文王）励精图志，大有代殷商之势。

姜子牙生逢乱世，虽有经天纬地之才，无奈报国无门，潦倒半生。他曾在商王宫中做过多年小吏，虽然职低位卑，但却处处留心。他看到商纣王整天沉湎酒色，荒废国政，几次想冒死进谏，一则想救民于水火，二则可以因此受到商纣王的赏识，求得高官厚禄。然而姜子牙后来见到诸多大臣皆因直谏而送了命，只好把话强咽回肚中，他料定商朝气数已尽，商纣王已不可救药。

当时，姬昌立志想除掉纣王，求贤若渴，正是用人之时。姜子牙为了引起姬昌的注意，便在渭水之滨钓鱼，静观世变，待机而行。

这一天，姜子牙听说姬昌要来附近行围打猎，便假装在兹泉垂钓。这时候，姜子牙还是个无名之辈，身为西伯的姬昌当然不会认得他，但姜子牙见过姬昌。为了引起姬昌的注意，他故意把鱼钩提离水面三尺以上，而且钩上不放鱼饵。这种荒诞的举动，果然引起了姬昌的注意。姬昌觉得奇怪，便走上前问道："别人垂钓均以诱饵，钩系水中。先生这般钓法，能使鱼上钩吗？"

姜子牙见姬昌为人谦和，对自己这个年迈的老者，没有一点架子，果然是个非凡人物，便进一步试探道："休道钩离奇，自有负命者。世人皆知纣王无道，可是西伯长子就甘愿上钩。纣王自以为智足以拒谏，言足以饰非，却放跑了有取而代之之心的西伯姬昌。"

姬昌闻听此言，大吃一惊，心想：这位老人身居深山，何以能知天下大事？更为不解的是，他怎能把我姬昌的心事看得如此透彻？肯定不是凡人！便赶紧躬身施礼，态度诚恳地说道："愿闻贤士大名。"

"在下并非贤士，乃老朽吕尚是也。"

"刚才我听先生所言，真知灼见，字字珠玑，不瞒先生，足下就是您说到的姬昌。"

姜子牙此时才装出一副吃惊的样子，诚惶诚恐地说："老朽不知。痴言妄语，请西伯恕罪。"

姬昌连忙诚恳地说道："先生何出此言！今纣王无道，天下纷纷，如先生不弃，请您随我出山，兴周灭商，拯救黎民百姓。"

姜子牙客套了一番，即随同姬昌一起乘车回官，一路上纵论天下大势，口若悬河。姬昌回官之后，立即拜姜子牙为太师，视为心腹。从此以后，姜子牙官运亨通，并且为灭商兴周出了大力。

2. 达到劝谏的目的

齐桓公奉周天子的命令统率兵马讨伐宋国。桓公命管仲为前部先行。管仲一行人到行山脚下，遇见一个身穿短衣短裤、头戴破草帽、赤着双脚的放牛人。此人拍牛角而高歌。管仲观看此人虽衣衫褴褛但相貌不凡，于是派人以酒肉慰劳，并把放牛人唤到跟前与之攀谈。攀谈中，得知此人名叫宁戚，卫国人。管仲问其所学，放牛人应对如流。管仲叹道："豪杰埋没于此，如不引荐，他何时才能显露才华？"遂修书一封，让宁戚转呈桓公。

三天后，桓公的车仗到此，宁戚又拍着牛角唱道："南山灿，白石烂，中有鲜鱼长尺半。生不逢尧与舜禅，短褐单衣至骨干。从昏饭牛至夜半，长夜漫漫何时旦。"

桓公听了很惊讶，问道："你这个放牛人，怎么敢毁谤朝政？"宁戚说："小人怎敢毁谤朝政。我听说尧舜之时，正百官而诸侯服，去四凶而天下安，不言而信，不怒而威。而今北杏开会，宋国君臣半夜逃跑；柯地会盟，曹沫又来行刺。现在您假天王之命以令诸侯，欺侮弱小的国家，长此以往，何时天下才得太平。"

桓公听了勃然大怒，大声喝道："匹夫出言不逊！"喝令斩首。

宁戚面不改色，仰天叹曰："夏桀杀了关龙逢，纣王杀了比干，今天您杀了我，我就是与关龙逢、比干齐名的第三条好汉了。"

齐桓公看到宁戚胆识过人，怒气顿消，命人与之松绑。这时宁戚才将管仲留下的书信交给桓公。桓公大喜说道："既有仲父的书信，为什么不早呈寡人？"

宁戚答曰："我听说贤德的君主择人而用，贤良的臣子亦择主而仕，如果您不喜欢直言敢谏而喜欢逢迎，那么我宁死也不会交出管相国的书信。"桓公当晚在蜡烛光下，拜宁戚为大夫，让他和管仲同参国政。

04
从容镇定，巧妙利用幽默应对尴尬

　　幽默的特殊表现力能帮助人们应对多种局面，能使人聪明机敏地应对某种困境与难堪。因此，幽默有其独特的功效，如由张而弛，缓解矛盾；摆脱困境，转危为安；苦中作乐，笑对人生等。

　　事实上，我们在与他人交流沟通的时候，善于幽默，用几句充满机智的话去对付难以回答的难题，不但会使自己轻松摆脱困境，还会缓解尴尬的气氛。

　　作家对厨师说："你没从事过写作，因此你无权对我的作品提出批评。"

　　厨师回答说："我这辈子没有下过一个蛋，可我能尝出炒鸡蛋的味道如何。"

　　一句得体的俏皮话，立刻就会让你和对方之间的距离缩短，获得好感。

　　著名的航天工程学家西奥多·冯·卡门在八旬高龄时获得了美国第一枚"国家科学勋章"。授勋仪式结束走下台阶时，冯·卡门因患严重关节炎，显得步履艰难。在一旁的美国总统急忙上前搀扶。老人向他报以感激之情，然后轻轻推开总统的手，说：

　　"总统先生，下坡而行者，不需搀扶，唯独举足攀登者，才求人助他一臂之力。"

　　一句幽默的话，引得众人大笑不已。这样的笑话，不仅使人感到轻松、愉快，而且寓意深刻，也能使人在笑声中领悟到某种哲理。

　　幽默既然是人聪明才智的表现，必然是以深入浅出见功力的。幽默切忌咬文嚼字。幽默是日常语言的巧妙组合，妙就妙在水到渠成，天机自露。说者无意，却使听者感到十分好笑，并不是刻意地用语言去换取笑声。

　　一位年轻的画家拜访德国著名的画家阿道夫·门采尔，向他诉苦说："我真不明白，为什么我画一幅画只用一会儿工夫，可卖出去要整整一年。"

　　"请倒过来试试吧，亲爱的。"门采尔认真地说，"要是你花一年的工夫去画它，那么只用一天，就准能卖掉它。"

门采尔的幽默话语，的确含不尽之意于言外，使人在微笑中增长智慧。

幽默能给我们带来欢笑，能拉近和对方的距离，可是有些时候也会给我们带来一些麻烦。当然，麻烦的不是幽默本身，而是我们过分使用幽默，没有讲究一个度。就像食物能给我们带来温饱，也能把我们吃坏肚子一样。幽默不是没有限制的，更不是没有分寸的。俗话说得好，物极必反，幽默也一样，过分了，没分寸了，同样会产生反面效果，因此幽默还是要适度。那么如何做到这一点呢？这里有几点建议供大家参考。

1. 区别对象

世界上不是所有的人都适合幽默的，或者说每个人所能接受的幽默尺度是不同的，因此我们在"幽他一默"的时候要注意区分对方的身份、性格、心情。因为对于同一个玩笑，甲可能觉得很好笑，可是乙却可能因此而变得不开心，因为你所说的事情正是他心里一直在烦恼的事情。一般来说，晚辈不宜同前辈开玩笑；下级不宜同上级开玩笑；男性不宜同女性开玩笑。同辈之间开玩笑，也要注意对方的性格与情绪。如果对方是一个性格开朗的人，那么你就可以稍微放松一点，即便有点过火，对方也能原谅；相反，如果对方是一个性格内向的人，那么能不幽默就尽量不幽默，免得带来麻烦。

2. 区别场合

幽默要想发挥最佳效果，就必须注意场合的效应。如果不分场合乱开玩笑，不但达不到幽默的效果，还可能会适得其反，造成更大的误会。

3. 内容高雅

幽默是一种高雅的享受，它的内容取决于说话者的思想情趣与文化修养。虽然粗俗的玩笑能博人一笑，但是这种快感往往是暂时的，只有高雅的、内容健康的幽默才能给对方带来永久的享受和回味。

比如，钢琴家波奇在一次演奏的时候，发现全场有一半的座位是空着的，于是他就对听众说："朋友们，我发现这个城市的人们都很有钱，我看到你们每个人都买了两三个座位的票。"于是这半屋子听众放声大笑。

4. 注意幽默的品位，别把肉麻当有趣

男性和女性开玩笑，切忌开肉麻的玩笑。如果恰巧对方是一个比较保守的人，那么你的玩笑不仅不能博得对方一笑，反而会让对方反感，甚至对你产生坏印象。

5. 不可拿别人的隐私开玩笑

隐私之所以叫隐私，也就是不想让别人知道的事情。开玩笑的时候千万不能拿别人的隐私开刀，否则你将祸从口出，哪怕感情再好，也不要去揭别人的短。这是为人处世的一个基本原则。

6. 态度友善

态度友善是交朋友的一个原则，也是幽默的一个原则，如果你不遵守这个原则，即便你说的笑话再好笑，别人也不会理你，而只会越来越讨厌你。

另外，在进行群体交流的时候，你要注意给大家发表意见的机会，切莫滔滔不绝，不给别人开口的机会。这样别人会认为你不尊重他人，从而不愿与你交往。

找准切入点才能
事半功倍

沟通是一种互动，你只有让与你沟通的人参与进来，才能起到应有的效果，否则等于对牛弹琴。那么，我们应该怎么做呢？那就是需要找准切入点。如果我们能做到这一点，就可达到事半功倍的效果。

01
寻求情感共鸣

　　人与人之间能够产生情感共鸣的相似因素很多，有的是明显的，有的是隐晦的。在交谈中，只要留心对方的举止言谈，就不难发现这些相似的因素，然后可以将其作为交谈的突破口。

　　经历相似。唐代诗人白居易身为江州司马，与琵琶女邂逅相逢，也能倾心交谈，并为之挥泪，洒湿青衫，就是因为"同是天涯沦落人"。经历、遭遇上的相似，使他们暂时排除了地位上的差别，有了共同语言。

　　兴趣相似。共同的兴趣爱好是最能促进交谈双方相互接近的，它往往在人们的心理上诱发出一种特定的吸引力。比如与种花、养鱼者谈摆弄花草、养鱼之乐，与爱好音乐、体育者谈论音乐欣赏、体育比赛，与集邮者谈集邮之道，等等，往往能引起对方的兴趣，激发对方一吐为快的欲望，这时，兴趣爱好就成了进一步交谈的桥梁。

有一次，一位艺术家到地方上演出，多家新闻单位的记者纷纷前来采访，不料，艺术家一一婉言拒绝，这使记者们十分失望。但是，有一位记者却叩响了这位艺术家的房门，他说："先生，我是一个表演迷，我对您的演出有些意见……"艺术家一听是为自己的节目提意见来的，便十分热情地接待了他。这位记者正是用他和对方对表演的爱好及共有的兴趣做文章，巧妙地打开了艺术家的"话匣子"，顺利完成了采访任务。

此外，还有地域相似、职业相似、年龄相似、处境相似等直接相似因素，以及对方与自己的亲戚、朋友、同学、邻居等有联系的间接相似因素，这些都可以成为沟通情感、找到共同话题的桥梁。

一位记者去某地农村采访，住在一个老大娘家，进门打过招呼，便说："听口音大娘是山东人，好像是鲁中南的吧？"大娘说："是呀，老家是山东阳谷。"他接着说："我当兵时，我们连队山东人可多啦，连长、排长、班长都是山东人，山东老乡对国家的贡献大！"这番话引起了老大娘对往事的回忆，她对记者讲起了过去的事情……这就是通过间接相似点——周围的战友和大娘都是山东人，从而与大娘有了共同感兴趣的话题，也使大娘产生了情感共鸣。

通过内心表白的方式，也可引起情感共鸣。有时候，我们发现无法与戒备心强的人沟通感情，其中原因之一，在于对方抱着"我俩根本处于不同的世界"的想法。可以设想两个生活经历、生活环境、思想背景或者生活习惯等完全不同的人，初次见面，当然会有格格不入之感。为了突破此种障碍，必须让对方相信，你们属于同一世界，确实存在着某种共同的嗜好或需要。

一位推销电器的年轻人，来到一所农舍前叫门。听到敲门声后，对方只将门打开了一条小缝。她看到来人像推销员，猛然把门关紧了。推销员再次敲门，敲了很久，她才又将门打开了，仍然是勉强地开了一丝小缝，而且还没等对方说话，她就不客气地拒绝对方。

虽然事情比想象中艰难得多，但推销员不想放弃。他决定换个法子碰碰运气。他改变口气说："太太，我看您是误会了，我来拜访您并不是来推销东西的，我只是想向您买一些鸡蛋。"

听到这儿，这位妇女的态度稍微温和了一些，门也开大了一点。推销员接着说："您家的鸡长得真好，它们的羽毛长得真漂亮。这些鸡大概是多明尼克种吧？您这儿还有贮存的鸡蛋吗？"这时，门开得更大了。

这位妇女问推销员："你怎么知道这是多明尼克种鸡？"推销员知道自己的话已经打动了妇女，便接着说："我家也养了一些鸡，可是像您家养得这么好的鸡，我还没有见过呢！我家饲养的来亨鸡，只会生白蛋。太太，您应该知道，做蛋糕用黄色的鸡蛋比白色的鸡蛋要好一些。我太太今天要做蛋糕，所以我跑到您这儿来了……"妇女一听这话，心里暗暗高兴，她迅速转身到屋里去取鸡蛋。

推销员利用这短暂的时间，迅速看了一眼周围的环境，他发现角落有一整套务农设备，等妇女出来的时候他对她说："太太，我敢肯定，您养鸡赚的钱一定比您先生养奶牛赚的钱要多。"

这句话说得妇女眉开眼笑，心花怒放，于是她对推销员的戒备心解除了，她把推销员当作知己，带他参观鸡舍。当妇女谈到孵化小鸡的一些麻烦和保存鸡蛋的一些困难时，推销员不失时机地向妇女成功推销了一台孵化器和一个大冰柜。

要想让对方把你视为自己人，就必须善于与其走得更近，除此之外别无他途。怎么与对方"走得近"呢？

1. 了解对方的兴趣爱好

初次见面，如果能用心了解对方的兴趣爱好，然后以此为突破口，可以拉近双方的距离，使对方加深对你的好感。例如，和中老年人谈健康长寿，和少妇谈孩子和减肥，即使是不太了解的人，也可以谈谈新闻、书籍等话题，这些都能在短时间内给对方留下深刻印象。

2. 多说平常的语言

著名作家丁·马菲说过："尽量不说意义深远及新奇的话语，而以身旁的琐事为话题作开端，是促进人际关系成功的钥匙。"一味用令人咋舌与吃惊的话，容易使人产生华而不实、锋芒毕露的感觉。对于一个初识者，最好不要刻意显出自己的与众不同，宁可让对方认为你是个善良的普通人。假如一开始你就不能与他人处于共同的基础上，对方是很难对你产生好感的。如果你摆出一副高人一等的样子，别人也会用同样的态度对待你。

3. 避免否定对方的行为

初次见面是建立良好人际关系的重要时期，在这种场合，对方往往不能冷静地听取意见、建议并加以判断，而且容易产生反感。同时，初次见面的对象有时也会恐惧他人提出细微的问题来否定其观点，因此，初次见面应当尽量避免有否定对方的行为出现，这样才能建立和谐的人际关系。

当然，这并不是让你不提相反意见，如果必须要提，切忌太过直白，应用委婉的方式说明。

4. 了解对方所期待的评价

心理学家认为，有的人往往不易满足自己的现状，然而又无法加以改变。他们在人际交往中，非常希望他人对自己的评价是好的，比如胖人希望看起来瘦一些、老人愿意显得年轻些、急欲提拔的人期待实现的一天等。

5. 注意自己的表情

人心灵深处的想法，往往不经意间会在表情上显露出来。一般人在到达约会场所时，往往只检查领带正不正、头发乱不乱等问题，却忽略了"表情"的重要性。如想留给初次见面的人一个好印象，不妨照照镜子，审慎地检查一下自己的脸部表情是否和平常不一样，过分紧张的话，最好先对着镜中的自己傻笑一番。

6. 留意对方无意识的动作

初次见面，如果有一方想结束话题，往往会有看手表等无意识的动作。因此，当你看到交谈的对方突然焦躁地看手表，或者望着天空询问现在的时刻，就应该早结束话题，让对方明了你不是一个毫无头脑的人，你清楚并尊重他的想法，这样必能留给对方一个美好的印象。

7. 引导对方谈得意之事

任何人都有自鸣得意的事情，但是，再得意、再自傲的事情，如果没有他人的询问，自己说起来也无兴致。因此，你若能恰到好处地提出一些问题，定会使他心喜，并敞开心扉畅所欲言，你与他的关系也会融洽起来。

8. 找机会走近对方

每个人都会在自己的身体周围设定一个"势力范围圈"，一般只允许特别亲密的人侵入。如果你走进了，就会令对方产生有亲密人际关系的感觉。比如，推销员往往一边说话一边若无其事地移动位置，直到坐在客户的身旁等。因此，若想早日建立起亲密的关系，必须找机会去接近对方的"势力范围圈"。

9. 关心对方

真诚地关心对方，必然能赢得对方的好感。在招待他人或是主动邀请他人见面时，事先应该多了解对方的喜好。这不仅是一种礼貌，而且可以使他感受到你的诚意和热忱。

记住对方说过的话，事后再提出来当话题，也是表示关心的做法之一，尤其是兴趣、嗜好、梦想等。

10. 先征求对方的意见

不论做任何事情，事先征求对方的意见，这是尊重对方的表现，在处理某一件事中，身份最高的人握有当时的选择权。将选择权让给对方，也就是尊重对方。不论是谁，都希望得到他人的尊重，不会因此不高兴或不耐烦。

11. 记住对方"特别的日子"

当你得知对方的结婚纪念日、生日时，要一一记下来，到了那天打电话以示祝贺，虽然只是一个电话，给予对方的印象却很深刻。尤其是本人都常忘记的纪念日，一旦由他人提起，心中的喜悦是难以形容的。

02
话往点子上讲

要想把话说到点子上，必须抓住对方的心理，如果不知道对方的心里所想所需，是无法说到点子上的。就像一个神枪手，如果蒙上他的眼睛，再让他去找一个目标，那么，他只能凭感觉去打，这是难以击中目标的。所以，与人沟通时，必须要洞察对方的心理，才能说到点子上。

战国时代，列国纷争。然乱世出英雄，只要你有足够的才智，只要你有足够的勇气。

话说秦昭襄王在位时期，燕国有个说客来到了秦国，这人名叫蔡泽。蔡泽学识非常广博，尤其善于辩论。当时，他听说秦国的丞相范雎急于卸掉丞相的担子，原因是他的亲信都犯了重罪，心中忐忑不安。于是，他决心赶到秦国，用自己的睿智与辩才游说范雎。

虽然蔡泽是个穷汉，但到了咸阳后他就住进了客栈，并对店主说："老板，你给我拿些好酒好菜来，等我当了丞相，一定会给你丰厚报酬的！"店主说："你是什么人，居然还敢梦想当丞相？"

蔡泽说："我是天下雄辩有智的人，前来求见秦王。秦王见了我，必然会佩服我的才智，然后一定会取下范雎的相印挂到我的腰间来。"

店主见他如此狂妄，就对他进行了一番嘲讽，并把他的话当成笑话讲给旅客们听。自然，蔡泽的这一番话很快就传到了范雎的耳中。于是，范雎便命人把蔡泽召来。

当官差一到客栈，说要找蔡泽，店主便忧心忡忡地对蔡泽说："你看，谁叫你胡说八道啦，这下可大祸临头了！"

蔡泽笑了笑，说："这下子我就可以更快地当上丞相啦。我一见到范雎，他就必定会解下相印让给我，都不需要去见秦王了。"店主觉得蔡泽脑子一定是生病了，不免有点可怜他，又看到他很贫困，就说："你不需要交食宿费用了，快去吧，只是不要连累到我！"

蔡泽便跟着官差去范雎相府。

进了相府，蔡泽便看到范雎高坐堂上。范雎见到蔡泽，也不叫坐，而是厉声地诘问："想取代我做丞相的人是你吗？"

蔡泽站在一旁，从容地回答道："正是在下！"

范雎又问："你是来向我游说，要夺掉我的爵位吗？"

蔡泽认真地说："唉，一年四季，运转不息，成功的退下，将来的上去。你已经到了应该退下的时候了。"

范雎有点生气，道："我自己不退，看谁能让我退下？"

蔡泽说："人在年轻体壮、头脑灵活的时候，努力建功立业，利于天下，成为人人仰慕的英雄豪杰，这是人之常情。可是，既然已经得志，且已年老体衰，就应该欢度晚年，让自己的业绩流传后世，这不是很聪明的选择吗？否则，就像秦国的商鞅，越国的文种，他们都立过大功，然而功成之后身不肯退，最终遭受到了悲惨结局。难道你愿意做这样的人吗？"

听到这里，范雎心想：他用利害关系，渐渐进逼，自己若是说不愿意，就难免落入他的圈套。毕竟，范雎也是一个才智非凡和辩才水平极高的人。于是，范雎便假心假意地回答说："有什么不愿意的？商鞅为秦孝公制定了新法，使秦国民富兵强，扩地千里；文种使越国转弱为强，并吞了强大的吴国，为越王勾践报了深仇。他们虽然都遭杀害，但功在当时，名传后世，为什么不愿意做这样的人呢？"

然而，范雎这时虽然嘴硬，但已经被蔡泽点中了要害，不能安坐了。

蔡泽接着说："作为一个贤良的臣子，谁不想有个圣明的君主呢？光有贤臣，没有明君，国家还是灭亡的例子从古以来就有。商鞅、文种不幸遇害，难道他们真的是想用死的代价来成就功名吗？所以大丈夫处世，身名俱全的是上等；名传下了，而身已死，是次等；名声败坏，身体还在，这是下等。不知你要做哪种人呢？"

这段话说得范雎胸中爽快，不觉走下堂来，连声称赞道："说得好！说得好！"

蔡泽又追问范雎："你说愿意做商鞅、文种，那么请问，今天的秦王，在对待忠臣、故旧方面，比之秦孝公如何？"

范雎想了一会儿，不敢直说，只好含糊地回答："不知道！"

蔡泽又问："你想想自己的功绩，比起商鞅、文种来又如何？"

范雎答道："不如他们。"

蔡泽说："秦王在对待功臣方面不会超过秦孝公，而你的功绩也不高于商鞅、文种，但你的俸禄却远远胜于他们。他们尚且不能免祸，何况你呢？你今天的富贵已经到了顶点，却依然贪恋富贵，不肯急流勇退，恐怕商鞅、文种那样的祸事你是难以避免的了！所谓'日中必移，月满必亏'，你何不在此时交出相印，推荐有才智的人担任呢？在名义上你是让贤，留得美名，实质上是卸去了重担。然后你就能够欢度晚年，免除后患了，这又有什么不好的呢？"

范雎觉得蔡泽的话句句都说到了自己的心窝里，心里早已十分拜服，便说："先生自称雄辩有智，听了你的一番剖析，果然如此。如今，我还敢不从命？"

第二天入朝，范雎便向秦王奏道："有位客人刚从山东来，名叫蔡泽，这个人是一位奇才，足以掌管国家大事。臣见过的人很多，但没有能及得上他的，臣与他相比，不及其万一。所以特地来向大王推荐。"

在范雎的大力推荐下，秦王便拜蔡泽为丞相，代替了范雎。

人的心理转变都有一个过程，要把一个现成的结论强加给对方很难，但把推理和思维的程序"推销"给对方却很容易，这时，只要点拨一下问题的症结所在，对方就很自然地沿着你指定的思路得出结论。

1. 发现问题的症结并指出

有位甘夫人，长得玉骨柔肌，态媚容冶。刘备驻守徐州时，闻甘氏艳名，便纳为妾。后来刘备的元配夫人糜夫人早逝，刘备便扶甘夫人为正。由于甘夫人天生丽质，刘备对她十分怜惜，连亡命途中，也与甘夫人时刻不离。后来，有位河南人献给刘备一个精巧的玉人，栩栩如生，光彩照人。刘备爱不释手，便把玉人放在甘夫人房间里。在他看来，眼下自己有巴蜀这块地盘，而且外事内政有诸葛丞相张罗，不用他操心，于是常常一边拥抱着甘夫人，一边玩味着玉人，口中还念念有词道："玉之可贵，德比君子，况为人形，而不可玩乎？"为自己玩物丧志寻找借口。这可急坏了甘夫人。她倒不是因为刘备爱玉人吃醋，而是因为这样下去，复兴汉室基业何以成功呢？

甘夫人很了解刘备。她知道，刘备经过长期的艰苦努力，才由一个一文不名的贩草鞋的乡野村夫而拥有了西川，建立了蜀汉政权。这固然可喜可贺，但这只是开始，应该更加发奋图强。刘备原有的计划是复兴汉室，灭曹操，吞东吴，统一天下。但是今观刘备，自从建立蜀汉政权以来，安于平静的生活，不爱听别人的劝告，甚而还宠信那些阿谀之徒，意志颇为消沉，大志即将磨灭。长此以往，哪里还能实现他原来囊括四海、复兴汉室的宏愿呢？甘夫人不能不忧虑。她几次想摔了玉人，又怕刘备不高兴，几次想谏言，毕竟又是不参政的妇道人家，不好直言。后来，甘夫人终于从玉人本身触发起灵感，想到了春秋时代"子罕不以玉为宝"的典故，于是以此为谏，稽古喻今，说服刘备。

这一天，夫妇二人正在闲聊的时候，甘夫人说："妾今天看了个故事。说古代宋人得了玉石，献给宋国的正卿子罕。可是子罕不但不接受，连看都不看一眼。献玉的人说：'此玉已给玉石加工的匠人看了，是一块稀世之宝，故而才敢奉献给你。'子罕却说：'我平常以不贪为宝贵，若是将玉赠送给我，那么，你我都丢失了宝贝，你丢掉的是宝玉，我丢掉的是廉洁这块宝。'所以子罕不以玉为宝，在春秋时代传为佳话。"

正当刘备听得津津有味之时，甘夫人又说："现在曹操、东吴都未消灭，陛下你却以一块玉石玩于股掌。你可知道，凡是淫惑必生变，千万不可长此以往啊！"

一向有大志的刘备，也明白自己的思想出了问题，沉思了一会儿，终于撤掉玉人，摒绝奸佞小人，振作而务大计了。

2. 正话反说，适当预警

五代时后唐有个庄宗，酷爱打猎。一次，他带着一群朝廷官员来到牟县，走着走着，一只野猪从丛林里窜了出来，随从一拥而上，野猪吓得慌忙向麦田跑去。一看野猪没了踪影，庄宗命令随从拼命追赶，一追，田里的麦苗被踏坏了一大半。这事恰好被在外视察民情的县官看到了。这县令历来就关心民生疾苦，这次又亲眼看到长势正旺的麦地被踏坏，心里很不好受。县官知道是皇帝在打猎，但他还是斗胆劝说他们不要再追赶野猪，以免损坏更多的庄稼。当时庄宗正在兴头上，见有人出来阻拦他的人马，顿时大为愤怒，不由分说叫人将县官捆了起来。旁人虽有些不平，但慑于权威，只得忍气吞声，没有谁敢说半个"不"字。

庄宗的随从里有个叫敬新磨的人，他生性好打抱不平，看到县官被无辜捆绑，心里很不安，想搭救一把，但又犯难，怕正面维护县官惹怒皇上，罪当该死；不救又于心不忍。突然，他灵机一动，何不来个正话反说，达到打墙壁震屋地的效果？只见他冲上前去，指着县官骂道："你这个糊涂虫，难道你不知道皇上喜欢打猎吗？"庄宗见有人为自己出面，顿时怒气稍平。见皇上情绪好转，敬新磨便马上乘机"训斥"县官一遭："你应该把这片地空起来，让皇上随心所欲地追赶猎物。你难道还怕老百姓饿肚皮吗？怕国家收不上税吗？再说百姓饿肚子的事小，皇上打猎的事大；国家收不上税是小事，让皇上打猎高兴才是大事啊！"县官听到这里，终于悟出了话外音，七上八下的心总算平静了下来。庄宗却觉得敬新磨的话越听越不对劲，最后他才明白是在批评自己。他连忙走上前去，用温和的口气圆场道："算了，这只不过是场游戏，还不赶快把县官给放了。"

03
"层层剥笋"，抓住对话的关键点

　　人有时对某一事物不理解，想不通，疑虑重重，非一点即通，则需要像剥笋一样，把握脉络，层层递进，穷追不舍，把理说透，这就是"层层剥笋"的方法。

1. 主动替对方"指点迷津"

　　张仪是一个谈判大师，他游说楚怀玉，说："合纵抗秦，等于驱使一群无力的绵羊去攻击猛虎，肯定是不能取胜的。现在大王你不追随秦国，秦国一旦挟持韩国和魏国共同攻打楚国，楚国就危险了！秦国西部拥有富庶的巴蜀，如果从那里打造船只、筹集粮饷，经岷江而下，长驱直入，不到十天就可使整个东部地区无险可守，黔中、巫郡就都不是大王所有的了。然后秦国再从武关东出一支军队，楚国与北方的联系也将中断。大王，秦军攻打楚国，危险在三个月之内；楚国等待其他合纵诸侯国的救援，时间却要超过半年。现在楚国只记得依靠弱国的支援，而忘记了秦国的袭击，这一点多么使人担心！大王假使真能听我的建议，与秦国结盟，与他们长期建立兄弟关系，双方互不侵犯，该多好！"

　　楚怀王最终还是听取了张仪的建议，背离了"合纵"。

2. 分析利弊，劝说对方

　　张仪离开楚国都城江陵来到韩国都城新郑。他向韩王说："韩国地方多山，土质恶劣，仅仅出产豆、麦，没有其他像样的粮食；而且产量很低，连第二年的余粮也积累不起来。就军队数量而言，全国的军队不超过 20 万，而秦国的军队有 100 多万。就军队素质而言，韩国的军队只有包裹着密实的盔甲才敢作战；而秦国的士卒，一听战鼓擂动，立即脱去笨重的盔甲，赤裸着身子奔向敌人，左手提着人头，右臂挟着俘虏，勇不可当。假使让这些像孟贲、乌获般的武士来攻打大王这样弱小的国家，简直就像把数万斤的重量压在一颗鸟蛋上。大王如果不依附秦国，秦国出兵占据宜阳，封锁成皋，你的国家就会被一切为二，什么高大的鸿台宫、繁茂的桑林苑，就都不是韩国所有的了。因此，为大王考虑，不如依附秦国，攻打楚国，把灾难推给楚国而取悦秦国，是当前最好的办法。"

韩王果然依从了张仪。张仪回到秦国，惠文王赏给他六块采邑，封为武安君。张仪能言善辩，此时的他春风得意，但更重要的是各个诸侯国都看到了自己处境的危险，有了和张仪一样的共识。

3. 揣摩心理，迂回出击

张仪略微休息了几天，又风尘仆仆地赶到数千里以外的齐国。当时的齐宣王是一个很有战斗经验的君主，张仪采取迂回的语气对他说："据我了解，贵国倾向合纵的大臣们经常认为，齐国的西部有韩、赵、魏等国阻隔着，与秦国离得很远，而且齐国本身地大人多，兵强将勇，秦国力量再大，也奈何不了齐国。大王是支持这个说法的，对吗？"

齐宣王点点头。

张仪嘿嘿一笑说："大王是个聪明的人，难道也相信这种懒汉的思维吗？"

齐宣王听了颇觉新鲜，他要张仪解释所谓"懒汉的思维"是什么意思。

张仪似乎有些愤慨地说："这都是对齐国命运缺乏高度责任心的说法。大王听了，无非觉得这个意见正好符合自己寻求苟安的心理，而不去努力推想天下情势的变化，为齐国真正的安定作更深、更细的考虑。所以说这是懒汉的思维，是要耽误齐国大事的！"

齐宣王被张仪这么一说，不禁站了起来，要张仪继续说下去。

张仪一看自己的关子卖成功了，才慢悠悠地请齐宣王不要急，坐下来听他说。他说："大王要知道，现在秦国与楚国已经通婚，相处得如亲兄弟一般。韩国也已向秦国献出重镇宜阳，魏国交出了黄河以南的要地，赵国割出了黄河北岸的河间。这样一来，秦国的势力，实际上已伸展到离齐国不远处了。大王如果墨守合纵的落后形势，与秦国继续对立，秦国可以指使韩国和魏国进攻齐国的南部边境，同时协同赵国的军队渡过清河，那么大王的都城临淄和要塞即墨就不再属齐国所有了！"

齐宣王一琢磨，心中不免一惊，暗暗地佩服张仪的见解，同意与秦国联盟。

4. 既委婉又严肃

张仪又去了赵国。赵国是当年第一个支持苏秦组织合纵的。张仪既委婉又严肃地对赵武灵王说："大王当年组织关东诸侯一起抗击秦国，使秦国在 15 年中不敢跨出函谷关半步。大王的威望震慑整个山东，敝国感到害怕，只有埋头在国内修整衣甲，磨砺武器，努力耕种，积累粮食。我们之所以能这样兢兢业业地自强不息，实在是大王严厉地督责逼出来的。以大王的力量，完全可以成为天下的霸主。遗憾的是秦国虽然远在偏僻的地方，但长久以来，内心含着怨愤，是不会屈服的。现在楚国已与秦国结为兄弟之邦，韩国也向秦称臣，齐国也给秦国献出了一片盛产鱼、盐的沿海之地，这犹如砍掉了赵国的右臂。一个没有右臂的人与别人作战，加上孤独一身没有外援，怎能不失败？眼下秦国已发出三支部队，一支直奔午道，与齐国联击后渡过清河，屯驻邯郸的东面；一支屯驻成皋，把韩国和梁国的军队安排在黄河以南；另一支军队屯驻渑池。秦、齐、韩、梁已经互相约定，攻赵时一齐行动，打下赵国，由四家瓜分赵的土地，情况就是这样。大王，我今天来的真正意图，就是想让赵国能避免这场灾难。办法只有一个，就是赶快派出能代表大王的使者，与秦王真心实意地联盟，表里如一地结为兄弟之国。如此一来，上面所说的危机也就可以彻底消除了。"

赵王忖度了一下形势，觉得也只能这样做了。

张仪接着北上燕都，对燕王说："不久前赵王的使者已经到了秦国，向秦王献上了河间的土地，表示愿意追随秦国。如果大王不能像他们那样做，秦国将出兵云中和九原，并调动赵国的部队一齐攻打燕国，那时易水和长城都将不再为大王所拥有了。反过来说，大王如能追随秦国，就永远不用担心齐国和赵国的侵犯；

因为齐国和赵国现在就像是秦国的郡和县那样依附着秦国，它们是不敢背着秦国随便出兵攻打别人的。"

　　燕王随即提出以常山以南的 5 个县作为礼物，向秦国求和。

　　就这样，最后几个诸侯国都与秦国结盟亲善。

不同情况善用不同方法

在我们与人沟通的过程中，要记住为什么要与之沟通，要学会根据实际情况选择合适的方法与策略。而在劝说的过程中，巧妙地运用激将语言，也是不错的选择。

01
巧妙使用激将法

当对方不肯轻易顺从你的意见，甚至显示出一种居高临下的姿态时，你可以巧用激将法，激发对方的自尊心，从而让对方改变主意。

《三国演义》中讲到，曹操率领大军南征，刘备败退，无力反击，大有坐以待毙之势。以刘备的力量，绝对无法与曹操的势力相抗衡，解决的办法只有一个，就是与江东的孙权联手。此时，诸葛亮自愿出使到江东做说客。他此行的目的很明显，就是要把孙权卷进这场战争。如果是一般的使者，有可能为了请求对方出兵支援而低声下气。但是诸葛亮完全相反，采用"反客为主"的方法，做出一副强硬的态度，硬是激发了孙权的自尊心。

当时，东吴孙权自恃拥有江东全土和十万精兵，又有长江天堑作为天然屏障，大有坐观江北各路诸侯恶斗的态势。他断定诸葛亮此来是做说客，便采取了一种居高临下的姿态等待着诸葛亮的哀求。

不想诸葛亮见到孙权，开门见山地说道："现在正值天下大乱之际，将军你举兵江东，我主刘备募兵汉南，同时和曹操争夺天下。但是，曹操几乎将天下完全平定了，现在正进军荆州，名震天下，各路英雄尽被其所网罗，因而造成我主刘备今日之败退，将军你是否也要权衡自己的力量，以处置目前的情势？如果贵国的军势足以与曹军相抗衡，则应尽快与曹军断交才好。若是无法与曹军相抗，则应尽快解除武装，臣服于曹操才是上策。将军你是否已定好方针，决定臣服于曹操？时间剩下不多，再不做决定就来不及了。"

诸葛亮只字不提联吴抗曹的请求，好像专门为东吴的利益来点破迷津的。孙权当时只有二十几岁，是位血气方刚的青年。诸葛亮明知他不会轻易投降，屈居曹操之下，只是采用反客为主的策略，激发孙权的自尊心。

孙权听完诸葛亮一席话，虽然不高兴，但不露声色，反问道："照你的说法，刘备为何不向曹操投降呢？"诸葛亮答道："你知道田横的故事吗？他是齐国的壮士，忠义可嘉，为了不服侍二主，在汉高祖招降时他不屈而自我了断，更何况我主刘备乃堂堂汉室之后，钦慕刘皇叔之英迈资质而投到他旗下的优秀人才不计其数，不论事成或不成，都只能说是天意，怎可向曹贼投降？"

这一激直激得孙权怒火中烧。孙权激动地说："我拥有江东全土以及十万精兵，岂能受人支配？我已决定抗曹。"于是诸葛亮的游说首战告捷。

运用激将法，除了要考虑对方身份以外，还要注意观察对方的性格。

一般说来，一个人的性格特点往往通过他的言谈举止、表情等可以看出来，如：那些快言快语、举止简捷、眼神锋利、情绪易冲动的人，往往是性格急躁的人；那些直率热情、活泼好动、反应迅速、喜欢交往的人，往往是性格开朗的人；那些表情细腻、眼神稳定、慢条斯理、举止注意分寸的人，往往是性格稳重的人；那些安静、抑郁、不苟言笑、喜欢独处、不善交往的人，往往是性格孤僻的人；那些口出大言、自吹自擂、好为人师的人，往往是骄傲自负的人；那些懂礼貌、讲信义、实事求是、心平气和、尊重别人的人，往往是谦虚谨慎的人。对于这些不同性格的谈话对象，一定要具体分析，区别对待。

在《三国演义》第六十五回中，马超率兵攻打葭萌关的时候，诸葛亮对刘备说："只有张飞、赵云二位将军，方可对敌马超。"

刘备说："子龙领兵在外回不来，翼德现在这里，遣他去迎战。"

诸葛亮说："主公先别说，让我来激激他。"

这时，张飞听说马超前来攻关，大叫着要请求出战。诸葛亮佯装没听见，对刘备说："马超智勇双全，无人可敌，除非往荆州唤云长来，方能对敌。"

张飞说："军师为什么小瞧我！我曾单独抗拒曹操百万大军，难道还怕马超这个匹夫。"诸葛亮说："你在当阳拒水断桥，是因为曹操不知道虚实，若知虚实，你怎能安然无事？马超英勇无比，天下的人都知，他渭桥六战，把曹操杀得割须弃袍，差一点丧了命，绝非等闲之辈，就是云长来也未必能战胜他。"

张飞说："我今天就去，如战胜不了马超，甘当军令。"诸葛亮看"激将法"起作用了，便顺水推舟地说："既然你肯立军令状，便可以为先锋！"结果，张飞与马超在葭萌关下酣战了一昼夜，斗了百十多个回合，虽然未分胜负，却打掉了马超的锐气，后马超被诸葛亮施计说服而归顺刘备。

在《三国演义》中，诸葛亮针对张飞脾气暴躁的性格，常采用"激将法"来说服他。当遇到重要战事，先说他担当不了此任，或说怕他贪杯酒后误事，激他立下军令状，增强他的责任感和紧迫感，激发他的斗志和勇气，扫除轻敌思想。

02
反面刺激，学会借势

激将法是人们很熟悉的说服他人的策略。激将法既可用于友，又可以用于敌。特别是要让能人去干某件难度颇大的事情时，对于那些自负的人，高高在上的人，通过有力的刺激，抓住其弱点，更易达到应有的效果。

东汉建安十三年十月，曹操率领八十万大军由江陵顺水而下，驻守赤壁，摆出渡江南下攻打东吴孙权的态势。东吴百官，有主战的，有主和的，弄得国君孙权也举棋不定，急召都督周瑜回朝问计。这时，诸葛亮为了巩固孙权和刘备共同抗曹的联盟关系，专程出访了东吴。来到东吴后，诸葛亮看出说服周瑜决心抗曹既可以平定文武大臣的嘈杂议论，又可以坚定孙权联盟抗曹的决心，这是他这次出访的重点。此时的孙权、周瑜虽心存抗曹念头，可是在诸葛亮面前故显深沉，不露痕迹，同时也想试探诸葛亮，故而谈及抗曹之事，周瑜总是以言语搪塞，游说出现僵持状态。

　　一天晚上，鲁肃引诸葛亮会见周瑜。鲁肃问周瑜："如今曹操驻兵南侵，是战是和，将军欲如何？"周瑜说道："曹操挟天子以令诸侯，难以抗命。而且兵力强大，不可轻敌。战则必败，和则易安。我们意见和为上策。"鲁肃大惊道："将军之言错啦！江东三世基业，岂可一朝白白送给他人？"周瑜说道："江东六郡，千百万生命财产，如遭到战祸之毁，大家都会责备我的。因此，我决心讲和为好。"诸葛亮听完东吴文武两大臣的一段对话，觉得周瑜若不是抗曹的决心未定，就是有意试探。此时如果不另辟蹊径，只是讲一通吴蜀联合抗曹的意义，或是夸耀周瑜盖世英雄，东吴地形险要，战则必胜的道理，肯定难以奏效。于是，他巧用周瑜执意求和的"机缘"，编出一段故事，激怒了周瑜。诸葛亮说道："我有一条妙计，只需差一名特使，驾一叶扁舟，送两个人过江，曹操得到那两个人，百万大军必卷旗而撤。"周瑜急问是哪两个人。诸葛亮说道："曹操本是一名好色之徒，打听到江东有两位千金小姐，大乔和小乔，长得美丽动人，曹操曾发誓说：我有两个志向，一是要扫平四海，创立帝业，流芳百世；二是要得到江东二乔，以娱晚年。目前他领兵百万，进逼江南，其实就是为乔家的两位千金小姐而来的。将军何不找到乔公，花上千两黄金买到那两个女子，差人送给曹操？江东失去这两个人，就像大树飘落一两片黄叶，如同大海减少一两滴水珠，丝毫无损大局。而曹操得到两人必然心满意足，欢欢喜喜班师回朝。"

周瑜说道："曹操想得二乔，怎能说明这一点？"诸葛亮答道："有诗为证。曹操的小儿子曹植，十分会写文章，曹操在漳河岸上建造了一座铜雀台，雕梁画栋，十分壮丽，并挑选许多美女安置其中，又令曹植作了一篇《铜雀台赋》，文中之意就是说他会做天子，立誓要娶'二乔'。"周瑜问："那篇赋是怎么写的，你可记得？"诸葛亮说道："因为我十分喜爱此赋的文笔华丽，曾偷偷地背熟了。"周瑜请诸葛亮背诵。赋略云："从明后以嬉游兮，登层台以娱情。……临漳水之长流兮，望园果之滋荣。……立双台于左右兮，有玉龙与金凤。揽'二乔'于东南兮，乐朝夕之与共……"

周瑜听罢，勃然大怒，霍地站立起来指着北方大骂道："曹操老贼欺我太甚！"诸葛亮表面上是急忙阻止，其实是火上浇油，说道："都督忘了，古时候单于多次侵犯边境，汉天子许配公主和亲，你又何必可惜民间的两个女子呢？"周瑜说道："你有所不知，大乔是孙策将军夫人，小乔就是我的爱妻！"诸葛亮佯作失言请罪道："真没想到这回事，我真是胡说八道了，该死该死！"周瑜怒道："我与曹操老贼誓不两立！"诸葛亮却故作姿态地劝道："请都督不可意气用事，望三思而后行，世上绝无卖后悔药的！"周瑜说道："承蒙伯符（孙策）重托，岂有屈服曹操之理？

我早有北伐之心，就是刀剑架在脖子上，也不会变卦的。劳驾先生助我一臂之力，同心合力共破曹操。"于是孙、刘结成抗曹联盟，赢得了赤壁之战的重大胜利。

03
敢于对"面子"大声说：BYE BYE

很多人无论做什么事都会考虑到自己的"面子"。谁都希望自己在别人面前有尊严，被人重视，被人尊重。因此，在与人交往时，时常想为自己争得"面子"，但也要给别人留些尊严，这一点非常重要。给别人留些"面子"，也是在给自己留"面子"，也会被人所尊敬。

有的人不喜欢拒绝别人，但不能为了碍于"面子"就硬着头皮去应承自己做不到的事情，否则允诺的事情无法办到，直接影响他人对你的信任度，使你的信誉度下降。尤其对于一些爱"面子"的人来说，认为自己如果开口说"不"就仿佛掉了架子，像从身上剥掉了一层皮一样痛苦，那样就容易犯下和下面这个故事里的小王的朋友一样的错误。

小王对待工作一直勤勤恳恳，他是个很有想法的人，经常会给单位的领导提出一些好的建议，但却总是得不到晋升的机会，这让他十分苦恼。一日，他约朋友们出来聚餐，在饭桌上，他把自己工作上的不如意说给朋友们听，并希望大家能够帮他寻觅一份更好的工作。于是大家都把眼光转向了小李。小李是一家大公司的主管，平日里就是个极其爱"面子"的人，看到这样的场景，更不能说没办法了，于是他拍着小王的肩膀说："小王，你放心吧，你的事情我一定给你解决，最近我们公司可能也需要招人，到时候我直接把你安排进去。"小王听后很高兴，小李的承诺就如同给他吃了一颗定心丸。但是等了两个月，还是没有任何的音讯，小王找到小李问他事情办得如何了，小李不好意思地回答："小王，对不起，这次的面试不止我一个人，所以我没有办法做主将你直接安排进来，恐怕你的事情我也爱莫能助了。"小王勉强一笑："算了，早知道这样我就不等着你了，你也不早点跟我说，当初承诺的时候还信誓旦旦的，真是让人失望。"

自此，小王再约朋友吃饭就不叫小李了。

小李的失误就在于他不懂得如何拒绝，死撑着"面子"，才会与小王产生矛盾。所以，在人际交往的过程中，一定要敢于对"面子"大声说：BYE BYE。

学会拒绝，也需要掌握一些技巧，为了最大化地降低拒绝所产生的负面效应，你要秉持"理直气和"的原则，既不伤害对方的自尊，又能婉转地拒绝。

1. 拒绝前认真倾听

认真倾听是对他人最起码的尊重，即便你没有能力给予对方帮助，但是认真倾听的态度会让对方心里很舒服，不会认为你是在应付他，这样当你拒绝他的时候也不至于将场面弄得很尴尬。

2. 柔中带刚地拒绝

有时候，一些请求是带有明显的荒谬性的，对于这类请求，你拒绝的意向要表示得坚定明确，不要让对方抱有丝毫不切实际的希望，但是拒绝的口气不要直来直去，最好能够用劝说的语言。

比如一个老师在期末考试前，经常碰到学生以各种借口或方式来打听考题。他们希望老师能够在考试的时候帮着"放放风"。这是一个原则问题，作为老师绝对不能答应，也千万不能模棱两可地说"到时候看情况"之类的话。其实老师可以这样拒绝："我曾经也做过学生，所以我能够理解你们害怕考试的心理，但是很抱歉，同学们的要求我是绝对不能答应的。若是在复习中有什么疑难问题，我倒是十分乐意和同学们一起研究解决。"

3. 温和坚定地拒绝

若对方合理的请求是自己无法完成的，那么一定要温和而坚定地拒绝，不要含糊其辞，更不能因为碍于"面子"而违心地先答应对方。在这种情况下，也许你抱有一定的侥幸心理，认为如果幸运的话能够帮对方解决问题，但是一旦无法做到，就会耽误他人去别处寻求帮助的时间，也很容易伤害彼此的感情。

4. 彬彬有礼地拒绝

有时候，对方的要求并不过分，但是你出于自身的原因而不想应允的话，那么彬彬有礼地拒绝就是最好的方法了。

比如有人想约你出去吃饭，但是你并不愿意去。这时，若是直截了当地说不想和他吃饭，就会让对方难为情，导致你们之间的关系僵化，但若是你彬彬有礼地说："我十分感谢你的盛情。但是很抱歉，我今天有些事情，所以恐怕无法接受你的美意了。"

你拒绝的时候先感谢了对方，维护了他的自尊心，那么他自然就不会责怪你了。

5. 适当转移地拒绝

其实，大凡来请求你帮助的人，都相信你能解决问题，对你抱有很高的期望值。所以，在你拒绝对方之前，可以根据对方的要求给予适当的建议，若是能提出有效的建议或替代方案，对方一样会感激你，甚至在你的指引下找到更好的解决办法。

6. 不说理由地拒绝

通常情况下，在拒绝别人的时候，很多人都有一个误解，那就是必须说明拒绝的理由。其实有些时候是不必说明理由的，若是总要寻找理由，反而容易被对方反驳，那就可能节外生枝、事与愿违了。

比如你的一个朋友常跟其他人借钱却又不还，而当他找到你的时候，你完全可以很客气地拒绝他："对不起，我恐怕帮不上你这个忙。"你只需要明确表示不能答应就可以了，倘若你想在拒绝之前进行一下解释，那就很可能引起新的麻烦：

"抱歉，我这个月工资都快花光了，所以没有钱能够借给你。"

"不会吧！工资发了还不到半个月啊，你怎么用得这么快？"

"我前些天买了点东西，刚巧家里人又生病了，所以没有剩下什么钱。"

"不过据我了解，你可不是月光族啊，借点给我吧，你一定还有积蓄，对不对？"

"……"

遇到这样的事情，必然会以不愉快的结局告终，还不如一开始的时候就坚定地表明立场，不用找任何理由。

7. 拒绝后别忘记关心的重要性

在对方的请求被你拒绝后，不妨隔一段时间主动地去关心一下对方的情况以示诚意。这样可以消除拒绝带来的尴尬和负面影响。真诚地关心他人比虚伪地应允不可能做到的事情要聪明得多。

04
太较真没有任何好处

聪明是人的长处，但小聪明会让人傲了心性，导致糊涂，这就是聪明反被聪明误。然而，现实中，有些人往往就是大事糊涂，小事精明，对别人斤斤计较，要求苛刻，希望别人都能按照他们的要求去做，一旦觉得别人犯了错，就大动肝火。

其实，只要是不涉及原则性的小错，可以试着"睁一只眼闭一只眼"，倘若始终睁大双眼，可能会徒增烦恼。有这样一个故事：

有两个戏剧学院的同学，他们都很有才气，一位是导演系的，一位是表演系的，毕业后一起进入了演艺圈，一位当导演，一位做演员。两个人虽然彼此惺惺相惜，却也因好强而暗中较量。

经过一段时间的努力，两个人在工作中都表现得很出色，也各自拥有了一席之地。有一次，刚好有一部电影可以让他们合作。

这个导演对演员一向要求比较严格，所以在拍戏的过程中，即使是自己的同学也毫不客气地加以指责，而已经是优秀演员的老同学也有自己的见解和个性，所以片场的火药味总是很浓。

有一天，导演因为有个镜头一直拍不好，不禁怒火中烧，对着自己的老同学大发脾气，脱口而出："我从来没见过这么烂的演员！"演员一听，脸色苍白地愣住了。他走到休息室，不肯出来继续拍戏。

经过众人的劝说，导演走到休息室，对老同学说："你知道，人在生气时，难免会口不择言，可是冷静下来想了想……"演员一听，对方是来道歉的，不禁头抬得高高的。导演一见他那副模样，竟然讲不出后面的话来，过了半天才突然说："我想了想……还是觉得你是个很烂的演员！"

此话一出，后果可想而知了。

由此说来，许多事不能太较真，特别是人际交往。人与人之间要是太较真，不注意相处方式，可能就会牵一发而动全身，关系越来越复杂。

生活中有的人机关算尽，却总办出一件件蠢事。相反，如果我们能够改正"较真"的坏习惯，平和待人，自然能为自己的人生减少很多不必要的烦恼。

某企业总裁靠开杂货店起家。初创业时，他在市场开了一家只有四平方米大的杂货店，不但一天之内创下卖出一百箱味精的纪录，而且每月的营业额相当于二十六家杂货店营业额的总和。

当时开杂货店，难免有赊欠的情况，可是他既不催讨，也不给人脸色看，就算碰到拖欠不还，也当是行善助人，毫不计较。

由于他这种"经营哲学"，使得很多拖欠的顾客自惭形秽，不但有钱赶紧偿还，而且还主动为他介绍顾客，这也是他生意兴隆的原因之一。

他说："无论做人处事，或是经营企业，休要斤斤计较始终是我的指路明灯。"

不顾客观实际，一味循着自己的思路去考虑问题，卖弄点小聪明，是愚人的行为。多点踏实，多点考虑，大事上聪明机智，小事上糊涂，也许才是真正的为人处世之道。毕竟人生在世，不过短短数十载，很多事就如同过眼云烟一般，根本不值得挂念。况且许多都是微不足道的小事，我们为何还要如此顽固，经常为小事和别人争执呢？只要对方的行为不突破我们自己的道德底线，我们大可以睁一只眼闭一只眼。过于精明，表面上我们是赢了，而实际上则是输了。

05
有时，你需要换个说法

我们与人沟通就是要表达自己的意见和见解。可是在很多时候，我们的见解和意见并不是顺着对方的意愿来的，相反，有驳斥、拒绝对方之嫌。如果直接把这个意思传递给对方，自然会刺伤对方的自尊心，伤害人际之间的交往。当然，不把这种想法传递给对方，同样会给自己带来伤害。

那么在这左右为难的时候，我们该如何做呢？最好的办法就是换一个说法，把自己的意愿传递给对方，既不会让对方觉得难堪，也不会让自己受到伤害。那么我们该如何换一个说法呢？有以下几条途径：

1. 利用语义双关传递

双关，即语言包含两层意思，一层是这句话本身的意思，一层则是引申的含义，而幽默恰恰就能从这个引申义中体现出来，如同"醉翁之意不在酒"。

传说李鸿章有一个远房亲戚，虽然胸无点墨却热衷于科举，一心想借李鸿章这个独特的关系捞个一官半职。某次，他在考场上打开试卷，竟无法下笔。时间一分一秒地过去，眼看交卷的时间就要到了，他灵机一动，在试卷上写下"我乃李鸿章中堂大人的亲妻（戚）"，希望能获主考官录取。可是主考官在批阅这份考卷的时候，却发现他竟将"戚"错写成"妻"，于是主考官便提笔在卷上批道："所以我不敢娶你。""娶"与"取"同音，主考官针对他的错字，来了个双关的"错批"，既有很强的讽刺意味，又极富意趣。

2. 利用正话反说传递

正话反说，即说出来的话，所表达的意思与字面完全相反。比如字面上的意思是肯定，而在实际意义上却是否定；或者正好相反，字面上是否定，而实际意义上却是肯定。

有一则宣传戒烟的公益广告，上面完全没提到吸烟的害处，相反却列举了吸烟的四大好处：一可省布料，因为吸烟易患肺痨，导致驼背，身体萎缩，所以做衣服就不用那么多布料；二可防贼，抽烟的人常患气管炎，通宵咳嗽不止，贼以为主人未睡，便不敢行窃；三可防蚊，浓烈的烟雾熏得蚊子受不了，只得远远地避开；

四可永葆青春，即不等年老便易去世。

3. 利用有意曲解传递

曲解，即对原本的意思进行歪曲、荒诞的解释，并以一种轻松、调侃的态度，对一个问题进行广泛的解释，将两个表面上毫不沾边的东西联系起来，造成一种非常不和谐或者是不合情理的甚至是出人意料的效果，从而产生幽默感。

有这样一则故事：

一位妻子抱怨她的丈夫说："你看邻居 M 先生，每次出门都要吻他的妻子，你就不能做到这一点吗？"她丈夫说："当然可以，不过我目前跟 M 太太还不太熟。"

这位妻子的本意是要她的丈夫在每次出门前吻自己，而丈夫却有意地曲解为让他吻 M 太太，这便产生了幽默。这在日常生活中也是我们经常使用的幽默风趣语言之一。

4. 利用巧思妙解传递

巧思妙解，即对一些无法直接回答或者是不好回答的问题进行巧妙的解剖，以另外一种方式进行解答。

一位女士与比她小 13 岁的考古学家结婚后，有人问她为什么要嫁给一个考古学家，她幽默地说："对于任何女人来说，考古学家是最好的丈夫。因为妻子越老他就越爱她。"

在这里，这位女士巧妙地将古文物的老和自己年龄的老结合在了一起，这一巧妙的解释，既体现了她的幽默感，又说明了他们夫妻关系的和谐。

5. 利用自嘲传递

自嘲，即用一种比较诙谐幽默的语言来嘲笑自己的某个特点，并以此来换得对方的欢笑。

有个胖子，由于他身体的体积过大，行动往往不太方便。但是他依旧乐观向上。有一次，他对他的一个朋友说："我是个比别人亲切三倍的男人。因为每当我在公共汽车上让座时，便足以让三位女士坐下。"

这种轻松愉快的自嘲，创造了轻松愉快的幽默，同时又表现了他高度的自信。

6. 利用夸张传递

夸张，即将某些事情的特点进行无限量的扩张，最终造成一种极不协调的喜剧效果，这也是我们经常使用的幽默风趣的语言之一。

有一位大作家坐火车到一所大学讲课。因为离讲课的时间已经不多，可是当时的火车又开得非常慢，十分着急的他，于是幽默地想出了一个发泄怨气的办法。当列车员过来查票时，作家递给他一张儿童票。这位列车员也挺幽默，故意仔细打量，说："真有意思，看不出您还是个孩子哩。"作家回答道："我现在已经不是孩子了，但我买火车票时还是孩子，因为这火车开得实在是太慢了。"

在这里，作家将事情进行了无限量的扩张——火车开得慢确是事实，但也绝不至于慢到让一个人从小孩长成大人，于是便产生了特殊的幽默效果，令人为之捧腹。

7. 利用出其不意传递

出其不意，即说出别人想不到的语言，或者表达别人想不到的含义，让这种心理落差造成一种幽默的意境。

一个顾客在酒店喝酒，他喝完第二杯后，转身问老板："你一星期能卖多少桶啤酒？""35桶。"老板得意洋洋地回答说。

"那么，"顾客说，"我倒想出一个能使你每星期卖掉70桶啤酒的方法。"老板很惊讶，忙问："什么方法？""这很简单，只要你将每个杯子里的啤酒装满就行了。"

老板原以为这个顾客会给他一个好方法，可是这位顾客说出来的话却是在指责这个老板唯利是图，一杯啤酒的钱却只买了半杯啤酒，这种出其不意的回答便产生了幽默的意境。

永远不可忽略的
交往规则

沟通是人与人之间的交流与互动，要想达到有效的沟通，需要我们去遵循人际交往的准则。

01
别让"一米线"遭遇尴尬

走进银行,首先映入眼帘的是"请自觉在一米线外排队等候"的字样,其旨在维护银行营业秩序和保护储户隐私。在人际交往中也有"一米线",保护朋友或者客户的隐私,就是我们的"一米线"。银行"一米线"是银行为保护客户隐私,防止客户的个人账户、密码等信息被盗而采取的防范措施,也是考验客户文明和道德意识的一道"文明线"。

与人交往的空间距离是多少呢?美国学者霍尔研究发现,46厘米至61厘米属私人空间。女友可以安然地待在男友的私人空间内。若其他女人处在这一空间内,她就会显得不高兴,甚至会大发雷霆。同样,男友也可以自由自在地待在女友的私人空间内。若其他男人进入这空间时间稍长,他肯定会吃醋。私人空间可以延长到76厘米至122厘米,若讨论个人问题,这个距离是恰当不过的了。你若是与爱人约会,可千万不能超过46厘米,否则对方会觉得你疏远了他（她），对他（她）没有热情，可能引起爱人间的误解。到办公室找领导办事，最佳的空间距离为122厘米至213厘米。小于该距离，领导会误认为你强人所难；大于这个距离，领导会误认为你不是真心实意想办事。领导的办公桌较为宽大，就告诉了你这一空间信息。

若你想从非亲密朋友那里获得某种信息，有效的空间距离为213厘米至366厘米。小于这一空间会给人以盛气凌人的印象；大于这一空间会使别人觉得你没礼貌，你也就不可能获得真实的信息。这个空间距离也是与普通朋友交谈的适当距离，过小会有一种压迫感；过大你们都会觉得话不投机半句多。366厘米以上的距离，是演讲者与听众或两人不愉快谈话的有效空间。

与不同文化背景的人交往，要处理不同的人际空间。因为有的人生活在非接触性文化环境中，而有的人生活在接触性文化环境中。

心理学家研究表明，人们离他喜欢的人比离他讨厌的人更近些，要好的人比一般熟人靠得更近些。同样亲密关系的情况下，性格内向的人比性格外向的人会保持较远些的距离；异性谈话比同性相距远一点，两个女人谈话总比两个男人谈话挨得更近些。

合理运用你和他人的空间，会使你取得意想不到的交际效果。

研究表明，大多数人在交往时有四种不同的距离，即亲密距离、个人距离、社交距离和公众距离。

　　亲密距离是一个人与最亲近的人相处的距离，在 0 到 45 厘米之间。陌生人进入这个领域时，会使人在心理上产生强烈的排斥反应。我们看到，在拥挤的公共汽车里，互不相识的人通常保持着僵直的身躯，尽量避免身体的接触，而夫妻、恋人、父母与孩子则会依偎在一起。如果最亲近的人长期不能在亲密距离中相处，会导致情感缺失，甚至会在生理上出现不良反应。一项对比试验表明，经常接受母亲抚摸的婴儿神经系统发育得快，比其他婴儿更活跃，体重增加的速度会比那些不受抚摸的婴儿快出 47%。因此专家们认为，亲密距离是人际交往中最为重要也最为敏感的距离，每个人都必须谨慎地把握这个距离。

　　个人距离的范围是 45 厘米到 1 米之间。人们可以在这个范围内亲切交谈，又不致触犯对方的近身空间。一般朋友和熟人在街上相遇，往往在这个距离内问候和交谈。

　　社交距离一般在 1 米到 3.5 米之间。其中 1 米到 2 米之间通常是人们在社会交往中处理私人事务的距离。例如在银行取款时要输入密码，为了保护客户的机密，银行要求其他客户必须站在"一米线"之外。

　　2 米到 3.5 米是远一些的社交距离。商务会谈通常在这个距离内，相互之间除了语言交流，适当的目光接触也是不可少的，否则会被认为是不尊重对方。在屏幕上，电视节目主持人大多是中近景，这是为了缩短与观众的距离。

　　公众距离往往是公众集会时采用的距离。一般在 3.5 米到 7 米之间。超过这个距离，人们就无法以正常的音量进行语言交流了。所以有经验的语文老师会走下讲台朗读课文，以提高语言的感染力。

　　人际交往的四种状态只是大致的划分。在不同的文化背景下，把握人际距离的准则会有所差异，但基本规律是相同的。和喜欢的人交谈要靠得近，熟人要比生人靠得近，性格外向的人要比内向的人靠得近，女人之间比男人之间靠得近。仔细想来，在生活中，人与人之间的和谐都建立在恰当的交往距离之上，而人与人之间的某些冲突却往往是从不恰当的距离开始的。因此，在交往时恰当地运用"距离语言"，我们才能在越来越拥挤的地球上找到合适的位置，在越来越频繁的人际交往中科学地把握好距离。

02
"我记得你！"

卡耐基说过，记住别人的名字就等于拥有了一笔财富，名字对每个人都很重要。如果你记得某个人的名字，可能会让那人觉得自己被重视，说不定你可以从记住一个人的名字这样的小事情里得到你的知己，得到你的机遇，得到你的爱情。想一想，我们在一生中会与许多名字打交道。岁月的流逝，世事的困绕，记忆在一点点老去！于是，身处变幻莫测大千世界的我们常常感叹，难以记住别人的名字！在这个日益开放的年代，交往与沟通无处不在，名字成了一张名片！记住别人的名字，也许能化解一次不必要的矛盾，也许能消除一个冰封的误会，也许能点燃两双眼睛，也许能震动彼此的内心！

要记住别人的名字，无须什么理由。

卡耐基总结说："神情和态度就像麻疹一样是有感染性的，因此，你应该给予别人你希望别人也应有的东西。""记住，不论在任何语言之中，一个人的名字是最甜蜜、最重要的声音。"这项人际关系的原则是在卡耐基课程中首先要做的一点——记住名字。留下良好第一印象的关键，是记住对方的名字。你是否对自己说："但是我记名字的本事糟透了。"如果你肯用心，依照下面的 CCAN 四个步骤去做，你就可以记住别人的名字。

C = 承诺（Commit）。回忆不会主动发生，换言之，如果我们要说出信息，就必须做出决定把它记起来。如果我们无法记起某人的姓名，那是因为我们没有传给大脑一个决定回忆的意向，或是我们传给它一个破坏回忆的意向。

你是否曾经走进一个大房间，扫视众多的来宾一眼后，心里想："我永远不可能记住每个人的名字！"这就是所谓的失败预测。你只是在命令你的大脑去做你不希望它做的事。从现在开始，给你的大脑一个具有建设性的决定意向——我要尽全力记住每一个人的名字。把过去贴上限制标签的想法改为："过去我总以为自己不擅长记名字，现在我了解这很重要，所以承诺要好好记住别人的名字。"

C = 专注（Concentrate）。我们之所以无法记住某人的名字，通常是互相介绍时分心的缘故。从现在开始，答应自己在与他人初次见面的时候，要把这几分钟当作天底下最重要的事情。不要管房间另一头的朋友跟你挥手打招呼，也不要管堆积在桌上无法辨识的文件，在这个互相认识的时刻，要把注意力的焦点放在对方身上。

A＝注意他的脸（Attention on the face）。心无旁骛地直接注视对方的脸。当他说他的名字时，如果你盯着他的肩膀或是看别的地方，你就没办法把他的名字和脸联系起来。花几秒钟端详他的脸，这样下一次看到这张脸时就会认出来。

N＝反复背诵（Numerous repetitions）。一听到对方的名字你就大声地复诵，然后在空当的时候至少默念三次。下一次当你看到这个人时候，他的名字就会突然涌现在你的脑海中。

一位女士问："如果你忽然忘记某人的名字时，那该怎么办呢？"

巧妙地带过或者干脆承认。如果你跟一堆熟人在一起，有时候你可以技巧性地先介绍其他人。他们几位会伸出手来打招呼，而那位你记不起名字的某某人，可能在握手时就顺便自我介绍了。

如果情况不允许，就坦然承认你忘记他的名字，但要提一些关于他的事情来缓和一下气氛，例如，"我记得今年年初在董事会上看到过您，您的大名是……"，千万不要一再地说抱歉，让情况恶化，从而引起更多人注意到你的失礼。只要镇定地请问他的名字，然后继续交谈下去即可，不需要一再提起发生的尴尬事。

千万记住，不要虚张声势地处理这种棘手的场面。当我们要介绍某某人，却忘了他的名字时，当然会造成大家都觉察到的焦虑。虽然这种疏忽会令人不舒服，但要有信心承认。如果你绞尽脑汁苦思"他叫什么名字？我明明记得的"，还不如让对方说比较好。

那么如何让别人记得自己呢？你可以通过以下的办法帮助别人记住你的名字：

（1）看着对方的眼睛，并且清晰地说出你的名字；

（2）在名字的结尾处，保持声音清亮，不要压低；

（3）提供一些简短的联想，让别人容易想起你。

而如果你遇到一个好久不见的人，看他满脸狐疑的样子时该怎么办？马上告诉他你的名字，免得他苦思不堪，尴尬地站在那儿。你只需走向前去伸出手，叫他的名字，再交代你是谁，你们如何认识的。例如，"嗨！我是张纲，我们去年在吉米的婚礼上见过面。"对方很可能想起来并点点头，然后谈话可能从这儿继续下去。

罗斯福是美国著名的总统，他和善可亲，异常地受人欢迎，甚至他的仆人也都非常喜爱他。你不禁要问，他运用了怎样的魔法使人们都喜欢他呢？其实很简单，原因之一就是他很善于记忆别人的名字。

据说有一天，罗斯福在卸任后重回白宫时，跟白宫的仆人打招呼，并且他礼貌而又真诚地叫出了每一个人的名字，甚至连厨房的女佣也不例外。当他见到厨房的女佣爱丽丝时，就亲切地问她是否还烘制玉米面包，爱丽丝回答他，她有时会为仆人烘制一些，但是楼上的人都不吃。"他们的口味太差了。"罗斯福有些抱不平地说，"等我见到总统的时候，我会这样告诉他。"爱丽丝边听着边端出一块玉米面包给他。罗斯福一边走到办公室去，一边吃着面包，同时在经过园丁和工人的身旁时，还跟他们打招呼。

罗斯福对待这里的每一个人还同他以前一样，仆人们都彼此低语讨论这件事，而一名叫艾克胡福的仆人道出了大家的心声："这是将近两年来我们最快乐的日子，我们中的任何人，都不愿意把这个日子跟一张百元大钞交换。"

显而易见，罗斯福充分赢得了人们的信任。

由上述事例，我们可以清楚地看到，在社会交际中，如果你能准确无误地说出对方的名字，则会给人留下深刻印象。

叫出别人的名字，能一下子拉近人与人之间的距离，这时交际双方可以很快进行深入的交谈，亲切感就是从你语言中流露出来的。给人这样一种印象，你的心中装着他，他在你的心中占有一定的地位，他是有价值的，是会引起别人注意的人，被叫出名字的人有一种心灵的慰藉，有一种满足。他愿意和你交谈，对你有好的印象。

你可以有一份自己的交际档案，包括别人给你的名片，别人给你打电话时你记下对方情况的纸片，你见过面的人的情况，等等，都可以整理出来，放在你最经常坐的地方或办公桌上，这样你的交际空间便一天比一天宽起来。对于你经常打交道的老朋友的姓名档案，你可以减掉，往里增加新的朋友，这样今天的新朋友就成了明天的老朋友，有了新朋友，不忘老朋友，你可以变成一个拥有大量财富的人。财富不是朋友，但朋友却是最宝贵的财富。这样一来，你交往的范围就会越来越宽。

　　某公司销售部举办一场烧烤活动，一共有十个人参加，大家都玩得很尽兴，到了最后，还剩下很多烤肉以及没来得及烤的鱼虾。于是经理决定让大家把没有吃掉的东西带回家去。经理一一点名，给每个同事都分配了大致差不多数量的食物，分配完毕后，大家就各自回家了。

　　林丹一路上都闷闷不乐，到家后她妈妈觉得很纳闷："你今天不是出去聚会了，怎么，玩得不好？"

　　"唉，说起来真让人泄气，但你知道不是我小心眼爱计较。"林丹回答，"其实我真的不是贪心想要那些剩下的鱼虾肉片，只是觉得很难过。为什么我们经理叫了所有人的名字就是没有问我要不要带点回家呢？你知道的，那种被人忽略的感觉真的很难受。"

　　看吧，忘记一个人的名字会对他带来多大的伤害！即使是再普通不过的人，他们对自己的名字也是异常珍视的。在他们心里，自己的名字就代表了自己这个人，二者已经浑然一体了。

　　很多功成名就的人，都知道记住别人名字的重要性。与人交流有时并不在于掌握什么高深的理论，而在于你应该记住别人的名字，并且亲切地和他打招呼，仅此而已。

　　成功的秘诀往往就在于这些看似无关紧要的小节上，一家生意很好的餐馆老板，她就懂得记住别人的名字是对对方最好的尊重这个最简单的道理，因此，她的生意非常好。

　　一家生意非常好的餐馆，每天都是顾客盈门，座无虚席。有人问餐馆的女老板："你们的生意如此兴隆，是不是有什么秘诀呢？"

　　老板回答："我的秘诀就是记住别人的名字，当他一进门，马上就喊出他的名字。"

　　看着简单，但就是这么简单的一句话却着实费了她一番心思。只要是常来的主顾，她就想方设法去记住他们的名字，她向所有第一次光顾的客人索要他们的名片，然后在名片的背后记下这个人的容貌特征，光临的时间以及和谁一起来的这些简单的事项，待晚上打烊后，她再把这些名片一张张拿出来，努力把客人们的名字和容貌联系起来。如此日积月累，以至于只要客人第二次再光顾，她大多都能立即喊出对方的名字，生意自然就红火了。

天生就能记住别人名字的天才并不多见，那些能脱口说出别人名字的人通常都在背后下过一番苦功。记住别人名字是一件非常重要的事，它能使你在人际关系和社会活动中占据很多优势。

把别人的名字牢牢记住的技巧有以下几点：

1. 要集中注意力

当你在第二次与人见面10秒钟后还在绞尽脑汁追忆他叫什么时，你一定已经忘了他叫什么。究其原因就是你在与其初识时没有集中注意力，这主要是因为你只专心于你自己。

因此，要记住别人的名字就应该在对方自报家门时集中全部的注意力，如果你当时没能做到，就应该礼貌地请他再重复一遍。毕竟名字只是短短的两三个字，只要你用心，记住它们并不是什么难事。

如果是在人很多的场合中，在许多陌生人中，你应该预先决定自己要最先注意哪一位，因为谁也不能一下记住好多陌生人的名字。如果你告诫自己"我要特别注意经理妻子的名字"，你就会记住它。如果你在参加社交活动前，能提前对这些名字和头衔有所了解，在你第二次听到这些名字时，就很快地回想起他们是谁。

2. 名字脸谱化

如果你只通过死记硬背来记忆别人的名字，它们可能很快就被忘掉。但假如你把他的名字和他的脸加以联系，你就会轻易地想起他们，这绝对是一个有效的方法，而且屡试不爽。使用这种方法就需要你先联想再夸张，能在名字这种抽象化的东西中联想起对方具体的面貌特征，将两个不相同的事物联系起来。

具体办法如下：当你刚刚结识一张新面孔后，要聚精会神地凝视他的脸庞，看看他的脸是否有特别令人感兴趣、吸引人或与众不同之处，例如头发是否又黑又整齐、眉毛是否很浓、眼睛是否特别明亮等，从他的这些特点中选出一个，然后再通过夸张等方式储存到自己的记忆中去。

一旦你记住了他的某个面部特征，就可以通过最基本的甚至是有趣的联想将这个人的名字转换成一个难忘的形象。比如，如果某人的眉毛特别重或是形状奇特，你就可以用如"十点十分"这样的比喻来勾起自己的回忆。主要的联想方式有颜色联想、年代联想、地名联想、物体联想等，越是简单的联想，产生的效果就越好。

3. 恰当运用联想

如果对方的名字很特别，最好请他解释一下，如果能通过联想找出其和某些简单易记的事物的关联是最好的；外国人的名字通常很长，第一次基本都很难记住，那么，最好就请他讲讲自己名字的源出以及拼法，这也是一种明智的做法。

如果你能使他的名字和他的面貌合理地联系在一起，那么记住他的名字就不是什么难事了。

4. 不断重复，加深印象

每认识一个新朋友，在和他的交谈中，尽可能多地在合适的时间重复他的名字，别人递名片时就是一个重复他们名字的好时机。这样，在你和他的谈话结束时，他的名字就已经深深地刻在你的脑子里了。

事后，你也要尽可能将这人的名字及你所记住的他的形象写下来，为进一步加深印象做好准备。晚上休息前，再将当天交换过的所有名片或通讯地址，拿出来温习一遍，顺便回忆当时和他会面的情景。这条很重要。

训练自己记住别人的名字要经过多次的锻炼，虽然枯燥却意义重大。而一旦你掌握了这一门技巧，就会发现与人交往从来没有这样轻松简单。

迅速而正确地喊出对方的名字，你会发现你认识的人将越来越多。

03
闲谈也是一门艺术

　　有着最卓越成就的人通常都有一个共同特质，那就是：会说话。他们在任何情况下与人交谈都自信十足，泰然自若。对他们而言，投资人、客户、老板都和同事、朋友没什么不同，都能侃侃而谈。他们在面对听众、晚宴席间、计程车上都知道该如何与人交流。

　　如果你认为能够轻松周旋于各种场合是这些人与生俱来的能力，而你天生就没有这种魅力，没有吸引人的基本条件，所以不能像他们一样，那就大错特错了。因为你所说的这种魅力、这种条件本来就很少人有，而那些成功之人之所以成功，与他们掌握了与人闲谈的技巧是分不开的。

　　也许你很怕踏进满是陌生人的场合，因为你不知如何开口。眼前不是众多的新朋友等着你去认识，而是一张张陌生的面孔。这种情况常常会出现在商务会议、研讨会、家长会，以及任何需要社交互动的场合上。在这些地方，你会更觉得无助、心神不宁。可是如果你能掌握一些闲谈的技巧，情况就会大大不同了，你将在人群中如鱼得水。

那么，闲谈是否有什么技巧呢？当然有，闲谈并不是拉拉家常，言不及义地随便聊一聊，而是一种谈话的艺术。

在闲谈时，你应该抱持什么样的目标呢？很简单，开启话匣子，继续聊下去，让彼此之间产生契合感，最后对方会认为："这是个讨人喜欢的家伙。"

只要对所聊的话题感兴趣，你们就可以继续交谈下去。有些时候，某种"差异化"正是你让对方产生兴趣的关键，其中混杂着一种期待感并且让对方感到新奇。所以，你只要"做自己"就好了。

不论是在谈判桌上，还是在晚宴的场合，压抑真实的自我只会让你与别人产生隔阂。相反，如果你能坦诚相对，让对方感受到你的真诚、开放，直率地表达你的需求，也许就会得到更好的结果。即便你们的意见相左，对方仍会因为你的坦诚而对你更加敬重。

一旦你发现这种坦诚比程式化的回应更容易产生有意义的交谈时，当你发现打破尴尬最好的方式正是这些发自内心的话语时，开口交谈就没那么可怕了。

如果你和别人闲谈时始终是在聊一些肤浅、平淡无奇的内容的话，你们彼此终究还是一个陌生人，但要是能够让对方看到你更多的内涵，你们的关系就可能会更进一步。

从下面这个法拉利的故事中，我们或许就能得到一些这方面的启迪。

启斯·法拉利是一位人际关系大师，有一次他应邀出席一场经济咨商局举办的会议，这是一场行销与传播界主管的年度聚会。按惯例，与会者会在会议前一晚一起聚餐。

当晚，和他同桌的有负责行销的沃尔玛、信诺保险、洛克希德礼来药厂、eBay、日产汽车等公司的老板，这些人都是手握惊人行销预算的"大人物"，对他的业务也非常重要，这是一个让他好好发挥自我、表现最佳状况的绝佳时机。

但问题是，法拉利当天状况不佳，他情绪低落，因为几个小时前，他刚接到了一封毫无转圜余地的 E-mail：他被他的女朋友甩了。他刚刚结束这一段刻骨铭心的感情，根本没有任何说话的心情。

坐在他旁边的是雪莉，和他初次见面。当晚餐席间的交谈日益热络时，法拉利突然发现自己所做的一切，都是他教别人千万别做的：自己一直是以一些礼貌性、无关痛痒的问题掩饰自己。

他和雪莉虽然看着对方交谈，但却没聊些什么有意义的内容，显然他们都想尽快抽身离去。

终于他觉察到自己的表现太荒谬了，一直以来，他都告诉他的学员：每次交谈都是一个冒险表现真实自我的机会，那么还有什么比这更糟的事吗？即使对方回应不友善，那又如何，他们或许原本就不值得认识。但如果冒险一试奏效，那就可以将原本无趣的交谈变成一场有趣或很有个人见地的交流，往往就能因此建立真正的友谊。

于是法拉利便坦然说出自己的感受："雪莉，真抱歉，我们还不熟，但真正的我比今晚有趣得多，今天对我来说实在糟透了，我刚参加完董事会，会中董事对我百般刁难，让我吃足苦头。更重要的是，我刚痛苦地结束一段感情，仍旧无法释怀。"没想到的是，他大胆的开场白、些许的感性、诚实的叙述，竟然让交谈的律动立刻变得不同。

当然对方也可能对这种坦白感到很不自在，但是对雪莉而言，这反而让她放松了："天啊，没关系，相信我，我可以理解，大家都碰到过这种情况，让我告诉你我离婚的事⋯⋯"

他们就这样意外聊开了，雪莉整个人也放松不少，她的表情变得更柔和，开始敞开心胸交谈，那是法拉利当晚首度对谈话内容感兴趣。雪莉接着告诉他自己离婚的惨痛经验，以及之后那几个月经历的一切，分手后的情绪性反应如何难熬，等等，他们两个都好像找到了一个宣泄的管道，而且雪莉还给了他一些很棒的建议。

接下来发生的事是，一些原本还相当拘谨的与座人士，在听到他们的交谈后，也停下对话，有些原本沉默寡言的人，也突然开始谈起自己的经历，其他人也纷纷说出自己的故事相互打气。当晚尾声，大家都聊开了，这真是一次令法拉利终身难忘的晚宴经历。

只要你能稍微投入一点、坦白一点，让对方可以窥见些许你的感性层面，就有机会让你们的关系更加契合。对于那些别人认为不可谈的话题，不要有太多顾忌：心灵、感情、政治议题都是让我们生活更有意义的话题，为什么不能谈呢？

当然还是有一些绝对错不了的问题，适合当各种情境下的开场白：你的事业如何起步？你对这一行最感兴趣的是什么？你工作上都遇到哪些挑战？但是万无一失的行动（不论是对话、经商或生活上）通常也会有"万无一失"的无聊结果。

你的个人魅力就是做自己，你的独到特质才是你的魅力所在，你要相信我们每个人都有做个闲谈高手的成功潜质。

下面是一些在闲谈中你需要学会的技巧。

1. 周哈里窗原则

这是一条说明人类自我开放程度的法则。个性内向的人，只是些许透露自我，他们的窗户相对较为紧闭；个性外向的人，他们坦白外放，因此窗户开得就大。同时，这种情况也会随所处环境的不同而改变，在陌生的环境里，一般人的窗户相对开得较小，不愿意透露自我，也期待对方有相同的反应，但当他处于一个熟悉的环境里时，就会感到安心与信任，愿意分享自我的内心，就会把窗户敞开。每个人的周哈里窗在各种环境下或多或少都是开着的，同时会吸引窗户状态相类似的人。

在闲谈时，你要了解这个道理，并且视对方的不同及时调整自我表达的方式。如果你以错误的方式对人，那么对方的窗户可能就会对你紧闭，你们的关系也就无法建立。

每个人都有他特别的沟通风格，一种很好用的技巧就是把自己想象成对方的镜子。对方的言语律动、声调大小、肢体语言都是怎样的，你就像镜子般反射对方，调整自己的举止，对方自然就会感到轻松，他的窗户就很可能向你打开。

2. 真诚表达

如果你想让对方觉得你很特别，最好的方式就是让他们觉得自己在你眼中同样很特别，你真诚的表达则会让对方对这一点深信不疑。

3. 善用倾听

人性最深层的渴望有一点就是被别人所欣赏，很多人往往因为太注意自己下一句说什么而忽略了对方正在对他说的话。用心倾听别人的话语，是你了解他的最好途径。

（1）开始交谈后，不要打岔，以点头或肢体语言表达你赞同他的话；

（2）询问对方你觉得他会特别感兴趣的问题，你可以把焦点集中在他的成就上；

（3）对方讲笑话时别忘了跟着笑；

（4）交谈中，你可以不时提起他的名字；

（5）说出你的想法：你说得太好了，再多说点吧！

4. 善用肢体语言

判断是否喜欢对方的时间，大概只有 10 秒钟。在这么短的时间里，我们根本无法用言语表达来进行过多的沟通，因此，非语言的沟通即肢体语言就成了主要的判断依据。你应该主动去塑造对方对你的良好印象，因为人在感受到关切与亲和力时，总是比较容易受到吸引。对方对你的观感，通常都会从你的一些行为进行判断。

那么，如何让不相识的人可以放松地与你交谈呢？

首先，露出诚恳的微笑，告诉对方你是很平易近人的人。

用正眼看着对方，但是要适当。如果你一直盯着他，会让别人觉得你另有所图，搞不好会吓着对方；但是如果你盯着他的时间不到 70%，就会让他觉得你对他漠不关心或者你很无礼。所以你应该选择合适的程度。

双手交叉抱胸给人一种防卫或是闭锁感，同时也代表你很紧张。可以通过点头、身体的微微前倾向对方表示你对他感兴趣。你也可以用握手等身体接触的方式展示你的友善和亲和力。

5. 巧妙地告别

当你想结束一次谈话时，应该如何结尾？最好的方法就是坦然相告。你可以说："今天有太多嘉宾在场了，如果没能多认识一些人似乎有点过意不去，容我先告退好吗？"其他的人通常都可以理解，也会欣赏你的诚恳。

为了与对方建立一个持久的关系，在结束和对方的交谈前务必以邀约的形式结尾，以期延续你们的后续关系。你可以口头约定下次的会面，即使只是一次与业务无关的闲聊。

04
千万别做入乡不随俗的事

《礼记·曲礼上》曾说："入境而问禁，入国而问俗，入门而问讳。"其实就是指每到一个地方，都要先了解那里的禁忌，尊重那里的风俗。在人际交往的过程中也同样是如此，如若不然，你就可能因为不了解对方的习俗和禁忌而做出蠢事，那么就容易引起对方的反感，甚至导致双方关系的恶化。

举个简单的例子，在部分地区去参加他人的寿宴时，千万不能送钟表。因为"钟"与"终"谐音，这会让人觉得很不吉利。若是你到了一个陌生的地方，想要与那里的人沟通交流，那么也必须要了解并尊重那里的风俗。就如下面这个小故事：

有这样一对兄弟，是做生意发家的，随着生意的逐渐扩大，他们所在小村庄的经济环境已经不能令这两兄弟满足了。于是，他们准备到外面的世界中去寻找更多的商机。

这天，他们路过一个国家，令两兄弟感到惊讶的是，这个国度中，所有的人都不穿衣服，不论男女老少都是光着身子跑来跑去。

弟弟是个比较容易变通的人，于是他对哥哥说："哥哥！看来不穿衣服是这个国家的风俗，如果我们想与他们谈生意的话，恐怕也需要脱光衣服，才能被他们所接受。我们只要表现得谦虚一点，不要议论他们这里的风俗，相信也不难与他们打成一片。"

可是哥哥却严肃刻板地看了弟弟一眼，说道："绝对不行！不穿衣服那可是伤风败俗的行为！我们绝不能光着身子和他们往来，无论在任何情况下，我都不会忘记礼义廉耻！"

弟弟说："这里的人不穿衣服，只不过是与我们的风俗不同罢了，这哪能和礼义廉耻扯上关系呢？

哥哥仍旧坚持着自己的想法，自己找了一间客栈进去休息，弟弟见无从规劝，于是就独自脱光了衣服外出与人谈生意去了。哥哥躲在客栈连大门也不出，他害怕看到那些不穿衣服的人，会将自己的身心污染。

一连十几天，弟弟都没有回过客栈，这让哥哥十分着急和气恼。于是他出门去打听弟弟的消息。

走到大街上的时候，哥哥恨不能马上从这个国家离开，他实在看不惯所有的人。

但是为了打听弟弟的行踪，他不得不低声向路过的人询问。

有一个人告诉他，他的弟弟此时正在与这里的一个贵族谈生意。哥哥问那个人他的弟弟是否也一样脱光了衣服，那个人高兴地回答说："是啊，他让人感觉很亲切，我们都很喜欢他，从他那里买了很多货物呢！"

哥哥听了非常生气，说："来了没几天，就被这里的人同化了！我绝不能像他这样做！"

哥哥越说越难听，忘记了与他说话的这个人也没穿衣服，那个人气愤地走了。

这天晚上，哥哥看到弟弟在人群中与大家一起唱歌跳舞，他冲进去大骂弟弟不知廉耻，完全没有顾及到其他人的感受，并且想把弟弟强行带走。

哥哥的行为激起了人们的愤怒，大家一起将哥哥围住，狠狠地揍了他一顿，并且要他永远离开这里不许再来。

哥哥的固执让他最终成了不受欢迎的人，这就在于他不能尊重和接受当地的风俗，所以，这样的事我们可千万不要做。在不同地域、不同民族都存在着不同的风俗禁忌。如今，随着人们活动与交往范围的扩大，入国问禁、入乡随俗应成为我们与人交往、交谈过程中的一项重要原则。在跨行业、跨地区、跨国际的人际交往中，我们要尊重各民族的风俗习惯，尽量避免触及他国、他地、他人的种种禁忌。

那么，我们还需要注意些什么呢？

1. 避免不雅的言谈

在人际交往中，当众说出某些"不雅"的词是非常愚蠢的做法。在现代社交的过程中，言谈举止一定要得体，同时还需要了解某些地方对于某些词语的忌讳，这样才能更快地融入一个大环境里。

2. 避免探问他人的隐私

不论到任何一个地方，都不要尝试着去探听他人的隐私。即使有些已经成为众所周知的事情，你若是莽撞地询问，也会被认为犯了忌讳，引人反感。

3. 别触碰他人的痛处

若是你在一个身材较胖的人面前询问最好的瘦身中心在哪里，那么这种容易触碰他人痛处的做法实在是不可取。

4. 尽量了解他人的禁忌

最重要的一点就在于要尽量去了解他人的禁忌。每个人、每个地区、每个国家都会有自己的禁忌，我们只有了解了这些禁忌，才能更好地融入当地的环境。

改变一生的口才绝学

如何说才能让人喜欢你

黄灿灿◎编

晋级你说话的方式与技巧

跟任何人都聊得来

怎么说别人才爱听，怎么听别人才乐意说

打破人际交往的心理界限
释放自我魅力风采
做一个风趣、幽默、有内涵
人人都愿意与你交往的人

吉林出版集团股份有限公司

前　言

　　为什么你是如此的勤奋努力，依旧难以获得自己想要的成功？

　　为什么你在不断地提升自我的业务能力，忙得都已经忘却了自己，却离自己所期望的人生越来越远？

　　为什么你读了那么多伟人的传记，看了那么多成功励志的书籍，觉得自己已经学到了很多的成功经验和方法，你也按照那些经验、方法去做了，但是自己的命运仍旧没有什么改变？

　　我们在努力，在努力之中变得更为焦虑。但是我们却忽略了一个极其简单的事实，那就是我们具有社会属性，只有真正地融入社会，成为深受欢迎的人，才能借助于他人，实现自我的价值。

　　怎样才能做到这一点呢？

　　那就是要学会交流沟通，懂得说话的艺术。

　　可以这么说，无论你的理想抱负有多么的伟大，也不管你怎样的勤奋努力，要想过上高品质的生活，拥有与众不同的人生，你就要注重修炼说话的艺术。因为，只有当你真正地懂得沟通，成为受欢迎的人，才能够得到更多的机会和助力。而在现实中，很多人未能获得成功，并非是因为他们没有才华，也不是因为他们不够努力，而是因为他们一张口说话就得罪人，从而使人际关系变得紧张，限制了人生的自我发展。本书所讲述的就是这方面的内容，并且告诉你如何说才能让人喜欢你。试想，一旦你被人喜欢，成为受欢迎的人，又怎能不拥有春暖花开的幸福人生。

目录
Contents

外在形象是人际
社交的第一堂课

你一定要记住这句话：你的外在形象是会说话的，它是我们与人交往的无声语言，也直接决定了对方是否会接受和喜欢你。有很多时候，我们难以被他人欢迎，就是因为忽略了外在形象语言的作用。

01
注重仪表，第一印象最重要

或许在很多的时候，我们有这样的一种困惑，那就是在与人交流时，还未说上两句话，对方就或多或少显得有些不耐烦，露出不欢迎的神色。为什么会这样，是自己不小心说错话了吗？可是，仔细地想，自己好像也没有说什么，说得也没有什么不合适的啊！

事实上，出现这种情况，有一个较为重要的原因，那就是我们忽略了外在形象语言的魅力，并不知道我们的仪表是会"说话"的。你要知道，人和人交往，对方第一眼看上的就是我们的仪表——外在形象，从而形成交往的第一印象。我们都知道，第一印象在人际交往中有着很重要的作用。如果第一印象不好，又怎么能受到别人的欢迎，更别说继续交往下去了。

美国历史上的著名律师维特门曾是哈佛大学毕业的高才生，

后来还当选为州议员。有一天，他穿着乡下人的服装，从农庄来到波士顿。在一家酒店的客厅里，维特门听到一群所谓的绅士淑女在他身后窃窃私语："让我们来逗逗这个地地道道的乡巴佬。"

随后这群人围住他，提出各种古怪的问题嘲弄他。维特门站起来彬彬有礼地问好后说："在这前进的时代里，难道你们不可以变得更有教养、更聪明些吗？你们只从衣着看我就不免看错人了；而我呢，因为同样的原因，还以为你们是绅士、淑女。其实，我们都错了。"这时，有人走进来尊称维特门先生，那些"绅士、淑女"们方知眼前这位"乡巴佬"就是大名鼎鼎的维特门先生，一个个顿时呆若木鸡……

看到这里，或许我们脑子中会产生一种想法：人不可貌相，海水不可斗量。但是，这件事同样告诉了我们一个道理，那就是良好的仪表、外在形象在人际交往中的重要作用。而我们在与人交流沟通的时候，是不是能获得他人的好感，成为受欢迎的人，恰恰就是从这无声的语言开始的。事例中的维特门固然在后来占了口舌的上风，可他不合"情势"的穿着也给他带来了一些"麻烦"。

"人不可貌相，海水不可斗量"仅仅是一种劝诫，从它能长期而广泛地流传这一事实中，我们恰好能从反面得到证明：从古到今，确实存在着大量以貌取人的现象。有关统计资料表明，把应征者的仪表看作决定录用与否因素的招聘者，约占总数的

15%。

　　这是因为，在应征者的诸多条件中，仪表最直观、最简单，且不需花费过多时间去考察。经验丰富的招聘者总是把应征者的仪表，看作是其内在气质的一个不可分割的组成部分，进而由表及里地窥测其内在的素质。

　　尤其是在现代社会，由于生活节奏的加快和人们交往的多样化，人与人的接触就成了蜻蜓点水式的交往。一个人往往需要在短暂的第一次接触中给人留下良好的印象，才能为以后的交往打下好的基础。有的人常常因为不太注意"第一印象"的重要性，而给自己留下了不少遗憾。

　　良好的第一印象，既是一张好的社交名片，又是一封有权威的介绍信。因为我们活动的范围不仅仅局限在熟悉的环境里，我们每天都可能在乘车、聚会或是旅游等活动中与陌生的人结识、交往。那么，敬请珍惜并注意给他人留下一个良好的第一印象，如果我们能够注重自己的仪表，就能给对方留下一个良好的第一印象，就能赢得对方的尊重和好感。

02
优雅着装，人靠衣装马靠鞍

如何让修饰自己的外在形象语言发挥作用，一开口就让别人喜欢你呢？首先，我们就要注重自己的着装。俗话说，"人靠衣装马靠鞍"。一匹马配什么样的鞍，其骑乘的效果很不相同，而一个人穿什么样的衣服也会体现出一个人的品位和内涵。外在形象对于一个人来说非常重要。

穿着得体的人给人的印象就好，它等于在告诉大家："这是一个重要的人物，他聪明、成功、可靠。大家可以尊敬、仰慕、信赖他。他自重，我们也尊重他。"反之，一个穿着邋遢的人给人的印象就差，它等于在告诉大家："这是个没什么作为的人，他粗心、没有效率，不值得尊敬，他习惯不被重视。"

形象设计师告诉我们，服装美是人的美的一个组成部分。它并不是指我们日常生活中的服装的美，而是指人在着装后所构成的形态美。在社会交往中，服饰美带给人的印象是强烈而且有决定意义的，我们所说的气质美，尤其是仅与人交往一会儿即能感到其气质美，大部分原因在于他得体的服饰。所以，不管什么人，要想穿出品位，穿出气质，穿出魅力，就必须建立适合自身的穿衣哲学。

那么我们在交际的时候该如何体现自己的优雅着装呢？记住着装美的一条基本原则：要使衣物成为自己个性、风度、修养的一部分，一句话，要充分展示自己的个性和风格。当然，服饰的个性化并不排斥服饰的流行化——时髦。服饰美是人的美，但不是孤立的单个人的美，它具有社会性，因此，服饰的流行性是我们追求服饰美时必然要面对的事实。

具体来说，要想优雅着装，必须注意以下几点：

1. 合己

就是要以自己为主，从自身的特点出发选择服饰。

（1）要合己身。如果服装与人的体态不合，那么再美的服装穿到人身上也只会愈显其丑。试想一下，瘦人穿了宽松衫，胖人绷着紧身裤，该是什么情景？

（2）要合乎个人性情。古人云："以天下之人，形同者有之，貌类者有之，至于神则有不能相同者矣。"每个人都有自己的个性，服饰就要顺其自然，合乎性情。为什么有的人穿上牛仔服会让其他人看上去不太舒服，而有的人穿上正经的西装惹人发笑？

很重要的原因就是服装与着装者的性格、气质不符合。当然，有时候也可以利用服装来调节个人风格，追求变化，但是反差一定不能太大，否则会有让人觉得滑稽可笑的可能。

（3）要合乎身份。在社会中，每个人都扮演着不同的社会角色，因此人所穿着的服饰也就离不开社会生活。装扮的场所是社会戏剧的演出场所，是服饰的表演场所。

当然，每个人扮演的社会角色不止一个，因此，随着身份的转换，服饰也应相应地转换，医生工作时当然要穿白大衣，但若下班回家也这样穿，那就很奇怪了。

2. 合时

穿衣服一定要考虑环境条件，可注意以下几方面：

（1）要合乎季节。一般来说，服装要随季节的转换而转换，而不能春行夏令。如果冬天来了还穿短裤、T恤，不但不会有美感，而且非常不合时宜。同样，仲夏时节若还穿戴着毛线帽、厚呢裙、高筒靴，若不是在演戏，别人一定以为你不正常。所以，穿衣有较强的季节性，随令而行，才有美可言。从颜色上讲，春宜暖色，夏宜冷色，秋宜浅色，冬宜深色。

（2）要入时。就是要跟上时代步伐。如果有人现在穿着长袍马褂上街，那么他不是吓跑一群人，就是引来一群好奇的人。服饰美是有时间性的，这叫流行。再"时髦"的服饰一旦不流行了，就只能束之高阁。不过，要注意流行往往会不时地重复，这时候翻出老古董稍加改造，甚至原封不动，也会令你"时髦"一番。

（3）要合乎场合。衣服的款式种类多种多样，用于人们在不同的场合穿戴。颠三倒四、不顾场合的穿衣法，不仅不能显出你的个性与气质，反倒会惹来一些笑话。

还有人把穿衣的要求简化为"TPO 原则"，即在一定的时间 (TIME)、一定的地点 (PLACE)、一定的场合 (OCCASION) 穿合适的衣服。这样的原则值得我们遵循，只有在此基础上，我们才有可能根据自己的体态、个性穿出具有鲜明个性特征的衣服来。

03
文明举止，举手投足皆优雅

一个人的言谈举止是自身素养在生活和行为方面的反映，也是自身涵养的一面镜子。我国自古以来就对人的姿态和举止有"站如松，坐如钟，行如风"的要求。正确而优雅的举止可以使人显得有风度、有修养，给人以美好的印象；反之，则显得粗俗，甚至失礼。

有些人虽然仪表堂堂或是漂亮异常，但是举手投足却显得俗气，令人生厌。因此，在交际活动中，要给人留下美好而深刻的印象，外在美固然重要，而高雅的谈吐和举止更让人喜爱。这就要求我们在平时的一举手一投足时，都要有意识地锻炼自己，养成良好的行为姿态，做到举止端庄、优雅得体、风度翩翩。

那么对于人际交往来说，举止又有哪些要求呢？总的来说，有以下几点。

1. 举止要得当

所谓举止得当，是指社交者能够了解某些举止具有的特殊意义，在社会交往中，在适当的场合里，正确地运用这些举止，准确地表达自己的意愿。人们在交往中经常使用的礼貌举止有：点头、举手、起立、鼓掌、拥抱。

（1）点头。这是一种最常使用的礼貌举止，经常用于与他人打招呼。用点头来打招呼时，点头者应两眼看着对方，面部略带微笑，等对方有表示时再转向他方。点头打招呼既可以点头表示敬意，也可以点头和握手配合使用。

（2）举手。这是一种与对方距离较远或交臂而过时间仓促时的打招呼方式，也是一种常见的礼貌举止。由于条件所限，打招呼者无法与对方交谈或站停施礼，在这种情况下，举手打招呼是最合适的。这种方式不但可以表示认出对方，而且还可以在短时间里、远距离内表达你的敬意。

（3）起立。这是一种在较正式场合使用的礼貌举止。在较正式场合里，有长者、尊者到来时或离开时，在场者应起立表示敬意。如果长者、尊者是来访，那么在场者应起立表示敬意，待来访者落座后，才可坐下；如果长者、尊者是离去，那么待他们离开后即可落座。

（4）鼓掌。这是在社交场合表达赞许或向别人祝贺等感情时的礼貌举止。在正式的社交场合，重要的人物出现、精彩的演讲完毕，人们都可以用鼓掌来表达自己的敬意和赞赏。鼓掌通常应该出声，不出声仅仅做出鼓掌的样子也可以，但要让别人看见你的动作。

（5）拥抱。这是传达亲密感情的礼貌举止。这种礼貌举止，国外特别是欧美国家应用得比较广泛。我国通常用于外事活动中的送往迎来等场合，偶尔也用于久别重逢、误解消除等难以用语言来表达强烈感情的特殊情况，但在同辈异性之间轻易不使用。

当然，礼貌举止不仅仅这些，我们在这里只是介绍了常见的几种。在社交场合，每一个人都应该有意识地、恰当地运用这些礼貌举止，既不要过于谦虚，也不要过于傲慢，而应做到举止得当、礼貌周到，充分体现出你的教养和风度。

2. 举止要潇洒

在交际中，举止潇洒也很重要。所谓举止潇洒是指交际者要显出其风度，男士的举止应具有"阳刚之美"，女士的举止要优雅得体。

（1）要文明。男士应具有阳刚之气，但阳刚并不等于粗野。满口脏话、衣冠不整、不拘小节的"粗野"是一种缺少教养的表现。而说话和气、文雅谦逊不但能表现出你的修养，同时也可以表现出你的阳刚之美。

（2）要自然、大方。男士的潇洒不是故作姿态、装腔作势，而是要在交际中自然大方、从容不迫、谈笑自若。在正式的社交场合，作为主人的男士的作用很重要，他往往是社交活动成败的关键。他要热情接待每一位来访者，特别是要主动招呼女性来访者，要与之交谈，把她们介绍给大家，有时还要主动、有礼貌地邀请她们参加舞会、游艺等活动。对于来访的长者，男主人要起立迎接并应该扶之入座。对于其他来客，相见时要握手问候，分别时要礼貌道别。

（3）不要涉及隐私。另外，男士与女士交谈时，内容不要轻易涉及对方的私人生活。如探问婚姻状况、家庭住址等个人隐私。如果你要邀请已婚女士来家里做客或向她馈赠礼品，千万不要忘记对方的丈夫。

（4）要优雅得体。女士的潇洒则表现在举止的优雅得体上，在社交活动中，女士应表现出女性的温柔、娴静、典雅之美，动作要轻柔自如，但不要忸怩作态。当有朋友向你伸出友善之手时，你应落落大方地与之相握，不可迟疑或拒绝。当人家递上名片时，你应礼貌接下并回赠自己的名片，也可报出自己的姓名、身份、地址和电话。当对方向你致意时，你应热情回应，或含笑点头示意，以示礼貌。

3. 注意你的表情

一个人给别人的印象，差不多在第一次见面时就有80%左右已经成定局了。有的脸孔给人好的印象，而有的给人坏的印象。据说人类会在不知不觉中模仿对方的表情。如果你紧绷着脸的话，那么，你面前的人也会模仿你的表情，跟你一样紧绷着脸。有人说，幸福美满的夫妻的面部表情一定非常相似。这是因为他们总是生活在一起，天天面对面相看，为同一件事感到高兴或悲伤，久而久之，他们的表情便非常相似了。所以，我们每天在出门前，对着镜子检查一下自己的面相、表情，就能给别人留下良好的第一印象。

表情会随着心情、场合不同而有所变化。一个心里哀凄的人，其表情必然悲伤；反之，如果一个人心里愉快，那么他的表情也必然如和煦春风。但是有时也得考虑场合，比如你去参加他人的喜宴时，即使当时心情极端糟糕，也应当压抑自己原本的情绪，配合周围的气氛。

当然，表情必须顺其自然，唯有内心真情流露，才是让人认同的表情。《论语》中有"祭思敬，丧思哀，其可已矣"，也就是说内心的感受才是最真诚的表情。

表情也可以在没有情感体验的情况下出现。例如表示礼貌的微笑、机械地点头示意等。情感体验与表情往往不一致，有时甚至相反，例如强作欢笑或脸上不动声色而心中暗喜等。这种复杂情况告诉我们，如果要正确了解一个人，单凭表情、动作往往是不够的，还必须把表情和情感发生的真实环境联系起来考虑，才会得出正确结果。

4. 举止要与口语协调配合

尽管举止这种语言有着口头语言所无法替代的作用，但是，它毕竟是无声的，在传递信息的功能上，口语要比肢体语言更优越、更重要，不可失之偏颇。二者必须完美结合，才能"声情并茂"，全面、准确地表达思想感情，具体、深刻地传递信息。

5. 举止要与心灵美相一致

尽管优美的举止是一种美，可以起到很大的感染作用，但是，毕竟是外在的，是表象的，不可为了刻意追求这种外在的美，而忽略了心灵美这个基础。只有真、善、美的心灵与优美的举止相结合，才能相辅相成、相得益彰，成为一个完美的自己。

除此之外，还要注意以下几点：

（1）吸烟要注意场合。有些吸烟者往往不注意吸烟给别人所造成的不便，除了烟味会引起旁人呛咳外，随风吹散的烟灰也会使人感到不舒服，带有余烬的烟蒂还容易引起事故，这些都会使不吸烟者对吸烟的行为产生一种自发的抵触情绪。有的吸烟者随意处置吸剩的烟头，将它们丢在地上用脚踩灭，或随手在墙上甚至窗台上掐灭等，这些行为都是很令人讨厌的。因此，吸烟时一定要注意场合。

（2）要防止发自体内的各种声响。生活经验告诉我们，任何人对发自别人体内的声响都不太喜欢，甚至很讨厌。诸如咳嗽、喷嚏、哈欠、打嗝、响腹、放屁等。所以，当出现这种状况时，正确的做法就是尽量减轻声响，之后向坐在近处的人说声"对不起"以示歉意。但是，有些人在大庭广众之下，不断地打哈欠或者连连放屁，竟然若无其事，这就是很不好的习惯，应当注意改正。

（3）喜怒哀乐要有度。每个人都会有喜怒哀乐，但是在公共场合，个人的喜怒哀乐不仅是在表达自己的情绪，而且还会影响公众的情绪，因此，要理智地加以控制。

04
礼仪当先，初次见面打动人心

随着社会的进步和发展，人们越来越认识到，礼仪是社会生活中人际交往的行为准则和道德规范。它能够使社会和谐、有秩序，从而维护着社会生活的正常进行。

在人与人交往的过程中，第一印象非常重要，尤其是在初次见面的时候。信纳法·佐宁博士在《沟通》一书中这样写道："当你在社交场合遇到陌生人时，你应在最初几分钟把注意力集中到他的身上。很多人的际遇会因此而改变。"

英国伦敦大学一位系主任在谈到一位讲师初次应聘的情形时说："从她一进门，我就感到她是我所渴望的人。她身上散发着某种精神，被她那庄重的外表衬托得越发迷人。因为只有一个有高度素养、可信、正直、勤奋的人才有这样的光芒。三十分钟之后，我就让她第二天来系里报到。她没有让我失望，至今她是最优秀的讲师。"这个激烈角逐的位置就这样因为一个迷人的第一印象落到了这位优秀讲师的手中。

我们都遇到过这样的事：一个人不小心撞了另一个人，这个人如果马上诚恳地向对方表示歉意，说声对不起，被撞的人虽然可能还不大高兴，却也能立即表示谅解。与此相反，还有一种结果是大家都不愿意看到的：撞人者无动于衷，被撞者骂骂咧咧，一场舌战由此开始。"你为什么撞人？""你没看见人多挤嘛！怕人撞，坐小汽车去！"你一句我一句，吵得不可开交甚至演变为拳脚相加。

上面的例子值得我们思考。对于同一件事，人们为什么有截然不同的态度和截然不同的结果呢？简单地说，只因为前者知礼，后者不知礼而已。

很多人对提倡礼仪没有足够的重视，并对此不以为然。他们说："搞那些客套的形式有什么用？""都是些生活小事，不值得三番五次地宣传。"这种认识不免偏颇。礼貌是人们共同遵守的一种行为规范和道德准则，是通往相互友好和尊重的一道桥梁。

失礼、不讲礼貌的问题绝不是小事，虽然比起一些违法乱纪的事，它不算大，但从这种"小事"里，往往可以窥见一个人的内心世界，衡量出他的品德的好坏和文化修养的高低。通常，不讲礼貌的人除了自小缺少培养这一原因外，往往在思想意识上就存在着毛病，或者自私、狭隘，或者骄傲自大；与此相对，讲礼貌的人在生活和学习中多是关心集体、尊重他人。出于这种关心和尊重，讲礼貌的人不论对方是强者或弱者，是领导或群众，是好朋友或陌生人，是有求于人或无求于人，在公共场合或无人监督的环境下都是一样的。

而要想真正做到这一点，就必须具有谦逊质朴、真诚待人这些优秀品质。在这方面，周总理是一个好榜样。总理待人接物总是谦虚恭敬、彬彬有礼。在他身上，这种行为处处可见。他去理发时，服务员考虑总理工作忙，请他先理，总理总是坚守制度，按次序理发。理完发，他还从不忘说声"谢谢"。在招待外宾的宴会上，不管对方国家大小、身份高低，他都平等相待，礼貌有加，"于细微处见精神"。总理身居高位而不搞特殊，处处以礼待人，不正是他作为一位伟人具有高尚品德的一个方面吗？这在初次见面中，难道不会给人留下好的印象吗？

可见，礼仪对人的影响有多大啊！

人与人交往中的初次见面最为重要，第一印象往往对彼此的进一步交往起着决定性的作用，如果在初次见面时不知礼，那么初次很可能就是最后一次了。

不管是亲朋老友，还是生人相逢，初次见面时，首先要进行的就是握手礼。握手需要讲究一定的礼仪，只有这样，才能给人留下美好的第一印象。

经常和客户打交道、经常出入社交场合的人，对握手都不陌生。我们也经常在电视、电影里看到一些人在签订完一份和约后彼此亲切地握手、拥抱。但是，对于握手的礼仪，或许我们知道得并不多，也不能深刻地理解握手对于财富的意义。如果你再仔细想一想，或许你就会发现其中的奥妙。如果你伸出手准备去和一名油漆工人握手，那么他可能会流露出慌张的神色，把手在衣服上擦擦，再和你握手。如果和你握手的是某集团的老总，他则会稳重地伸出手，紧紧握住你的手，还会冲你微笑和点头。和这两个人握手，你会很自然地感受到不同的感觉。

你之所以会产生两种不同的感觉，其实是和握手传递的亲和力有关。

1. 普通的握手礼仪

握手的一般性要求主要包括：

（1）握手姿态要正确。行握手礼时，通常距离受礼者约一步，两足立正，上身稍向前倾，伸出右手，四指并齐，拇指张开与对方相握，微微抖动3次或4次，然后手松开，恢复原状。与关系亲近者握手时，可稍加力度和抖动次数，甚至可用双手热情相握。

（2）握手必须用右手。这是一条通则，伸左手显得不礼貌。如果恰好右手正在做事，一时抽不出来，或者手弄得很脏很湿，应向对方说明，摊开手表示歉意，或立即洗干净后，与对方热情相握。如果戴了手套，则要取下后再与对方相握。

（3）握手要讲究先后次序。一般由年长的先向年轻的伸手，身份地位高的先向身份地位低的伸手，女士先向男士伸手，老师先向学生伸手。两对夫妻见面时，先是女性互相致意，然后男性分别向对方的妻子致意，最后才是男性互相致意。拜访时，一般是主人先伸手，表示欢迎；告别时，应由客人先伸手，以表示感谢，并请主人留步。不应先伸手时就不要伸手，见面时可先问候致意，待对方伸手后再与之相握，否则是不礼貌的。多人握手时，最好不要交叉握手，应根据顺序，待他人握毕，你再伸手。

（4）握手要热情。握手是否热情，表示热情的分寸是否恰当，从握手时的表情，握手的方式、力度、时间等都可以体现出来。握手时双目要注视着对方的眼睛，微笑致意。切忌漫不经心、东张西望、边握手边看其他人和物，或者对方早已把手伸过来，而你却迟迟不伸手相握，这都是冷淡、傲慢、极不礼貌的表现。握手的时间以三秒钟左右为宜，有些人握住别人的手紧紧不放而只顾热情地说话，特别是在公共场所或在路上，使对方很不自在。一般情况下，掌心向下，是一种傲慢的握手方式，掌心向上则显得过于谦卑，普遍采用的握手方式是双方的掌心侧向相对而握。

（5）握手力度要适中。既不能有气无力，也不能握得太紧，甚至握痛对方的手。握得太轻，或只触到对方的手指尖，或不握住整只手，对方会觉得你傲慢或缺乏诚意；握得太紧，对方会感到你热情过火，不善掩饰内心的喜悦，或觉得你粗鲁、轻佻、不庄重。此外，还要注意不要一只脚站在门外、一只脚站在门内握手，也不要连蹦带跳地握手或者边握手边敲肩拍背，更不要有其他轻浮不雅的举动。

2. 特殊的握手要求

所谓握手的特殊要求是针对握手对象身份的特殊性而言的，主要是：

（1）与贵宾或与老人握手。与贵宾或与老人握手时除了要遵守上述普遍要求之外，还应当注意以下几点：当贵宾或老人伸出手来时，你应快步趋前，用双手握住对方的手，身体微微前倾，表示尊敬。还可根据场合，边握手边问候，说些表示热烈欢迎和热情致意的话。在握手时千万不要昂首挺胸，也不要胆小畏缩。在社交场合遇到辈分高的熟悉的老人，不要贸然上前打断对方的谈话或应酬活动，应在对方谈话或应酬告一段落后，再上前问候，握手致意。如果在不止一人的场合中，则应遵守先贵宾、老人的一般习惯次序。

（2）与上级或下级握手。同样要遵守普遍要求，但还应注意：上下级见面，一般应由上级先伸手，下级方可与之相握。如果上级不止一人，握手顺序则应由职位高的到职位低的；如果职位相当则可按一般的习惯顺序，也可按介绍顺序，一一握手。上级与下级握手时，应热情诚恳，面带笑容，注视对方的眼睛；漫不经心、敷衍了事、冷漠无情、架子十足，或者在与下级握手后立即用手帕擦手，都是不得体或无礼的。

（3）与女士握手。按一般的规矩，在一般的场合，女士总是习惯于点头或者微笑，是否要握手，完全看她们个人的习惯和当时的状况而定。如果女方愿意的话，则应由她先伸出手来，男士只要轻轻一握即可。如果女方不愿意握手，那么她可以微微欠身鞠躬，或用点头、说客气话来代替握手。男士先伸手去和女士握手是不适宜的，会使对方感到尴尬。不过，若是男士已伸出手来，女士也理应有所反应，不论怎么说，漠视一个自然而友好的举动是很不礼貌的。在握手前，男士必须先脱下手套，摘下帽子，而女士则可戴着手套。

区别这几种握手的要求，灵活掌握和运用握手的礼仪，可以在社会交往中给人留下深刻的良好印象。

喜欢上自己才能
被别人喜欢

俗话说得好，"言为心声"，一个人所说的话是他自己内心世界的真实表现。在我们与他人交往的过程中，要想受到他人的欢迎，一开口说话就让别人喜欢，我们就应该积极地调整自己的心态，先学会爱自己。

01
自信为前进扫除阴霾

　　自信是我们向世人展示自己的名片，是我们展示在众人面前的一种积极的生活态度。这张名片使得我们能够将心中的阳光洒向朋友，驱除他们心中的消极因素。而心中充满了自信的人说的话，别人也更喜欢听。事实上，也正是因为我们心中有了自信，所以能够从容地面对生活中的各种磨难，为自己的成功奠定基础。

　　一个大学生凭借着一张纸条打败了所有的竞争者而谋得了一份体面的工作，并且在短时间内便为自己积蓄了更多的人脉资源，这张纸条的内容只透露出一个信息，那就是——自信。

　　许多刚刚毕业的大学生因为找不到一个合适的工作而苦恼。有一个还在大四学习的男孩却在一家很有名气的大公司里谋得了一份职业。这个男孩并没有高人一等的专业能力，更没有丰富的工作经验。那么他到底是靠什么成功的呢？我们不妨来看一下他到底是如何打败那些竞争对手的。在面试的那天，男孩虽然提前一个多小时就赶到了那家公司，但是他发现前面排队的人已经不下三十个了。他心里很清楚，这个公司只需要一个名额。于是，他写了一张便条交给了让他填写资料的工作人员并对她说："麻烦您帮我把这个纸条交给您公司的面试经理好吗？"工作人员非常诧异，但还是爽快地答应了男孩儿的请求。当经理打开纸条的时候，发现上面工工整整地写有一行字：您好！请您在面试第三十五号之前不要作出任何决定，因为我就是第三十五号。出于好奇，经理果然没有在三十五号之前决定录用的人选。当经理见到男孩的时候，只问了一个问题："能给我一个录用你的理由吗？"

男孩微微一笑，镇定地说："您知道，现在这个时期，人心总是飘忽不定的。虽然我本身并没有比其他人更加优越的条件，但是我却有着一颗自信与坚定的心，而且仅仅凭着这一点，我相信在日后的工作中一定不会让您和公司感到失望，我更加相信您会给我和公司一个同样满意的答案的！"

这个男孩不但被录用了，而且不到三个月，便被提拔为经理助理。他的自信成功地展示在经理面前，毫不畏惧。假如不是那张便条，男孩很有可能只是无功而返，更加重要的是，经理也只能成为他人生中一闪而现的过客，而不是他的贵人。

因此，我们想要成为受欢迎的人，一说话就让别人喜欢上你，那么就别忽视了自信这个重要因素。自信不仅是一条做人的法则，而且还是一条社交的法则。

因为没有自信的人，不会得到别人的信任，你说出来的话，他人又怎么会喜欢听呢？无数的事实表明，我们要想成为受欢迎的人，说出来的话别人乐意听、喜欢听，就必须让自己成为自信的人。那么，在人际交往中，我们该如何让自己变得自信，让别人更喜欢你呢？

1. 成功姿态法

即使在尚未达到目标之时，也应以成功者的姿态出现。如果你想自己有朝一日获得成功后，戴镶有钻石的耳环或金手镯，携带一只精致的钱包和一只漂亮的手提箱，那么从今天起你就设法戴上或携带这些象征成功的东西。它们会使你此时此地就感觉到成功，也会使你在别人面前显得是个成功者。事实上，这是一种增强自信心的方式。但这也仅仅是一种心理暗示，你的成功还需要你自己不断的努力。

2. 形象化预想法

还有一种同样有效的做"白日梦"的方法，称为"形象化预想"。这种方法很简单，你每天只需花十分钟时间做一做，就能有所收益。

第一步，想象自己是一个成功者。比如，想象自己坐在办公室或会议室里，正在对一批管理人员讲话。他们专心致志，聆听着你的每一句话。

第二步，闭上眼睛，全身放松，尽可能地在脑子里构想上述情景，使你的成功者形象进一步具体化或者视觉化。这样持续十分钟，眼睛要始终闭着。你可能会走神，图像会消失。但即使这样也没关系，只要图像能再次出现就行了。图像中的某些细节，可能会发生变化，这意味着你的主司直觉的右半脑正在修正想象中的成功形象，使其更为现实。

经过一星期左右的这种"形象化预想"练习，你会发现自己的某些态度或行为已开始发生变化，可能是变得比较果断、比较轻松或比较热情了。

不管怎么说，这种变化表明你的直觉正在引导你慢慢地接近你想象中的而且渴望着的成功。

3. 自我推销法

世界著名拳王阿里在赛前总要自我推销。他告诉新闻界："我将在五秒钟之内把对手打倒，他将会招架不住。"他说这句话究竟有何目的呢？其实只是在自我推销而已。他的对手听到这话，自信心开始动摇，不敢肯定自己。比赛前当裁判解说规则时，阿里便会瞪着他的对手，像是告诉对手，将给他一些颜色瞧瞧，这些都是阿里自我推销的一部分。

在你的一生中，将会遇到各种的对手或各类的障碍。你的每一个日子，就好比在拳击赛中，你可以是胜利者，也可能被击败。那么为何不成为胜利者呢？这将会是更兴奋、更值得、更有趣的体验。

4. 积极处理法

每个人都会经历许多不愉快、令人尴尬、使人泄气的场合。但成功者与不成功者会以两种截然不同的态度来处理同一事件。不成功者常把这些不愉快的事深深地埋在心底，不停地想着这事，怎么也摆脱不了这些事的纠缠。到夜晚，他们更是为这些事烦恼。

自信的成功者则完全采取另一种方法："我再也不要想它了。"成功者善于只把积极的想法存入大脑。存在大脑中的消极的、不愉快的思想，会使人感到忧虑和沮丧。它使你停滞不前，只能眼睁睁看着别人奋勇前进。

你应该这样做：当你一个人的时候，回忆愉快、积极的经历，把好消息全部存入你的大脑，这样做将提高你的自信心，让你感觉良好，也将帮助你的身体良性运转。

5. 自我认识法

赏识自己，就是尊重自己、悦纳自己，能够感受到自己存在的价值。正确的自我认知能够帮助你找出并发挥好自身的特点和优势，"一招一式"的成功体验，也能够使自信心得以积累。要时刻把"成功不难，我也能成功"记在心里。在自信面前，困难和挫折显得十分渺小。

心中有自信，成功有动力。古人云：人不自信，谁人信之。建立自信，应该从相信自己、赏识自己做起。相信自己，就是对自己的认可和支持。"我能行""我也会成功"的积极的自我暗示，能够激起一个人强烈的成功欲望，使其在战胜困难、实现目标的过程中，表现出果敢的勇气和必胜的信念。雅典奥运会男子110米栏金牌获得者，我国著名选手刘翔，越是在紧张激烈的大赛中，越是在竞争对手实力强大的情况下，越能表现出良好的心理素质，比赛成绩越优异，这正是个人自信的充分体现。阿基米德曾经说过："给我一个支点，我就能够撬动地球。"这是多么豪迈而自信的语言。自信，能够唤醒人沉睡的潜能。

02
对自卑心理说声"再见"

　　自卑往往等于软弱、不果断。有这种毛病的人很难获得别人的青睐。这种自卑的心态是悲观消极的思维模式，自卑的心态的结果必然是可悲的。这种人过高地估计了他人，过低地估计了自己，遇事认识不到自己拥有的能力存在的可能性。越是这样，越是跳不出自己的思维模式；越是跳不出自己的思维模式，就越觉得自己不行。

　　与人交往最忌讳的就是自卑。自卑是指自我评价偏低、自愧无能而丧失自信，并伴有自怨自艾、悲观失望等情绪体验的消极心理倾向。试想自己都瞧不起自己，谁还会瞧得起你呢？缺乏自信、办事无胆量、畏首畏尾、随声附和、没有主见，是不受欢迎的。这种心理如不克服，会磨损人的独特个性。缺乏自信的人不仅容易失去成功的机会，还容易失去重要的人脉资源。

三菱集团的创始人岩崎弥太郎是明治前期著名的企业家。在他的领导下，三菱奠定了雄厚的经济基础，成为"海上霸王"。而这个被称为日本"最强、最大的企业军团"的领袖也因此成为日本，甚至亚洲的传奇人物。在岩崎弥太郎的有生之年，他一直是充满自信的，并对自己企业的前景充满了信心。在他的影响和带动下，其后代也一直延续着他的自信风格，将企业一步步发展成为日本六大企业集团之首。在几代人的奋斗中，他们积累了自己的人脉资源，很多人跟他们家都是世交，而这些"铁杆粉丝"最佩服的正是他们家族一代代人的自信。

征服畏惧，战胜自卑，不可以夸夸其谈，止于幻想，而必须付诸实践，见于行动。建立自信最快、最有效的方法，就是去做自己害怕的事，直到获得成功。具体方法如下。

1. 突出自己，挑前面的位子坐

在各种形式的聚会中，在各种类型的课堂上，后面的座位总是先被人坐满，大部分占据后排座位的人都期望自己不会"太显眼"。而他们怕受人注目的原因之一就是缺乏信心。

坐在前面可以建立信心，因为敢为人先、敢上人前、敢于将自己置于众目睽睽之下，必须有足够的勇气和胆量。久之，这种行为就成了习惯，自卑也就在潜移默化中变为自信。另外，坐在显眼的位置，就会放大自己在领导或老师视野中的比例，增强自己反复出现的频率，起到强化自己的作用。把这当作一个规则试试看，从现在开始就尽量往前坐。虽然坐前面会比较显眼，但要记住，有关成功的一切都是显眼的。

2. 睁大眼睛，正视别人

眼睛是心灵的窗口，一个人的眼神可以折射出性格、透露出情感、传递出微妙的信息。不敢正视别人，意味着自卑、胆怯、惧怕；躲避别人的眼神，则折射出阴暗、不坦荡的心态。正视别人等于告诉对方："我是老实的，光明正大的；我非常尊重你，喜欢你。"因此，正视别人，是积极心态的反映，是自信的象征，更是个人魅力的展示。

3. 昂首挺胸，快步行走

许多心理学家认为，人们行走的姿势、步伐与其心理状态有一定关系。懒散的姿势、缓慢的步伐是情绪低落的表现，是对自己、对工作、对别人不愉快感受的反映。倘若你仔细观察就会发现，身体的动作是心灵活动的结果。那些遭受打击、被排斥的人，走路都拖拖拉拉，缺乏自信。反过来，通过改变行走的姿势与速度，有助于心境的调整。要想表现出超凡的信心，走起路来应比一般人快。将走路速度加快，就仿佛告诉整个世界："我要到一个重要的地方，去做很重要的事情。"步伐轻快灵敏，身姿昂首挺胸，会给人带来明朗的心境，会使自卑逃遁，使自信滋生。

4. 练习当众发言

面对大庭广众讲话，需要巨大的勇气和胆量，这是培养和锻炼自信的重要途径。有很多思路敏锐、天资颇高的人却无法发挥他们的优点参与讨论。他们并不是不想参与，而是缺乏信心。

在公众场合，有些沉默寡言的人认为："我的意见可能没有价值，假如说出来，别人可能会觉得很愚蠢，我最好什么也别说，并且其他人可能比我懂得多，我并不想让他们知道我是这么无知。"这些人经常会对自己许下渺茫的诺言："等下一次再发言。"可是他们很清楚自己是无法实现这个诺言的。每次的沉默寡言都是又中了一次缺乏信心的毒素，他们会愈来愈丧失自信。

从积极的角度来看，尽量发言就会增加信心。不论是参加什么性质的会议，每次都要主动发言。有许多原本木讷或有口吃的人都是通过练习当众讲话而变得自信的，如萧伯纳、田中角荣、德谟斯梯尼等。因此，当众发言是信心的"维他命"。

5. 学会微笑

大部分人都知道笑可以给人自信，是医治信心不足的良药。但是仍有许多人不相信这一套，因为在他们惧怕时，从不试着笑一下。

真正的笑不但可以治愈自己的不良情绪，还可以马上化解别人的敌对情绪。假如你真诚地向一个人展颜微笑，他就会对你产生好感，这种好感足以使你布满自信。正如一首诗所说："微笑是倦怠者的休息，沮丧者的白天，悲伤者的阳光，大自然的最佳营养。"

6. 看到自己的优点

人们往往非常在意自己的缺点，甚至有很多人认为自己一无是处，是个无用之人，就像童话故事中的"丑小鸭"。这也是有些人在沟通中缺乏自信的根源。事实上，任何人都不可能是"一无是处"的。每个人的身上都同时存在着缺点和长处，关键在于他是否善于从自己身上找出这些优点和长处。

7. 借助外部力量强化自己

也许我们都有这样的体验：当你要到一流的饭店赴宴时，定会将自己最华贵、最体面的服饰穿戴起来，尽管你平时完全不修边幅。其实，再华贵的高级场所，也没有"身着便服，不得入内"的规定，只是我们为了要在心理上武装一番，借以强化自己，力求达到与一流饭店这种高级场所的平等关系。

在交往中，如果你缺乏信心，不妨也穿戴上最华贵的"服饰"，找出足以荣耀的优点，那么你就不会因感到低人一等而自卑了。所以，尽量找到自己的长处，即使是你认为不值一提的特长，利用自我扩大法，扩大成足以自豪的优点，借以缩短与对方的心理距离，这样就会增加你的自信心。

　　人们要培养自信心，就要明察自己的长处和短处。善于发现自己的短处，并以顽强的毅力加以克服，同样可以增强自信心。

03
勇气就是自己的旗杆

"勇敢的人最美"是因为那种雄浑的气魄会让人觉得充满希望，让人觉得活力十足、魅力万分。培养自己的勇气，要从自己有兴趣的事情着手，多做一些自己平时想做却又不敢去做的事情，这样勇气自然而然就会产生了。

很多人都对自己的境遇不满，因此无法找到获取力量的源泉。其实，左右境况的力量就在每一个人的体内。在我们身体中沉睡着的一个巨人正等着你的召唤——它就是我们的勇气。对它来说没有不可能的事情，我们唯一要做的便是唤醒它，而它会除去你身上那些无形的锁链，并告诉你如何使梦想成真。一旦你知晓了这些秘密，你的一切有关向上、成功和健康的愿望都会成为现实。

"我是命运的主人。"只有当我们了解了这一点，我们才会取得人生的成功。我们的命运掌握在我们自己的手中。我们创造着自己的命运。从现在起的半年或一年之后，我们是什么样子取决于我们今天的所思所想。

世界著名交响乐指挥家小泽征尔在一次欧洲指挥大赛的决赛中，按照评委会给他的乐谱指挥演奏时，发现有不和谐的地方。他认为是乐队演奏错了，就停下来重新演奏，但仍不如意。这时，在场的作曲家和评委会的权威人士都郑重地说明乐谱没有问题，而是小泽征尔的错觉。面对着一批音乐大师和权威人士，他思考再三，突然大吼一声："不，一定是乐谱错了！"话音刚落，评判台上立刻报以热烈的掌声。

原来，这是评委们精心设计的圈套，以此来检验指挥家们在发现乐谱错误并遭到权威人士"否定"的情况下，能否坚持自己的正确判断。前两位参赛者虽然也发现了问题，但终因趋同权威而遭淘汰。小泽征尔则不然，因此，他在这次世界音乐指挥大赛中摘取了桂冠。

如果我们做任何事情都充满勇气，成功的可能性就会大为增加。如果我们心里认定会失败，就永远不会成功。没有自信，没有目标，我们就会俯仰由人，一事无成。

每个人都会制定一些人生的目标，要实现这些目标，首先必须拿出足够的勇气来，千万不要因形形色色的迷雾而忧心不定，不要让迷雾俘虏我们自己。在实现目标的过程中受到挫折时，请记住，困难是暂时的，只要有充分的勇气去面对，终能等到云开雾散的那一天，而丧失勇气，不仅会带来失败，还常常会酿成人间悲剧。

有位哲人曾说过："勇气就是成功的第一秘诀。"人们常常把勇气比作发挥主观能动性的闸门，或启动聪明才智的马达，这是很有道理的。

评价自己，发现自己的长处，肯定自己的能力，勇气不是莽撞无虑，夜郎自大；更不是得意忘形，也不是毫无根据；而是激励自己奋发进取的一种心理素质，它代表一种高昂的斗志、充沛的干劲、迎接生活挑战的乐观情绪，是战胜自己、告别自卑、摆脱烦恼的灵丹妙药。

04
向你的"不自然"挑战

　　每个人可能都会遇到这样的人：他们天生胆小、怯懦、害羞，对自己没有信心，觉得说多错多，总是不知道如何与别人交往，如何才能建立自己的人脉网络。这种天生的"不自然"不但会给他们带来极大的困扰，还会给他们的人生道路无端增添许多屏障。由于性格的问题，他们无法找到称心如意的工作，无法组建和谐幸福的家庭，有些人甚至还会出现自暴自弃、一蹶不振的现象。

　　现在让我们来看看下面的故事，希望能够带给你一点小小的启发。

　　弗雷德是哈维·麦凯从小学四年级一直到大学的同学。弗雷德是个生性孤僻的人，他十分内向并且害羞，同别人握手时，总是软绵绵的；不论与任何人说话，都总是结结巴巴、有气无力的，尤其是眼睛从来不敢直视对方。

在哈维·麦凯和弗雷德高中毕业的时候，同学们都在校园里到处找其他同学在毕业纪念册上签名留念。当时所有的人都在暗暗比拼，看谁得到的留言及签名最多，以此来证明谁的朋友最多、人脉最广，但只有弗雷德除外。因为他实在是太胆小、太害羞了。让他走向一个同学，请别人在自己的纪念册上签个名，对弗雷德来说是非常困难的事情。

随后，哈维·麦凯和弗雷德都考进了同一所大学。让哈维·麦凯感到吃惊的是，弗雷德居然主动地加入了一个兄弟会组织。这个组织使得弗雷德到大学四年级的时候，已经成为非常受欢迎的一个人物了，并且此时的他交友广泛，朋友甚多。这与高中时代的那个弗雷德简直判若两人。哈维·麦凯问及弗雷德是如何做到的时候，弗雷德的回答自然也就说明了一切。原来，弗雷德不愿意向自己的这种与生俱来的害羞性格低头，他很清楚一个人若是没有自己的朋友，没有自己的人脉网会是一件多么可怕的事情。于是他在高中的时候，虽然不敢过多地与他人接触沟通，但是也并没有浪费掉那段时间，他一个人关在房间里听音乐的时候，对摇滚乐和爵士乐有了更深层次的欣赏，而且他还学会了跳舞，这些都是使他能够在兄弟会和其他社交场合游刃有余的资本，自信也就慢慢地建立起来了。

大学毕业后，弗雷德和几个兄弟会的朋友共同投资开了一家汽车行，并且经营得相当成功。

人脉网的搭建总是会受到诸多因素的影响，关键在于你怎么样去对待。天生的因素或许不是那么容易改变的，但事在人为，只要你肯努力，就没有跨不过去的坎儿。若是你不敢与陌生人打交道，那就不妨站到人潮拥挤的火车站去引吭高歌，没有什么是锻炼不出来的，只要你肯向自己的"不自然"挑战，那么胜利最终一定会属于你，你的身边自然会拥有你所想象不到的巨大的人脉网络。

人脉存折的确能够改变一个人的命运，但是这个存折的密码是由我们每个人自己掌控的。不得不承认，像弗雷德这样性格的人并不少见，并且其中有很多人根本不知道如何摆脱掉这种性格缺陷，有些人想改变却找不到方向。那些天生内向害羞的人其实只是需要一个循序渐进的过程，那就是首先不要畏惧错误，即便这种错误是令人痛苦与害怕的，然后尝试着一步步地慢慢去改善，直到最后出现一些突破，一旦有了这样的突破，那么自信心自然就会喷涌而出、无法阻挡了。尝试着走出第一步，不妨试试下面的方法。

1. 学会"角色扮演"

柏拉图说过这样一句话，那就是所有事物都有一个完美的形式。当然，这只是一个理想主义的形式。几乎所有的人与事都不可能达到尽善尽美的境地。但是，你要时刻按照理想境界的要求，尽可能将每件事情做到最好。所以，当你想要拓展自己的人脉网却因为性格的原因无从下手时，先问问你自己："一个最优秀的人际关系网络建立者在这种情况下会如何做？"然后将自己想象成那个人马上着手去做。通过这样的角色扮演，久而久之，你也就会真正地变成一个成功者了。

2. 选择一个真实的榜样

角色扮演的诀窍在于，你所想象的那个人一定是真实存在的。因为你并不是在想象一个完美的人会如何做，而是要将自己与一位真正成功的人际关系网络建立者联系在一起，这样才能够真正地去研究他身上的技巧，而不是凭空想象。

3. 积极参与社交活动

社交活动包罗万千，只要是有机会拓展你的人脉网并有助于你克服性格缺陷的团体，你不妨都去试一下：舞蹈、合唱、骑马、绘画、戏剧、古董、读书会、品酒，没有什么是不能尝试的，关键就在于你自己是否去做了。

4. 抓住一切磨炼的机会

在现实生活中，你一定会遇到很多可以磨炼意志与胆量的机会，你如果能够抓住这样的机会，肯定能够更有效地帮助你克服性格上的弱点，弥补社交经验的不足之处。比如说如果有一个万众瞩目的演讲机会摆在你面前的话，逃避绝对不该是你的选择，相反你要尽力地去做好充足的准备，努力地去完成，一场精彩的演讲足以让你成为他人心目中有价值的人际资源，同时你也就获得了更多的自信了。

5. 不停地学习

从大学校园里毕业后，并不代表着你的学习生涯已经结束了，其实这正是你走入社会的一个新课程的起点。人生中值得你去学习的东西还有很多，只有懂得不停地给自己充电的人，才会有足够的能力去面对困难和挑战，那么想要战胜你性格上那一点点缺憾就更不在话下了。

天生的"不自然"绝对不能成为你拒绝为人脉存折开户的借口。卡耐基说得好："只要你先主动接近别人，那么你在两个月内结交的朋友，绝对比两年内主动接近你的人还多。"这也就是说，结交朋友的不二法门，就是剔除我们的"不自然"感觉，让自己先成为别人的朋友。努力地去走出第一步，相信在不久的将来，你也会获得同弗雷德一样的成果！

你需要的是多一点
宽容大度

　　人与人之间的交往难免会因为利益关系而产生一些摩擦，面对这些摩擦，我们该如何处理？是锱铢必较呢，还是付之一笑呢？聪明的人会选择后者，宽容大度，不因分毫利而翻脸。

01
设身处地，理解别人的难处

　　无论是在生活中还是在工作上，许多人都难免掉入"难处"的陷阱之中而无法自拔。面对这种情况，他们最需要的不仅是父母的呵护，还有朋友的理解。毕竟每个人的感情都是脆弱的，都是需要被理解的，在心里面也是渴望被理解的，不管他们在平时表现得多么坚强，不管他们的性格有多么开朗乐观，都希望得到他人的理解和爱护。可是在很多时候，虽然我们心里很理解对方，可是始终表现不出来，对方也始终不明白你其实是很理解他的，这在双方的沟通上就产生了隔阂，那么我们该如何表现我们是理解对方的呢？其实只要做到以下几点就可以了。

1. 学会聆听

　　聆听不是让你简单做一个保持沉默的听众，而是要仔细地听清楚对方究竟说了什么、想表达什么样的情感，以及话里话外的所有真正的含义。当然，倾听只是一种途径，真正要做的是懂得对方的情感需要，表现自己理解、同情、愿意帮助对方。在很多时候，只要我们坐在那里专心地听对方倾诉，就表达了你的"理解"。

2. 给予支持

理解别人是一件很需要感情的事情，而你的感情应该释放在哪里，这也是很需要技巧的，理解别人并不是要告诉别人，"你应该觉得……"或"你不应该觉得……"，而是在恰当的时候表示你的支持，给对方一个心理安慰，但千万不要对他们下判断，不要心想他们正在受苦、需要接受帮忙。支持是指给予他们空间去做自己并认同自己的感觉。我们不需要用"同意"或"反对"来表达理解。

3. 适时停顿

对别人表示理解，就必须在聆听对方讲话的时候，若有不懂的问题就一定要停下来，把事情想清楚，从容不迫地停顿与思考能让我们理智对待问题。否则我们可能会误会别人说的话。

4. 感同身受

要想理解他人，有一个步骤是必须走的，那就是试着将自己融入对方的环境中，开始感同身受。当我们忙着试图理解他人时，可能会忘记人们会察觉到我们内心的波动——没有说出来的想法和感觉。面对面地和对方交谈，效果如何和我们内心真正的状态有很大的关联。因为如果我们对他的遭遇感同身受，我们不仅会分担对方的痛苦，而且会真正地理解对方。面对被理解者，这种感同身受的表现与安慰，就是给予他们的最好的回馈。

5. 提供实用资源

理解他人有一点是最重要的，那就是给对方一个好的解决方案。人一般都是在遇到困难或者是心情不好的时候，变得非常脆弱，也就是在这个时候需要别人的理解，因此，最好的理解方式就是给对方提供一点实用的帮助，你无须帮助别人找到所有问题的答案，但应尽力提供可用资源。比如说你可以为对方打几通电话，也可以提供相关的方法让他们选择，或是干脆提供一个安静的空间，让他们得以平静地添舐自己的伤口。

6. 设身处地为对方着想

在对方遭受痛苦时，即使我们曾经有过类似的经验，也无法百分之百地理解别人的感受，但是我们可以用自己的感受去关怀对方。但这样之前切记要先耐心地听完别人的故事，再想想有没有必要和对方分享自己的故事。给对方一些平衡的力量，在很多时候是理解对方的最好的方式。

7. 不逞英雄

理解别人在很多时候并不是不顾一切去帮助别人，想着如何帮对方度过艰难岁月，或者是将他们从痛苦的处境中"拯救"出来。这个时候，你需要做的是另一种意义上的帮助，那就是心理上的帮助，给对方一些安慰，让对方知道你是在真正地关心他也就足够了。当朋友、家人陷于情绪或身体的痛苦中时，理解他们的最基本方法是：允许对方哭泣，哭泣是人体将情绪毒素排出体外的一种基本方式。

8. 长期守候

理解别人是需要时间的，俗话说："路遥知马力，日久见人心。"如果你想让你的朋友觉得你是一个值得依赖的人，那么就请你长期守候在他的身旁，因为生活的改变会带来许多混乱，而人们需要时间去调整、检讨、改变和询问"假如……会怎样"之类的问题。因此这个时候，你得学会为他们解答，而只有长期守候才是唯一能解决的方案。

9. 挺身而出

挺身而出不是让你去帮助对方做什么事情，而是让对方知道，你一直在他的身边，只要他需要，任何时候都可以为他所用。其实在这个时候，让对方知道我们的感觉也无妨，你甚至可以诚实地对他说："我不知道你的感觉，也不知道自己该说什么，但是我真的很关心你。"即使自己对这样的表达觉得可笑，但还是能让对方觉得你是一个关心他的人。

如果你真的想打动对方，那就请试着去理解对方，最后用得体的语言安抚对方。

02
以德报怨，感动对方

以德报怨，顾名思义，别人用怨恨来对待你，而你却用德行去回报对方。很多人听了之后可能会产生这样一种想法：这不是傻子干的事情吗？其实不然，这是真正聪明的人、有大智慧的人干的事情。老子在《道德经》中云："是以圣人去甚、去奢、去泰。"大意是：因此圣人要去掉极端的、奢侈的、过分的东西。老子看问题总是那么深刻、那么透彻：越是雄心勃勃、耀武扬威欲取天下者，越是得不到天下。只有以德服人、以德报怨，才能够得人心，进而得天下。

楚庄王有一次设晚宴招待群臣，忽然蜡烛燃尽熄灭了，竟然有一位色胆包天的大臣趁混乱，暗中拉扯劝酒的王妃的衣袖，结果被王妃扯掉了帽缨。

楚庄王听了王妃的申诉，并没有追查那个拉王妃衣袖的人，而是为了让这个人有台阶，他让群臣趁蜡烛尚未点燃、肇事者身份不明之时，全部摘去帽缨，从而保全了这位大臣。此种宽厚，怎能不叫当事者感激涕零？

后来在楚国进攻郑国的战役中，有一位战将表现甚为勇猛，楚庄王感到奇怪，因为自己对这名大臣并非十分宠爱，他怎么会这样为自己卖命呢？后来经询问才知，此人就是那位被扯去帽缨者。他十分感激当初楚庄王不追究不尊重王妃之事，为了报恩，他奋不顾身地杀敌，为国效劳，以此为回报。

人一般是非常重感情和懂得回报的，如果你以德对人，那么即便对方和你有天大的仇恨，一般在心灵上也会得到一些安抚。相反，如果你以怨恨来对付对方，那么对方即便和你的关系再好，也会瞬间把你视为敌人。从这一点我们可以看出，人际交往，要想获得更多人的青睐，就必须用"德"来包容一切，包括别人给你的"怨"。

卡尔是一位卖砖的商人，由于另一位对手的竞争而使他陷入困难之中。

对方在他的经销区域内定期走访建筑师与承包商，告诉他们：卡尔的公司不可靠，他的砖块不好，生意也面临停业的境地。

卡尔并不认为对手会严重伤害到他的生意，但是这件麻烦事使他心中生出无名之火，他真想"用一块砖头敲碎那人肥胖的脑袋"作为发泄。

一个星期天早晨，卡尔听一位牧师讲道，主题是：要施恩给那些故意为难你的人。卡尔把每一个字都记下来。卡尔告诉牧师，就在上个星期五，他的竞争者使他失去了一份订单。但是，牧师却教他要以德报怨、化敌为友，而且他举了很多例子来证明自己的理论。

当天下午，当卡尔在安排下周的日程表时，发现住在弗吉尼亚州的一位顾客，正需要一批砖盖一间办公大楼。可是他所指定的砖却不是卡尔公司所能供应的那种型号，但与卡尔那个竞争对手出售的产品很相似。同时卡尔也确信那位满嘴胡言的竞争者完全不知道有这个机会。

这使卡尔感到为难。如果遵从牧师的忠告，他觉得自己应该告诉对手这笔生意的机会，并且祝他好运。但是，如果按照自己的本意，他但愿对手永远也得不到这笔生意。

卡尔内心挣扎了一段时间。牧师的忠告一直盘踞在他的心田。最后，也许是因为很想证实牧师是错的，卡尔拿起电话拨到竞争者的家里。

当时，那位对手难堪得说不出一句话来。卡尔很有礼貌地告诉了他有关弗吉尼亚州的那笔生意。

好一阵子那位对手结结巴巴地说不出话来，但是很明显的是，他很感激卡尔的帮忙。卡尔又答应打电话给那位住在弗吉尼亚州的承包商，并且推荐由他来承揽这笔订单。后来，卡尔得到非常好的结果。对手不但停止散布有关他的谎言，而且还把他无法处理的一些生意转给卡尔做。现在，卡尔心里比以前好受多了。

卡尔的经历正好验证了一句话：以恨对恨，恨永远存在；以爱对恨，恨自然消失。以德报怨、化敌为友是避免别人伤害所采用的上上之策。这样，你就能很容易把对手变成朋友。当然，一旦你的宽容大度流传开来，人缘自然也就好起来了。

以上几个事例让我们明白一个恒久不变的真理：凡是胸襟宽大者、有大家风范者，都能够对人"以德报怨"。这样做，从眼前来看，没有什么好处。不过，从长久的利益来看，这样做的好处就太大了。能够"以德报怨"的人，才能够得人之心，才能够真正获得朋友，并最终获得成功。

03
口不择言往往会被踢出局

有些人往往不注意自己的言行，只凭一时快意，想到哪儿说到哪儿，想做什么就做什么，致使同事为了避免"受伤"而不愿与其保持关系。即使这个人有很强的能力，他人也会敬而远之。

无心的话语给他人带来的伤害往往是你无法估量的，特别在某些特别的场合更要注意，否则，就会如下文故事中的慕容一样，遭人厌恶。

那么在人际交往中，我们该如何规避不好的习惯呢？总的来说，有以下几个办法。

1. 秘密不能随便说

既然是秘密，就不要随便告诉别人，那样对自己一点好处都没有。千万不要想利用"告诉你个秘密"来提升自己在对方心目中的分量，这样做是相当愚蠢的。因为你的秘密一旦被说出口，不要多长时间，就可能成为众人皆知的事情。更何况，你告诉了对方秘密，两者之间的关系并不会变好，甚至还会恶化。说到底，既然秘密是自己的，那么就无论如何也不能对任何人讲。从大了说，这是保护自己的隐私；从小了讲，这是一种说话的分寸，得知道什么该说，什么不该说。

2. 不要激怒对方

如果说乱说秘密会让自己惹祸的话，那么轻易地激怒对方就有可能会招致更大的祸害。当然，口不择言是激怒对方最关键的原因。会说话，小则自己愉悦，大则兴邦救国；不会说话，小则招怨，大则坏事，甚至送命。要想做一个会说话的人，千万不要用自己的话语激怒听话者，这一点是必须做到的。

3. 说话不能不考虑别人的感受

说话直率并没有错，但是凡事都应该有个度，过于直率则有可能招致别人的误解。很多时候，就算你的观点是对的，但是说话的方式不对，也有可能会引起别人的反感，甚至还会伤害别人的感情。人都是感情动物，伤了别人的感情，别人自然会觉得不舒服。说到底，说话也要分场合。说话过于直率如同把人性中丑陋的一面示于人前，让人异常不舒服，严重者还会伤害别人。不妨低调一些，把话讲得含蓄点。

4. 避免说狂言

在言辞上低调是做人的另一项重要品质，与人谈话切不可让人感觉你傲气、瞧不起人、教训人、挖苦人。

户外的拓展训练中，有一项团队协作游戏的比赛，慕容受到推举成了游戏的裁判。虽然说只是一个游戏，但是任何人也不愿意扯团队的后腿，大家都很努力地练习。

A组里有个叫李丽的女孩，身体素质不是特别好，没跑几步就已经是气喘吁吁了。其他的同事都在给她呐喊助威，她也努力地将比赛坚持到最后，虽然她们组因为她而输掉了比赛，但是大家还是给了她热烈的掌声。裁判慕容做最后总结的时候对大家说："今天的比赛非常好，充分显示了我们大家的团结，不过我说李丽，你平时就该注意一下运动了，你看你现在胖的那样儿，平时就知道往嘴里塞东西吃，一个女孩子，那么胖像什么样子啊，今天，你们组都是因为你才输掉了比赛。"话音刚落，就见李丽的脸刷地红了，险些哭了出来。于是大家都对慕容说："你就别说了，她已经很努力地完成了比赛啊，只不过是一个游戏嘛，参与了就好。"慕容一副不以为然的样子："怎么了？她本来就胖啊，难道还不让说啊，谁让她平时就知道吃的。"大家都沉默了，不是因为慕容的话，而是在想慕容怎么会是这样的人，一点也不顾及别人的感受。

这个例子就是典型的教训人、挖苦人的事例，我们千万不要做这样的人。

5. 不要目中无人

所谓目中无人，是指说话人在说话的时候过分地自信，根本没有把别人放在眼里，以至于口不择言而招致祸害。我们应该很清楚《三国演义》中蜀军失街亭事件，那正是好大喜功的马谡目中无人所致。

马谡是谋士马良之弟，自幼熟读兵书，但却摄入的多、消化的少。在得到诸葛亮的赏识后，他养成了自高自大、动辄口出狂言的脾气。建兴六年，诸葛亮出师北伐，想到了咽喉之地街亭必须派重兵留守，便问："谁敢引兵去守街亭？"言未毕，马谡毫不犹豫地抢言："某愿往。"当孔明指出街亭要地易攻难守时，马谡却不屑地说："某自幼熟读兵书，颇知兵法，岂一街亭不能守耶？"其狂妄自大、骄傲轻敌的思想已暴露无遗。当诸葛亮委婉地指出对手非同小可、难以取胜之时，马谡更是口出狂言，不仅把对手贬得一钱不值，还以全家性命为担保立军令状，狂妄得几乎失去了理智。结果呢？他还是因为指挥无方，致使蜀军溃败。

无疑，马谡是个人才，他的失败是太过于目中无人，不但毁了自己，也毁了蜀国。

04
对于别人的伤害，一笑而过

人际交往中，别人伤害了你，你会怎么办？相信十之八九的人都会咬着牙说："有仇必报。"那么这是不是最好的解决方式呢？当然不是，有仇必报不仅不能解决问题，而且还会引起更大的仇恨。伤害不仅不会消失，而且还会越来越大。

康熙年间的某一天，一人骑快马跑进宰相府。这并不是天下出了什么大事，而是宰相张英收到一封来自安徽桐城老家的信。

原来，他们家与邻居叶家发生了地界纠纷。两家大院的宅地，大约都是祖上的产业，时间久远了，地界便不怎么清晰了，这本来就是一笔糊涂账。但是想占便宜的人是不怕糊涂账的，他们都打起了自己的小算盘。于是两家的争执顿起，公说公有理，婆说婆有理，谁也不肯让一丝一毫。由于牵涉宰相，官府都不愿沾惹是非，纠纷越闹越大，张家只好把这件事告诉张英。

张英看过来信，只是释然一笑，旁边的人面面相觑，莫名其妙，只见张大人挥起大笔，一首诗一挥而就。诗曰："千里家书只为墙，让他三尺又何妨。万里长城今犹在，不见当年秦始皇。"然后将诗交给来人，命快速带回老家。

家里人接到书信，很是意外，虽然不情愿但还是决定按照张英的意思办，立即拆让3尺。邻居们都交口称赞张英和他的家人的旷达态度。

对宰相一家的忍让行为，叶家十分感动。全家一致同意也把围墙向后退3尺。两家人的争端很快平息了，于是两家之间，空了一条巷子，有6尺宽，其中有张家的一半，也有叶家的一半，这条100多米长的巷子很短，但留给人们的思索却很长。

张英乃位居一人之下万人之上的宰相，权势显赫，如果在处理自家与叶家的矛盾时，稍稍打个招呼，露点口风，肯定会发生自下而上的倾斜，叶家肯定无力抗衡；再进一步，要是地方官府干涉，叶家更是会吃不了兜着走，但张英没有以权势压人。面对叶家的无理，一笑而过。他的一笑换来的也是叶家的一笑，双方一笑，"六尺巷"的美谈便传了下来。

那么在日常的交往中，我们该如何做到这一点呢？以下几点不妨学习一下。

1. 善于施恩于别人

爱别人就等于爱自己，施恩于别人就等于把恩惠留给了自己。古代哲人曾经说："喜爱人们的人，人们也常常喜爱他。恭敬人们的人，人们也始终恭敬他。"说的就是这个道理。曾经有人说："忧他人所忧的人，人们同样会为他的烦恼而忧虑；以帮助他人为乐的人，他人也同样会乐于帮助他；把自己的快乐与他人分享的人，别人也快乐着他的快乐；以施恩于人为做人准则的人，别人同样会将恩惠赠送给他；以道德对待他人的人，人们同样会以同等的道德回报他。"

2. 替别人着想

替别人着想，要设身处地地照顾到对方的感受，从而找出对双方都有利的办法。不能凡事都由着自己，为自己争取最大的利益而损害了他人利益，那样就容易使自己处处碰壁。尤为重要的是，要将这一思想化为一种意识，从而形成一种习惯。纵观古今中外，凡是有很大成就的人，哪一个不懂得人情世故？哪一个不懂得众人划桨开大船的道理？

3. 敢于吃亏

只有先帮助别人，才能得到别人的帮助，记住吃亏不是一味地吃亏，吃亏的目的是为了获得好的结果。吃亏是福就是这个道理。而变通的想法就会有相应的做法，取而代之的就是获利的吃亏。这样的思想，用一句比较通俗的话说就是一种服务意识和习惯。而一旦养成了服务他人的习惯，自己的思想意识不自觉地就会支配行动，形成良好的人生观、价值观，进而表现在行动上。如果你早已养成了助人为乐的好习惯，那么就要坚持下去；如果你还没有意识到把爱心献给他人的重要性，现在就开始以此为准绳衡量自己的思想，改变自己的行为。

曾经有这样一种说法："上天唯独宠爱那些将爱心献给他人的人。"这就告诉我们，把爱心送给别人，你的朋友就在不远处等着你。

05
不要抓住别人的错误不放

正如每个人身上都有缺点一样,每个人身上也都有"小辫子"。比如说某些人的贪心、某些人不为人知的小秘密、某些人的不光彩过往等,都可能被别人当作"小辫子"。

那么这些抓了别人"小辫子"的人是不是就能获得好处,让别人倾心和自己交往呢?自然不是。他们不但不会获得真正的朋友,而且还很有可能使自己一败涂地。

人际交往最怕两种人,一种是不讲道理的人,遇到事情就是一顿胡搅蛮缠,让人不甚讨厌。另一种就是太爱讲道理的人,一件小事也要搬出大道理,并且不懂得得饶人处且饶人,经常让别人下不了台。而"抓人家的小辫子"就属于此种。不讲理是一个缺点,硬讲理也是一个盲点。其实在很多时候,得理饶人更能征服人。

　　那又该如何保持一个适合的度呢？郑板桥说得好："退一步天地宽，让一招前途广。"只要人们不丢失大是大非的原则，在小事情上该糊涂也就糊涂，得饶人处且饶人。

　　著名的"以少胜多"的官渡之战刚刚打完，曹军就在袁绍那里得到了一些信件，这些信件都是曹营中的一些人暗地里写给袁绍的，内容大都是吹捧袁绍的或者准备投靠袁绍的，其中涉及的人的数量之多完全出乎了曹操的意料，曹操开始陷入一种深深的恐惧之中。幕僚开始建议曹操把这件事情追查个水落石出，该惩罚就惩罚，该斩首就斩首。可是曹操在经过深思熟虑之后却将这些信件当着众位将领的面付之一炬，统统烧了，一封都没留下，他甚至连看都没看这些信都是谁写的。如此一来，那些暗通袁绍的人心里对曹操感激不尽，旁人也觉得曹操度量大，因此产生由衷的敬意。

　　事后曹操坦言，当时官渡之战时，连他自己都没有把握赢袁绍，更何况是那些手下人呢？人都是怕死的，因此他们暗通袁绍其实是可以原谅的，即便他们背叛了我。

　　确实，在这件事情上，曹操可以查个水落石出，把那些准备背叛自己的人赶尽杀绝，即便他这么做了，在当时也不会有闲言碎语，因为他有理。可是曹操聪明就聪明在这里，他不仅没有这么做，还主动为他们开脱，这着实让手下人吃了一惊。随着信件灰飞烟灭，手下人也就开始铁了心地追随曹操了，这为他以后势力的进一步扩大奠定了坚实的基础。

这确实是一个得理又饶人的典型例子。其实在人际交往中又何尝不是如此，得饶人处且饶人，留一点余地给得罪你的人，给对方一个台阶下，这样就会赢得对方的尊敬和爱戴。否则，不但消灭不了眼前的这个"敌人"，还会让更多的朋友疏远自己。

大作家契诃夫说得好："要是火柴在你的衣袋里烧起来，那你应当高兴，而且感谢上苍，多亏你的衣袋不是火药库；要是你的手指被扎了一根刺，那你应当高兴，多亏这根刺不是扎到眼睛里；要是有穷亲戚来找你，那你应当高兴，幸亏来的不是警察；要是你的一颗牙痛，那你应当高兴，幸亏不是满口牙痛。"把事情往好的方面看，也就不会有这么多的烦心事了，对待别人也就能宽容了，如果一个人总是抓住别人的小辫子不放，那么总有一天，他也会遇到同样的窘境。

第四章

先听后说，听对话才能说好话

　　在人际交往的过程中，语言上的沟通是加深彼此了解的最为有效的方式之一。要想成为受人欢迎的人，就得学会听话和说话。因为很多时候对方的真实意图并不是直接说出来，而是隐藏在自己所说的话语之中。听者只有先听对话，然后才能说好话。

01
听出对方的弦外之音

人际交往中，说话有一定的讲究，人们比较喜欢的做法是说一些"弦外之音"来达到目的，既把话说明白了，又不至于伤害别人。毫无疑问，人们之所以要这样做，关键是考虑到对方的自尊心。

那么问题来了，对方的弦外之音说出来了，作为受话者一方是否能明白对方的意思呢？也就是说受话者是否能够听出对方的弦外之音呢？事实上，很多人在交际的时候，并没有真正明白对方到底想说什么话，自然而然，人际交往的效果就会受到很大的影响。

性格外向、喜欢结交朋友的孙萌是公司的业务员，每天要接触的人很多，天南地北的都有。按理说他应该人际关系非常好、生意做得非常成功才对。可实际上并不是如此。原因就在于孙萌在人际交往中"缺根弦"——经常自顾自地说话，根本没有注意到对方，也听不懂对方话里的弦外之音，在不知不觉中得罪了别人。

　　记得有一次，孙萌和广东的一个小个子经销商见面，孙萌是典型的北方大汉，不仅长得魁梧，而且嗓门也大。见面不到两分钟，他就和对方称兄道弟了，甚至口无遮拦地说南方人"小气"、北方人"重义气"、南方人"见利忘义"等。这些无稽之谈毫无疑问伤害了对方的感情。

　　言谈之间，对方很明显不高兴了，说了一句："是啊，这可以说是我们南方人精明的外在表现。为什么北方人都说南方人会做生意，无不在于此。"

　　很明显，孙萌的那些话在无意之中得罪了这个经销商。而经销商之所以要说这一段话，目的就是警告孙萌：不要再说下去了，否则谈判就没有必要了。遗憾的是孙萌没能听出对方的话外之意，还在大言不惭。就这样，谈判不到半个小时，经销商拂袖而去。

　　这就是听不懂弦外之音的结局，一个原本可以正常交往的朋友就这样被孙萌的三两句话给说跑了。那么是孙萌太傻吗？还是有些弦外之音不容易听懂？似乎两者都有。

　　当然，在人际交往中，要想搞好交往双方的关系，除了不要像孙萌一样"缺根弦"之外，还要努力倾听对方的谈话，在不同的语境当中，要想听懂不同的弦外之音得从不同的角度切入。

1. 反话只能反着听

如果你知道对方说的是一种反话，那么这样的反话你就得反着听了，其中的言外之意就是字面的反面意思。比如，在热恋中，女方对男方脉脉含情地说："真讨厌。""你真坏。"其实弦外之音是"我爱你""我就是喜欢你这样坏的"。

2. 真假话看真情

说话人是否真心完全可以通过其表现来探知。比如，偶然遇见同事与人共饮，当他邀请你时，去也不是，怕打扰对方，但是如果对方真心邀请，不去也不妥。其实你只要想一想，他平时说话的语气和说话的方式，是不是一个热心的人，就能帮助你应对这些场景。

3. 反衬还需反面衬

人们在表达自己的意见时，为避免直露，往往不直接切入话题，而是用反面的话题衬托。如丈夫对妻子说，这个月收入8000元，但是才剩下1000元，言外之意，这个月他们总共消费了7000元，那么他妻子就能明白丈夫可能是说她逛街购物花销太大了。

4. 因果关系探因果

人们说话，总是有因果关系或前提条件的，面对他人突然冒出的一言半语，如果能弄清其讲话的因果关系，便能探知其真实意图。比如，曹操当年对刘备所说的那句"在家干得好大事"，刘备对此惊慌不已，曹操并没有什么意思，只不过刘备没有探清曹操说此话的因果罢了。

5. 喻体之中含本体

比喻式的说话，是一种以此喻彼，只谈喻体，不谈本体，通过喻体来揭示或传递本体信息的表达方式。对于这种说话方式，只要抓住交谈的中心话题，懂得由此及彼，就可以心有灵犀一点通，理解弦外之音了。

6. 半截话中藏"玄机"

半截话，通常是讲话者有意将自己的观点、想法以隐蔽的方式传达给你，让你顺着对方的话去理解。如：朋友对你说，老张，我最近手头比较紧，孩子又要上学交学费了，我那一点稿费你看……那么你可能就会说：好的，我把钱给你。"给钱"就是弦外之音，只不过这个弦外之音是由听话者自己得出的。对于这类半截话，将话补充完整就能了解基本意思，听出其弦外之音了。但了解之后一定要做一番分析，权衡一下利弊，再做应对。

那么说话者在哪些时候常常使用弦外之音呢?

(1)当对方谈话的语气突然改变时,你要留意是否有话外之意。

(2)对方的个别音调加重时,要仔细揣摩是否有什么意图。

(3)当对方故意做出暗示的肢体动作或特殊表情时你要明白他的意思。

(4)当对方突然停止谈话,你要领会对方的用意。

(5)当对方认真地看着你将一句话重复着说时,一定含有弦外之音了。

(6)谈话结束时仔细观察对方有无特殊的举止。

(7)散席前对方最后的几句话要特别留心。

(8)对方想插话,欲言又止,你要结合自己的言语推断出他想说什么。

(9)当你不经意的言语引起对方的注意时,你要做事后猜测。

(10)对方欲言又止,必要时你可追问一下。

交谈是人际交往中必不可少的一个环节,如果在这个过程中你能够正确地听出说话者的弦外之音,并能巧妙地做出回应,你就是倾听圣手了,做事往往能得心应手。

02
听话之时要懂得感情同步

在与人交谈的过程中，要想赢得对方的好感，不仅要认真倾听对方的谈话，同时还要让自己的感情与说话者保持一致，获得感情上的同步。所谓感情上的同步，就是指在和对方交流的时候，要"知心"，了解对方的心意。只有当自己与说话者的情感达到一致的时候，才能做出对自己有利的行为。

相信很多人都曾有过这样的经历：当别人正在认真倾听并理解我们的时候，我们会感到被尊重而更乐于倾诉，这就是一种知心的感觉。有一则小故事，说一把坚实的大锁挂在铁门上，一根铁杆费了九牛二虎之力，还是无法将它撬开。钥匙来了，它瘦小的身子钻进锁孔，只轻轻一转，那大锁"啪"的一声就打开了。铁杆奇怪地问："为什么我费了那么大力气也打不开，而你却轻而易举地就把它打开了呢？"钥匙说："因为我最了解它的心。"这就是"知心"的力量。

当我们在倾听他人说话的时候，如果我们能与对方的情感保持在同一高度，就能像钥匙轻易打开锁一样，开启人们的心锁，打开人们的心门。之所以有很多人虽然一直都在追求所谓的交际技巧，但是最后并不一定能够成功，原因就在于他们在交际的过程中，只片面地追求过多的谈话技巧，却没能真正了解对方的心意，理解对方话语中的情感。

在这个世界上，交谈是人们在交际过程中所采用的主要的交流方式之一。但是往往很多人忘记了这种交流方式的核心所在，他们只是在一味地寻找撬开人们心门的"铁杆"，却忘了运用"知心"这把既简单又实用的钥匙。

那么，在与人交谈的过程中，该如何重新找回自己的"钥匙"，实现与说话者感情上的同步呢？不妨试试以下几种方法。

1. 了解别人的"心痛"

所谓了解别人的"心痛"，是指你要知道对方心里到底在想什么，只有知道对方究竟在想什么，知道对方的心"痛"在何方，你才有可能去医治，你才有可能做到了解对方的心意。这就好比医生要医治病人一样，他首先得知道病人到底为何而病，才能对症下药，才有可能成为一名好医生。

倾听别人说话也是，你得知道对方究竟想表达什么，他到底想要你帮忙做什么，那么你才能有准备、有目的性地去做。

2. 了解别人的"心路"

在很多时候，我们都被要求讲述自己的"心路历程"，从中我们就可以知道，所谓"心路"其实就是人们的一种想法，并且是曾经的想法。正所谓了解过去，才能展望未来，倾听也是一样，你只有在了解了别人的过去之后，你才会知道原来对方这么想是有道理的。

一个面试官曾经遇到一个前来面试的小姑娘，这个小姑娘要求在门外面试，当时面试官就觉得非常奇怪，这是什么要求啊？

可是最后，这个面试官同意了对方的要求，并且从这个话题出发开始了解对方的过去。原来，在一次面试的时候，这个小姑娘遭遇了面试官的骚扰，所以她一直对"房间面试"耿耿于怀。于是，在场的人也就不觉得这个要求"滑稽可笑"了。

在小姑娘讲述了在门外面试的原因之后，面试官对她所做出来的举动也就能理解了。这就是了解别人的"心路"。只有了解了别人的"心路"，我们才有可能真正走进对方心里。

3. 了解别人的"心门"

如果说了解对方的"心路"是为了了解对方的过去，那么了解对方的"心门"就是了解对方的将来。知道对方的愿望是什么，想要成为一个什么样的人，那么在和对方交流的时候，我们就能有的放矢了，说重点，说到对方的心里去，那么能给予对方的建议也就多了。

很多人在和对方说话的时候能够打开对方的心门。他们之所以能够做到这一点，就是因为他们懂得去了解别人的心门在哪里，只有先找到心门在哪里，才有可能打开。

4. 找准别人的"救心丸"

在面对生活压力的时候，有些人可能会变得难以控制自我的情绪，因此，他们需要有能缓解自我情绪的"救心丸"。有时候"救心丸"是自己喜欢的音乐，有时候"救心丸"是逛街购物，有时候"救心丸"就是滔滔不绝地讲话，说到底，"救心丸"就是释放压力的一种方式。

试想在交流的时候，我们知道对方的"救心丸"，并且在此基础上附和对方、满足对方，那么对方一定会觉得你和他之间有共同语言，沿着这个方向发展，你和对方之间就会处于"知心"的状态了。

以上这几点，都是倾听者在倾听过程当中所要完成的，只有做到了这几点，你才有可能和别人"交心"；只有做到"交心"，你才有可能成为别人的"知心朋友"。

大多数人认为，"知心朋友"都应该是温文尔雅的，对待别人的错误都是极度宽容的，甚至从来不会说批评别人的话。其实这一切都是表面现象，一个真正的知心朋友同样要批评别人，只不过在批评对方的时候，要懂得使用一种含蓄委婉的方式来进行。

03
赞美，天下最值钱的本事

　　赞美一词的英文是 admire，在英文中的意思就是要你以欣赏的态度去肯定对方。当你用心观察到对方的优点，并且由衷地道出一声赞美的话语时，友谊的种子便开始在你们中间生根发芽，友善的关系也便在这一言一语中逐渐地建立。

　　德国有一家公司对员工有一个很特别的要求，要求员工每天在工作岗位上要养成一个习惯——赞美他所见到的第一个人。为什么这家公司会对员工提出这样一个奇特的要求呢？后来公司的领导人透露了提这个要求的基本理念，即当你把快乐送给别人时，别人会感到愉快，同时给你回馈，这就产生了积极的互动。

　　这个要求听起来有点匪夷所思，实际上是非常有道理的。当你在肯定别人的时候，实际上就等于是肯定自己，表面上看来是你在赞美别人，可如果你换一个角度来思考的话，就是在赞美自己。因为一个人只有具备了虚心、宽容的优良品德，善于向别人取长补短之后，才能去赞美别人。反过来说，如果你是一个喜欢挑剔别人的人，那么就只能说明你是个没有教养的人。俗话常说，尺有所短，寸有所长，你要想有所进步，就要虚心，要以别人之长，来补己之短。而一个真正有教养的人是善于向别人虚心请教的。

要知道，在人际交往的过程中，一句恰到好处的赞美，其功用大过千言万语。情侣间一句充满赞美的话，可以让情人间的爱情更加滋润；家庭成员之间的一句赞美，可以让和美的家庭更加幸福；上级对下级的一句充满赞美的话，可以让优秀的人更加优秀，也可以让不够优秀的人变得优秀。有调查显示，一个从小生长于充满赞美的环境中的孩子，学习成绩要明显好于那些生长于打骂环境中的孩子，甚至于农夫在牧场上赞美一头奶牛，都能让它产出更多、更好的牛奶。因此，千万不要忽视赞美的力量。

对别人的一句赞美之词，就像是黑夜中的一支火把，照亮了别人的生活，也照亮了自己的心田。赞美是一件好事，但是绝对不是一件容易的事。赞美别人需要有审时度势的能力，需要掌握一定的技巧。否则，即便你的赞美是出自真心，也会变好事为坏事。所以，在赞美之前，我们一定要掌握下面的这几个技巧。

1. 赞美要真诚

赞美和讽刺的最大区别就是真诚与否。赞美是真诚的夸奖，是出于心底的一种赞同、佩服。如赞美一个人的书法写得很好，就可以赞美对方说："你的书法写得真好，一定花了不少时间练吧？"虽然是一种询问的方式，可是对方明白你是真心诚意地在夸奖他。而讽刺是一种虚假的赞美，常常通过表面的赞美来达到内心讽刺的目的。如还是赞美一个人的书法写得好，讽刺的人就会说："你的书法写得真好，连王羲之都自愧不如。你的书法写得这么好，那中国书法协会的会长怎么不是你去当啊？"表面是夸奖对方的书法写得好，可是实际上是讽刺对方在卖弄自己的书法。

因此赞美对方的时候，一定要真诚，如果不够真诚，对方就会误会你是在讽刺他。千万不要因为自己用语不当而失去了一个朋友。

2. 赞美对方要实在

赞美对方要实在是指你的赞美之辞要和所赞美的东西相匹配，不能太夸张，也不能太不着边际。实在的赞美让对方听着心里舒服，而不实在的赞美，对方不仅感受不到这种快感，还会认为你是在取笑他，甚至会接受不了你的赞美。那么你的赞美不仅起不到拉近双方关系的作用，还会起到反作用，给对方留下一个你不实在的印象。如赞美一个人的车技很好，有的人就会说："你的车技实在是一流，开起车来像飘着一样，想翻都翻不了。"相信这个人的话还没有说完，司机就会立马让他下车。

这种吃力不讨好的事情很多人都遇到过，原因不是对方挑剔，也不是对方难伺候，而是你的赞美不实在，对方心里听着不舒服，消化不了。就如食物一样，不管表面看起来有多么精美，可是吃下去消化不了，那就不是一种好食物。同样，不实在、对方接受不了的赞美，就不是一种好的赞美。

因此，赞美对方要实在，要顾及对方的感受，否则你就会"祸从口出"。

3. 赞美要及时

每个人都想在自己做了一件了不起的事情之后，立刻受到别人的表扬，越快越好。这是人的一种普遍心理。那么我们赞美对方也应该遵循对方的这种心理——以最快的速度赞美对方，让对方在第一时间感受到你的情义。

4. 赞美者要有自信

对自己充满信心，是讲出赞美话的基础。一个对自己缺乏自信的人，是讲不出赞美的话来的。因为他担心对方会认为他的赞美里有别的企图，所以为了显示自己的清白，他宁愿保持沉默；而内心充满了自卑感的人，更是吝啬于赞美别人。在他的心目中，认为夸赞别人的优点，会把自己比下去。可事实上，他并不知道，赞美别人，就是在肯定自己。由衷地表达对别人的欣赏，就是对自己有信心的表现。在对别人优点的赞美中，肯定了自己的眼光；

在赞美别人的特色中，肯定了自己的气度；在赞美别人的表现中，肯定了自己的观察。

5. 清楚赞美与谄媚之间的区别

掌握了一定的赞美技巧，也不一定人人都讲得出好听的话。就算能讲出好听的话，也不见得就是"赞美"，也可能落得一个适得其反的效果，让赞美沦为"逢迎拍马"的谄媚。"赞美"和"谄媚"最大的不同，就在于所陈述的内容的真实性，还有就是动机不同。发自内心的赞美，是不求任何回报的，在向对方道出赞美之词的时候，并不曾想过要从对方身上获得什么好处，所以绝对不会沦为"逢迎拍马"。

6. 认真观察对方是讲出赞美话的重要条件

有很多人虽然认为对方很棒，值得赞美，但是就是无法讲出赞美的话。之所以会这样，是因为没有认真去观察对方，找不到可以表达赞美的事实，所以迟迟开不了口。事实上，只要用心观察，一定可以找出值得赞美的地方，哪怕对方只是换了个新发型，或者气色看上去不错，这些也都值得你向他表达赞美。而接受赞美的一方，也会因为你的细心与体贴，觉得温暖而感动！只要你愿意用心，周围的每一个人、每一件事，都能找到值得你赞美的地方。

总之，一句发自内心深处的赞美，是最能令对方感到温暖的礼物，而它所产生的价值也是难以估算的。所以，不论你以前是否有过赞美人的经历，从现在开始，赞美别人，并把它当成你的一种生活习惯，你会发现，你拥有了一个崭新的人生！

04
口不择言是人际毒药

　　说话是一门艺术，也是一门高深的学问。人在学习、工作以至于日常生活中，都要用到语言，都要说话。如国际上的外交谈判、公司之间的业务谈判、亲戚之间的互相走动、邻居之间的交往等。

　　语言不仅是我们日常交流的工具，很多时候它也是一种伤害人的武器，因为一句话没有说好，彼此之间就可能产生误会。要想减少彼此之间的误会，就应该努力把话说得恰到好处，避免出现口不择言的尴尬局面。无论是在哪个场合，我们都应该明白，什么话要少说、什么话不能说、什么话要说透、什么话要轻描淡写、怎么样才能把话说得有条有理、怎么样才能把话说得有轻有重、什么样的态度才是不卑不亢、什么样的话说出来对方爱听等。

　　我国是一个多民族的国家，幅员辽阔，各个民族之间或者是各个省份之间都有很多的民风民俗，这些民风民俗里面包含着很多的忌讳和禁忌，忌讳之所以叫作忌讳就是不想对方提及或者是不想让对方知道的，因此在这种时候，说话一定要讲究分寸，万万不可因为自己的一时之快而得罪了对方，甚至是惹恼了对方，否则不仅朋友做不成，还会闹出很多的误会。

例如在评价一个女士身材的时候，不能用"肥""胖"甚至是"臃肿"等字眼，因为女士最怕的就是别人说她们肥胖，这个时候，你如果换一种说法，你说对方"丰满""有福相"，对方肯定非常高兴，不仅避免了尴尬，还会给对方留下一个好印象。当然你在说对方过于瘦的时候，也不能明说或者是直接说，你可以间接地说对方"苗条""身材好"等，给对方增加一点自信心。这些就是该注意分寸的地方。

那些说话没有分寸、口无遮拦的人很招人讨厌，即便他们说的是事实，也会在人们的心中留下一个很不好的印象。那么，究竟怎么样才能过滤好自己的语言呢？主要有以下几个方面需要注意。

1. 态度亲切、诚恳

在交际的时候，不仅语言是一种传递信息的媒介，其实一个人的态度也是一个很重要的媒介。一个人的态度亲切与否一般都表现在自己的表情上，因此一个亲切的、诚恳的态度必然有一个丰富的表情。如你在向对方表示感谢的时候，就一定要态度诚恳、亲切。否则你嘴上说得再好听，而脸上是一种冷冰冰的表情，那么对方就会认为你很虚伪，你在感谢对方只不过是一次走过场而已，那么下次再需要对方的时候，对方也就会拒绝帮助你。

其实这就是误会，因为你的态度不正确而产生的误会，因此要想减少误会，态度就应该变得亲切、诚恳，让对方感受到你浓浓的情意。

2. 礼貌为先

要想给对方留下一个好印象，首先就必须有礼貌，一定要在自己的言语中体现自己的优良品德。面对不同的场合，面对不同的对象，说话要适时适量，并且根据不同的情况做相应的调整。如果对方是一个比较空闲的人，而你们正好处在比较空闲的时候，那么彼此之间的话语可以闲杂一点，并且说话时间也可以相应地长一点，因为这样并不耽搁自己和对方的正事，当然在这个过程中，还是要注意把握分寸，言语得体；如果对方是一个比较忙碌的人或者是当时的情况比较忙碌，那么这个时候，最好不要去打扰对方，即便有要紧事和对方说，也要以最快的速度讲完，不要讲废话，更不要和对方闲扯。

这是一种礼貌，一种尊重对方的体现，当然，要想讲礼貌，还必须要注意自己的言语不要伤人，俗话说得好，"世界上真正伤人的不是刀子，而是比刀子更厉害的东西——语言"，"伤人的话只要一句，毒人的药只要一粒"。这些警语告诉我们，说话要注意分寸、得体，要不断地总结经验教训，才能做到言之有理，表现文雅。

3. 说话语调平和沉稳

不管你用的是什么样的语言，不管你说话的对象是谁，有一点是肯定的，那就是发音吐字一定要清晰，更为重要的是语调一定要平和沉稳。有这样一个故事：

在一次学术研讨会上，有一个房间的门上贴着"请勿打扰"的字样，可是这个研讨会的发起人刘先生没注意这个"逐客令"，很平常地敲开了这个房间的门，一进门刘先生就用一种平和的语气和对方说："我来骚扰大家了。"大家一看是发起人刘先生，就立刻站了起来，说："欢迎骚扰，欢迎骚扰。"最后双方的谈话在一片热烈的气氛中结束，这次谈话增强了双方的友谊，彼此收获很大，由此可见一个平和沉稳的语调对谈话的顺利进行至关重要。

因此人际交往中，一个平和沉稳的语调还是必不可少的。

4. 说话声音大小适中

有人在和对方交谈的时候，说话声音总是很大，让人感觉听着很不舒服。可是这种人总是以"自己天生就是一个大嗓门"为借口来躲避责任，这是不对的。嗓门大并不是你的错，可是不加控制就是你的错了。

一个人说话的时候嗓门大了，就会让对方觉得你是在吵架，或者就是对对方的某些方面表示不满，因此对方就会没有理由地对你产生一种戒心。有了这种戒心，彼此之间的交流也就变得困难许多，产生误会的机会也就会多很多。

有些人说话的声音很小，甚至小到很多人都听不到，这也容易产生误会。因此要想减少误会，谈话时，让自己的声音大小适中是一个必要因素。

5. 言语要简练

啰唆的语言不仅让人觉得乏味，很多时候还会造成双方不必要的误会。我们在惋惜的同时也应该从中明白一些道理：好话也要简短、简练。说话其实就像行文一样，要善于提炼自己的语言，浓缩自己的语言。

有这样一则故事：

几百年以前，一位聪明的国王诏令一群聪明的臣子，让他们编写一部《智慧录》留给子孙。几年之后，这群聪明的臣子果然拿了一部厚厚的书稿来见国王，国王仔细地看了看书稿，对这群聪明的臣子说："各位聪明的大臣，我深信你们花了很大的精力来编写这部《智慧录》，可是它太厚了，总共有十二卷，我担心我们的子孙不会读完，还是请你们再浓缩一下吧！"又过了几年，这群聪明的臣子又来拜见国王，十二卷的《智慧录》已经变成了一卷，可是老国王还是觉得太长，依旧命令他们继续删减，最后一部十二卷的《智慧录》变成了一章，继而又变成一页，最后变成一句话。

国王看了这句话之后非常高兴，他在犒赏这群聪明的臣子的时候说："各位大臣，这才是时代的智慧结晶，不管是谁，只要明白了这个道理，那么所有的问题也都能解决了。"

这句经典的话就是"天下没有免费的午餐"。

总之，说话是一门艺术，我们不仅要掌握这门艺术的本质，还要掌握这门艺术的媒介，用正确的媒介来传递正确的本质，才能减少和对方的误会，更好地进行人际交往。而正确的媒介就是过滤自己的语言，让自己的语言像春风一般，浇灌对方的心灵，让你的人际关系在这种"春风"中变得更加顺畅，更加和谐。

05
倾听，让你快速成为座上宾

大多数人都认为自己的声音是最动听的，并且都有迫不及待地表达自己的愿望。在这种情况下，友善的倾听者自然成为最受欢迎的人。一个不善于倾听的人，往往容易错失良机，产生误解、冲突和拙劣的决策，或者因问题没有及时发现而导致危机等情况发生。很多人很少致力于学习发展倾听技巧，不知不觉地就忽略了这一重要的交流功能。

在人际交往中，认真倾听他人的谈话，不仅是对说话者的一种尊重，同时，通过倾听，还能够有效地拉近我们与说话者的距离，帮助我们快速了解关于说话者的诸多信息，比如说话者的职业、说话者的性格、说话者的喜好、说话者自身的素养等。当我们了解到这些信息之后，就能够有针对性地与对方进行交往。

那么，在倾听他人谈话的时候，怎样才能了解更多、更有效的信息呢？那就要看你如何去听了。

1. 了解对方的职业

一般的谈话中，谈话人往往会提及自己的职业。有的人很乐意谈起自己的职业，比如说关于自己的职业性质、职务、工作业绩等。乐于谈及自己有关职业情况的人，一般对自己的工作比较热爱，比较有信心，工作业绩也比较好。

也有一部分人很避讳谈及自己的职业，别人一问起此类问题就显得不自然起来，不是绕开不谈就是草草几句带过。这时你就该注意了，对方之所以不愿涉及自己的职业问题是有缘故的。一般有两种原因：一是工作业绩不佳，二是对所干工作不热爱。当然也有因为自己职业收入太微薄而不愿过多提起的。

我们还可根据职业来判断对方的有关情况。比如文学编辑的文化素质相对好一些；干销售、外联的公关能力就强；搞电子、化工研究的，办事比较严谨，逻辑推理能力会好一些。通过谈论对方的职业能了解到更多的信息。

2. 了解对方的爱好

谈话中，人们很容易对自己的爱好打开话匣子。通过听取别人的爱好，也能了解说话人的有关情况。

有的人爱好广泛，有的人爱好单一。爱好广泛的人，性格比较开朗，对生活、对人生充满信心，积极向上。爱好单一的人，性格一般比较安静，但做事一般很认真。

爱好旅游的人，一般比较浪漫。这类人性情坦率，崇尚大自然，一般比较纯真。若是女性的话，一定很爱享受生活。她们选择伴侣一定会有很高的要求，因为她们喜欢浪漫、温馨的生活，喜欢生活的步调慢一些，一定要找到性格相似的人与她们相伴。爱好读书的人比较理智，比较有素养。爱好看电影、电视的人，联想比较丰富。爱好音乐的人比较会欣赏生活中的美，比较积极。爱好书法、绘画的人带有唯美主义色彩。喜欢哲学、历史的人比较聪明，有很好的理性思维。喜欢做体育活动的人，对生活、对工作更是激情澎湃。

3. 了解对方的家庭情况

当对方谈及自己的家庭情况时，也会带出一些信息来。如果夫妻双方不和睦，对方就很不愿意多说自己的伴侣。如果对方对子女教育方面的话题不止，对方一定对管教子女方面很重视，但不一定就是称职的家长。如果你询问对方老人健康状况时对方漠不关心，那对方对自己的老人一定尽孝不够。一个连自己老人都不能照顾好的人，对待外人可想而知。对自己老人乱加指责的人，一定是不孝之徒。从对方谈及家人的态度，就能得知对方在家中充当什么样的角色。

有责任心的人不会过于指责家人。能否善待家人是反映一个人有无善良一面的重要依据。不愿谈自己家庭的，一般和家人相处时存在问题，或是沟通有问题，或是情感不和谐。乐于谈家人的，一般有同情心，对人很真诚。

4. 从对方的话题了解对方

每个人说话时，都爱围绕自己比较感兴趣的话题展开谈论。爱谈论时事政治者，一般对国际国内形势、行政管理比较热衷。爱谈论军事战争话题者，一般比较勇敢好动。爱谈论文化艺术话题者，一般个人修养比较好。爱谈生活中琐事的人，比较爱生活。爱谈论科普科幻话题的，这类人比较开放，爱设想，并能大胆尝试，很有创新精神。爱谈论历史哲学的，这类人比较冷静理智，理性思维比较好，往往有超人的智慧。爱谈经商理财话题的人，一定对赚钱很感兴趣，说不定对经营生意很有经验，是一个很有商业头脑的人。爱谈高雅话题的人，一般比较有素养，受过良好的教育。爱谈低俗话题的人，素质一般不高，庸俗之类居多。

5. 了解对方对事物的见解

在谈话过程中，如果涉及比较正式的问题，对方会发表自己的见解。我们可以从对方的见解主张来了解一个人的分析能力。

有四个比较要好的人在一起谈话，其中一人提出了问题：我在工作中遇到很多困难，对工作一点都不感兴趣，搞得焦头烂额的，我简直失去了信心。我该怎么办？

第一个人说："这还不简单，不想干就跳槽，另谋出路，干吗要在一棵树上吊死！"

第二个人说："继续努力吧，干什么事都会有不顺，坚持做到底会有前途的。"

第三个人默默地听两个人的意见，自己表情混沌，没发表任何看法。

我们可以从四个人的不同见解中看出四个人各自的一面。提出问题的人比较怕事，一有不顺就没主张，爱依赖他人。主张跳槽的人比较灵活，知道变通，但缺乏恒心与毅力。主张继续努力干的人，有坚持精神，能迎难而上。不发表意见的人可能在分析问题上很少有见解，或者不愿给别人建议。什么样的见解，反映什么样的性格与思维。关键时刻也能看出一个人的立场。

6. 听他如何评论他人

当对方在你面前评论另外一个人时，你要仔细倾听他的评论方式。如果他将另外一个人说得一无是处，全盘否定，说明一定带有偏激成分。也可能他们之间有过节或发生过矛盾，评论者故意在你面前贬低被评论者。也有的对人大加赞许，似乎没有一点缺点，这也不正常。可能评论者知道你与被评论者的关系，故意

在你面前讨好。无论怎样，一味地褒贬都是不合适的。在你面前
论彼非，在彼面前又会论你非。客观评价一个人是最妥善的。妄
自评论别人的人，办事往往不切实际，主观性强。

7. 从谈话的态度了解人

在听话的过程中，你要注意对方说话时的态度。如果你们的
谈话本来是很正式的，对方却心不在焉、敷衍了事，一点严肃性
都没有，这说明对方不但对你刚才的话不重视，包括对你本人也
不懂尊重。这样的人一定缺少交际常识与交际经验。端正的谈话
态度，是交际的基本要求。没有好的说话态度，证明此人也不会
有什么好的品德修养。端正的讲话态度是衡量一个人交际能力与
道德品质的尺子。

通过倾听的方式来了解对方，这在交际中是少不了的。认真
倾听对方的话语，话语中自会告诉你方方面面。结合以上几方面
的技巧，相信在交际中你更能得心应手。

诙谐幽默，让朋友
因我们而快乐

日常生活中，我们都喜欢和诙谐幽默的人在一起，因为他们能让我们变得开心快乐，自然这些幽默诙谐之人人缘很好。那么既然如此，我们为什么不让自己也变得诙谐幽默一点，让朋友因我们而快乐，从而提高我们的人际关系呢？

01
幽默之人，人人都喜欢

在人际交往的过程中，常常会出现交往"生涩"、冷场的时候，甚至即便有话说，也是干巴巴的，没有任何趣味性可言。很显然，人们不愿意和这样的人交往，而这些人的人际交往自然也会受到影响。幽默，堪称人际交往的润滑剂，是我们可以经常使用的扩大交际的手段之一。"善滑稽，巧发微中"出自宋朝苏轼《石氏画苑记》，这句话的意义是，善于言语诙谐，能引起大家的共鸣，这说明幽默的语言在人际关系中是何等重要！

幽默能帮助我们快速脱离尴尬境地，也能轻而易举地化解交往双方在某些事情上的冲突。其实，运用幽默还有一个好处，那就是可以拿自己开开玩笑。我们在处理朋友关系时，如果能够常常以自己可笑的地方开开玩笑，可能会赢得许多朋友的好感。因为你尊重别人，取笑自己，毫无高傲的态度，给朋友留下一个十分亲切的印象。

　　美国著名律师曹特是一个善于讲自己笑话的人。有一次，哥伦比亚大学校长在他登台演讲时，先把他介绍给听众："他算得上是我国第一位公民！"曹特似乎可以立刻抓住这个难得的机会，大模大样地开着玩笑说："诸位静听，第一位公民要开始演讲了。"但是如果他真那样做了，可能不会得到在场所有人的共鸣。

　　那么该如何说呢？他不但要利用这个介绍词幽默一下，并且还要从中获得听众的好感。他说："刚才校长先生说的一个名词，我起初有些听不太懂。第一位公民是指什么呢？现在我才想到，大概他是指莎士比亚戏剧中常常提到的公民。这位校长先生一定是研究莎氏戏剧极有心得的人，他替我介绍时，一定想到他的戏剧了。诸位听众一定知道莎士比亚常常把许多公民穿插在他的戏剧中，充任无关紧要的角色，如第一公民、第二公民之类，这些配角每人所说的话大都只有一两句，而且多半是毫无口才、没有高明见识的语句。但他们差不多都是好人，即使把第一、第二的地位交换一下，也根本不会显出有何不同之处。"

　　这真是一篇聪明绝顶、竭尽幽默能事的妙论。他把校长先生替他戴上的高帽子，丢给大家去戴，显示自己是与听众站在一样的位置。同时他的言语措辞也高人一等。如果他改用一种庄重的态度，简括地说："校长先生说我是第一位公民，大概是在说我是一个舞台上的配角。"结果绝不会那样生动有趣，也不会拉近与听众的距离。

不要怕丢面子，朋友之间，在相处时尽可拿自己开开玩笑，不要觉得这是丧失了尊严，其实这倒有助于认清自己，使自己的修养更上一层楼。但是，自嘲也要把握一个度，不要为了博得朋友的好感，而拿自己的隐私、缺陷开玩笑，或者将自己贬得一无是处。这样久而久之，你不但处理不好这中间的关系，而且会影响自己在别人心中的形象，朋友会觉得你这个人毫无自尊、毫无人格可言，渐渐地就与你疏远，觉得不足与你深交。所以，幽默运用得当，是获得朋友好感的一种绝佳方法。

02
幽默一定要有个度

幽默能给我们带来欢笑，能拉近和对方的距离，可是有些时候也会给我们带来一些麻烦。当然，麻烦的不是幽默本身，而是我们过分使用幽默，没有讲究一个度。就像食物能给我们带来温饱，也能把我们吃坏肚子一样。幽默不是没有限度的，更不是没有分寸的。俗话说得好，物极必反，幽默也一样，过分了，没分寸了，同样会产生反面效果，因此幽默还是要适度。那么如何做到这一点呢？这里有几点建议供大家参考。

1. 区别对象

世界上不是所有的人都适合幽默的，或者说每个人所能承受的幽默能力是不同的，因此我们在"幽他一默"的时候要注意区分每个人的身份、性格、心情。因为对于同一个玩笑，甲可能觉得很好笑，可是乙却可能因此而变得不开心，因为你所说的事情正是他心里一直在烦恼的事情。一般来说，晚辈不宜同长辈开玩笑；下级不宜同上级开玩笑；男性不宜同女性开玩笑。同辈之间开玩笑，也要注意对方的性格与情绪。如果对方是一个性格开朗的人，那么你就可以稍微放松一点，即便有点过火对方也能原谅；相反，对方如果是一个性格内向的人，那么能不幽默就尽量不幽默，免得带来新的麻烦。

2. 区别场合

玩笑要想发挥到最佳效果，就必须注意场合的效应，比如说那个"烽火戏诸侯"的玩笑就是一个失败的例子，周幽王为了使"美人一笑"竟与诸侯之间开了这么大一个玩笑。还有那个"狼来了"故事中的小顽童，也是一个不分场合乱开玩笑的人，欺骗了正在农忙的农民，最终害死了自己。

因此，使用幽默不仅要看准对象，还要看准场合。

3. 内容高雅

幽默是一种高雅的享受，它的内容取决于幽默者的思想情趣与文化修养，因此你在选材的时候一定要注意这一点，虽然粗俗的玩笑能博人一笑，但是这种快感往往是暂时的，而只有高雅的、内容健康的幽默才能给对方永久的享受和回味。

比如说钢琴家波奇在一次演奏的时候，发现全场有一半的座位是空着的，于是他就对观众说："朋友们，我发现这个城市的人们都很有钱，我看到你们每个人都买了两三个座位的票。"于是这半屋子听众放声大笑。

4. 不可拿别人的隐私开玩笑

隐私之所以叫隐私，也就是不想让任何人知道的事情。因此你在开玩笑的时候千万不能拿朋友的隐私开刀，否则你将祸从口出，哪怕感情再好，也不要去揭别人的短。这是为人处世的一个基本原则。

某人结婚才两个月，就生了一个小孩，邻居们都纷纷赶来祝贺。这对夫妻的好朋友乔治也来了，但是他带的礼物很奇怪，是小孩子上学用的纸和铅笔。主人还是谢过了他，邻居们不解，于是问此人："尊敬的乔治先生，给这么小的孩子赠送纸和笔，不太早了吗？"

"不！"乔治说，"他的小孩儿太性急，本该九个月后才出生，可他偏偏两个月就出世了，再过五个月，他肯定会去上学，所以我才给准备了纸和笔。"乔治的话刚说完，全场哄然大笑，令此夫妇无地自容。

这看似一个幽默，其实不然，因为乔治调侃了他人的隐私，对这对夫妇来讲，未婚先孕是他们的隐私，可是他的朋友却以此为调侃的材料，这无疑会令大家都处于尴尬的局面。因此在幽默的时候一定要注意不要拿别人的隐私来当笑料。

5. 态度友善

假如你在和朋友开玩笑的时候态度不友善或借着开玩笑对别人冷嘲热讽，以发泄内心的厌恶和不满的感情，那么这就不是一个正常的交流了，你所说的玩笑也就无法称得上是幽默了。

态度友善是交朋友的一个原则，也是幽默的一个原则，如果你不遵守这个原则，即便你说的笑话再好笑，别人也不会去理你，而只会越来越讨厌你。

另外，在进行群体交流的时候，你也要注意给对方一点发表意见的机会，切莫因为自己口齿伶俐，不给对方开口的机会，表面上你占到了上风，但别人会认为你不尊重他人，从而不愿与你交往。

03
别让忧郁扼杀幽默

在我们身边，有很多人特别"忧郁"，再仔细观察一下我们就会发现：这些忧郁之人一点幽默感都没有。自然而然这些人的人缘也是相当不好的。其实原因很简单：他们的忧郁扼杀了幽默，从而影响了自己的人际关系。

我们知道，快乐的情绪可以感染人，忧郁的表情更能影响人。科学家们发现，忧郁具有很强的"传染性"。也许我们曾注意到生活中有这样的情景：午休的时候，办公室本来很热闹，充满欢笑。可没多久，一个同事阴沉着脸进来了，于是大家都停止了说笑，办公室里也变得死气沉沉了……就是这样，无论再怎么避免，它还是能潜移默化地影响我们的情绪，让原本的幽默细胞消失得无影无踪。

一副快乐、聪明的面孔，会让人放松快乐；而一张郁闷难消的脸会让人沉闷和压抑。没有人愿意和一个忧郁的人一起工作，因为他们不想让自己也变得忧郁、不快乐。所以我们一定要注意，不要让忧郁占据我们的心灵，不要让忧郁扼杀我们的幽默。但是我们的生活处处充满了忧郁，那么如何赶走它们、不让它们接近自己的心灵？有两个比较独特的方法可以使用：

1. 主动去帮助别人

一旦我们主动帮助了别人，心里就会产生一种自豪感，而这正是赶走忧郁、保持心态良好、激发幽默思维的最佳途径之一。

杨洁是一位注册会计师，他在一家知名的会计师事务所里拿着高薪，他满怀雄心壮志，想要干出一番事业。他告诉自己，凡事一定要精打细算，绝对不能浪费任何资源，绝不放弃任何机会，要让自己随时保持优势状态，不能让别人超越自己！他甚至采用一些不光彩的手段，把一些业内同事压在自己底下，以确保自己的地位。

虽然杨洁因此获得了丰厚的收入和很高的地位，但是他并不快乐。他总觉得自己生活中好像少了点什么，于是他变得越来越忧郁，越来越没有笑容，最后，他得了忧郁症。一个客户介绍他去看心理医生，医生在了解了他的情况后，没有给他开药，也没有为他治疗，只在他的医嘱上写了一句话："每天去帮助一个身旁的人。"然后，便要他拿回去，两个星期后再来复诊。杨洁虽然觉得莫名其妙，但还是把处方单带回了家。

两个星期以后，杨洁又来到了诊所，但奇怪的是这次他是堆满笑容地推开了门。

"情况怎么样？"医生问。

杨洁开心地回答："真是太妙了！当我学会了帮助他人后，得到了一种说不出的欣喜感！"

有了新的精神寄托，就能将忧虑彻底赶走。杨洁在付出中找到了快乐的源头，于是他就完成了从忧郁到高兴的转变，这就是赶走忧郁的好方法，当我们拥有了这种欣喜的快乐时，也就成了忧郁的绝缘体，也再不会被忧郁侵占了，我们的人生也会云开雾散，再次盈满欢乐的阳光。

2. 让自己忙碌起来

太忙能让自己变得忧郁，太清闲同样也会让我们变得忧郁。约翰·波斯在他的《告别忧虑的艺术》一书中说了这样一句话："一种舒适的安全感，一种内在的宁静，一种因快乐而导致反应迟钝的感觉，都能使人类在专心工作时精神镇静。"

其实，这也反映了心理学上的一条最基本的定理：即使是最聪明的人，也不可能同时想两件以上的事情。所以，我们不可能热诚地想去做一件令人兴奋的事情同时又忧虑着另一件事，因为一种感觉会把另一种感觉挤出去。

如果每天无所事事，我们的思想就很容易被忧虑所控制，并产生一大堆被达尔文称之为"胡思乱想"的东西。而它们会掏空我们的思想，摧毁我们的行动力和意志力，并充斥在我们之后的生活中。那么，如何赶走它们？一个很好的办法就是让自己忙碌起来，用忙碌来消除忧虑。

心理学研究表明，人在无所事事的时候，头脑里就会成为真空。这时，忧虑就会适时而动，占领我们的心灵，但如果我们能让自己的内心被忙碌和更积极的情绪所占据，那么忧虑就无处遁形，也就不会对我们的人生产生什么影响了。

通常来说，忧虑最容易入侵我们内心的时机正是一天的工作结束之后，因为此时我们的精神会放松，思维也会混乱起来，思想一旦被忧虑所侵蚀，就会像一部没有刹车的货车，四处冲撞，撞毁一切。解决它唯一的办法就是让自己忙碌起来，去做一些有意义的事情。

为什么"让自己忙碌"这么一件简单的事情，就能够把忧虑赶出去呢？让我们来做一个实验：假定你现在靠坐在椅子上，闭起两眼，试着在同一个时间去想："熊猫滚滚"和你明天早上打算做什么事情。很快你会发现你只能轮流地想其中的一件事，而不能同时想两件事，从情感上来说，也是这样。

萧伯纳说得很对："让人愁苦的秘密就是，有空闲来想想自己到底快不快乐。"所以与其去思考自己究竟快不快乐，倒不如让自己忙碌起来，这可以加速我们的血液循环，让思想开始变得敏锐，也让生活更快乐。让自己忙碌起来，这是世界上最便宜的一种药，也是最好的一种药，恐怕比任何心理医生的治疗都更加有效。

04
换个说法更能吸引别人

在我们的人际交往当中，难免要表达自己的意见和见解。可是在很多时候，我们的见解和意见并不是顺着对方的意愿说的，相反，有时会驳斥、拒绝对方。如果直接把这个意思传递给对方，自然会刺伤对方的自尊心，影响彼此的关系。当然，不把这种想法传递给对方，同样会给自己带来伤害。

那么在这左右为难的时候，我们该如何做呢？最好的办法就是换一个说法，把自己的意愿传递给对方，这样既不会让对方觉得难堪，也不会让自己受到伤害。那么我们该如何换一个说法呢？有以下几条途径。

1. 利用语义双关传递

双关，即语言包含两层意思，一层是这句话本身的意思，一层是引申的含义。

传说，李鸿章有一个远房亲戚，虽然胸无点墨却热衷于科举，一心想借李鸿章这个独特的关系捞个一官半职。一次，他在考场上打开试卷，竟无法下笔。时间一分一秒地过去，眼看交卷的时间就要到了，便灵机一动，在试卷上写下"我乃李鸿章中堂大人的亲妻（戚）"，希望能获主考官录取。可是主考官在批阅这份考卷的时候，却发现他竟将"戚"错写成"妻"，于是主考官便提笔在卷上批道："所以我不敢娶你。"

"娶"与"取"同音，主考官针对他的错字，来了个双关的"错批"，既有很强的讽刺意味，又极富情趣。

2. 利用正话反说传递

正话反说，即说出来的话、所表达的意思与字面完全相反。比如字面上的意思是肯定，而在实际意义上却是否定；或者正好相反，字面上是否定，而实际意义上却是肯定。这也是我们经常使用的幽默风趣的语言方式。

有一则宣传戒烟的公益广告，上面完全没提到吸烟的害处，相反列举了吸烟的四大好处：一可省布料。因为吸烟易患肺病，导致驼背，身体萎缩，所以做衣服就不用那么多布料；二可防贼。

抽烟的人常患气管炎，通宵咳嗽不止，贼以为主人未睡，便不敢行窃；三可防蚊。浓烈的烟雾熏得蚊子受不了，只得远远地避开；四可永葆青春，即不等年老便会去世。

3. 利用有意曲解传递

曲解，即对原本的意思进行歪曲、荒诞的解释，并以一种轻松、调侃的态度，对一个问题进行广泛的解释，将两个表面上毫不沾边的东西联系起来。

一位妻子抱怨她的丈夫说："你看邻居 M 先生，每次出门都要吻他的妻子，你就不能做到这一点吗？"她丈夫说："当然可以，不过我目前跟 M 太太还不太熟。"

这位妻子的本意是要她的丈夫在每次出门前吻自己，而丈夫却有意地曲解为让他吻 M 太太，这便产生了幽默。这在日常生活中也是我们经常使用的幽默风趣语言之一。

4. 利用巧思妙解传递

巧思妙解，即对一些无法直接回答或者是不好回答的问题进行巧妙的解剖，以另外一种方式进行解答，从而产生了幽默。

英国著名女作家阿加莎·克里斯蒂同比她小 13 岁的考古学家马克斯·马温洛结婚后，有人问她为什么要嫁给一个考古学家，她幽默地说："对于任何女人来说，考古学家是最好的丈夫。因为妻子越老他就越爱她。"

在这里她将古文物的老和自己年龄的老巧妙地结合在了一起，既体现了克里斯蒂的幽默感，又说明了他们夫妻关系的和谐。

5. 利用自嘲传递

自嘲，即用一种比较诙谐幽默的语言来嘲笑自己的某个特点，并以此来取得对方的欢笑。

英国作家杰斯塔东是个大胖子，他由于身体的体积过大，行动往往不太方便。但是他也像罗慕洛（一个伟大的矮个子）那样不以矮为耻，"愿生生世世为矮人"，也不以胖为耻。并且有一次他对他的一个朋友说："我是个比别人亲切三倍的男人。因为每当我在公共汽车上让座时，便足以让三位女士坐下。"

这种轻松愉快的自嘲，创造了轻松愉快的幽默，同时又表现了杰斯塔东高度的自信。

6. 利用夸张传递

夸张，即将某些事情的特点进行无限量的扩张，最终造成一种极不协调的喜剧效果，这也是我们经常使用的语言方式。

大作家马克·吐温有一次坐火车到一所大学讲课。因为离讲课的时间已经不多，可是当时的火车又开得非常慢，十分着急的他想出了一个发泄怨气的办法。当列车员过来查票时，马克·吐温递给他一张儿童票。这位列车员也挺幽默，故意仔细打量，说："真有意思，看不出您还是个孩子哩。"马克·吐温回答道："我现在已经不是孩子了，但我买火车票时还是孩子，因为这火车开得实在是太慢了。"

在这里马克·吐温将事情进行了无限量的扩张——火车开得慢确是事实，但也绝不至于慢到让一个人从小孩长成大人，于是便产生了特殊的幽默效果，令人为之捧腹。

7. 利用出其不意传递

出其不意，即说出别人想不到的语言，或者表达别人想不到的含义，让这种心理落差造成一种幽默的意境。

一个顾客在酒店喝酒，他喝完第二杯后，转身问老板："你一星期能卖多少桶啤酒？""35 桶。"老板得意扬扬地回答说。"那么，"顾客说，"我倒想出一个能使你每星期卖掉 70 桶啤酒的方法。"老板很惊讶，忙问："什么方法？""这很简单，只要你将每个杯子里的啤酒装满就行了。"

老板原以为这个顾客会给他一个好方法，可是这位顾客说出来的话却是在指责这个老板唯利是图，他用一杯啤酒的钱只买了半杯啤酒，这种出其不意的回答便产生了幽默的意境。

第六章

赢在细节，举手投足间赢定人心

细节，顾名思义就是细微之处。人际交往中的言行，体现一个人的人品，打动人心的往往就是这些细微之处。我们要想快速拓展自己的人际交往，就必须在这些细微处下功夫，只要做好这些细节，就等于赢得了人心。

01
善微笑者善得人心

　　微笑谁都会，但是很少有人把它和人际关系联系起来，更没有人知道微笑是赢得人心最关键的一个细节。为什么这么说呢？道理很简单：谁都不愿意和一个整天板着脸的人做朋友。

　　其实我们也可以反过来思考一下：许多人成功，是因为他们的魅力、个性和亲和力。而个性中，最吸引人的，就是那亲和的笑容。行动比语言更具说服力，一个亲切的微笑正告诉别人："我喜欢你，你使我愉快，我真高兴见到你。"

　　微笑可以表现出温馨、亲切的表情，能有效地缩短双方的距离，给对方留下美好的心理感受，从而形成融洽的交往氛围。它能产生一种魅力，它可以使强硬者变得温柔，使困难变得容易。所以微笑是人际交往中的润滑剂，是广交朋友、化解矛盾的有效手段。

　　微笑是一种交际的世界语，微笑没有国界也没有阶级之分，人人都有权利享受别人真心的微笑。达·芬奇的传世名作《蒙娜丽莎》以画中人含蓄、迷人的微笑在世界人民心中留下了美好的印象，也树立了微笑的经典。但有些朋友可能会说，我天生不爱笑，也不会微笑。没关系，因为微笑是可以培养的。空姐接受微笑训练，每天练习微笑，最终获得了成功就证明了这一点。微笑反映了一个人的素质和道德风貌，微笑会使你在人群中大放异彩。微笑，是一束冬日温暖的阳光，可以化解久冻的心湖，让我们在充满爱意的世界里更容易做到心灵的沟通。

钢铁大王安德鲁·卡内基的高级助手查尔斯·史考伯说，他的微笑价值百万美金。他大概也是在暗示这一真理，因为查尔斯·史考伯的性格、他的魅力、他那善于讨人喜欢的能力，几乎是他卓有成就的原因。而那人见人爱的微笑是其中最可爱的因素。

心理学发现，人们最容易给微笑以回报，这几乎是一种本能。成人以微笑面对婴儿，婴儿也会以微笑回报他；有时候，婴儿总是朝你甜甜地笑，成人就是心里满天乌云，也会因此而云开雾散，脸上露出笑容来。你也可以做一个小小的实验：今天你面带微笑；明天你满脸乌云。你肯定会有两种回报。有心理学家说，人际交往中的表情是挂在路口的一块路牌，面带微笑等于在告诉人：此路畅通；面目呆板等于在告诉人：此路不通。所以说，微笑是人际交往最好的通行证。

一位大学生被分配到一家工厂工作。当他来到这个工厂的时候，没有因为工厂设备简陋而感到沮丧，他微笑着对厂长说："我能够来到这里工作，心里很高兴，我一定努力做好工作，请多多关照。"厂长喜笑颜开，十分高兴，热情地欢迎了他。这家工厂虽然生产情况尚好，可厂房、设备、住房等条件都不太好，以前也曾分过两位大学生来厂工作，但这两位大学生总是愁眉苦脸、精神不振，没过多久就先后调走了。厂长见到这位大学生如此态度，不禁肃然起敬，立即委以生产工艺负责人的重任。在这里，这位大学生的"微笑"，也起了一种很好的媒介作用，使别人见到他的第一刻起，就感受到他的热情开朗和良好的精神面貌，自然而然地产生一种亲切、信任的感觉。

微笑是善意的象征，它可以使自己和对方明朗、活跃，产生很大的吸引力。俗话说，恶语不伤笑脸人。

在我们身边，与人交谈面带笑容、听人说话时表现出专注神情的人一般都是人际关系很好的人。表情不仅可以充分展示自己的人格和修养，还可以弥补自身的一些先天不足，也可以掩盖自己的一些缺点。蒙娜丽莎式的微笑会使一些人成为交往中的常胜将军。

微笑是内心愉悦在脸上的自然流露。在人际交往中，没有什么东西比一个阳光灿烂的微笑更能打动人了。

　　微笑在一般场合是一个畅通无阻的通行证。无论你在什么地方，无论你在做什么，与人交际，简单的一个微笑是一种最为普及的语言，它能够消除人与人之间的隔阂。因此，在与人交往时，记住带上你的微笑，如此容易的付出，却会给你的人际交往带来无穷的好处。

　　那么，我们如何才能学会微笑，掌握这个化解人与人之间"坚冰"的"通行证"呢？

　　（1）确信自己的微笑是世界上最美丽的一朵花。

　　（2）抛弃烦恼，让那些轻松愉快的事情永远陪伴着你。

　　（3）尽量消除或减少一些负面消息对你的影响。

　　（4）努力在你的周围寻找那些幽默和欢乐的事情。

　　最为重要的一点，要学会对自己微笑。记住一点，微笑不仅仅是为了别人，更是为了自己。

02
不论尊卑，平等对待他人

我们在交往时会遇到各种各样的人，他们的身份、地位各不相同。而有些人在和别人交往的过程中，总是喜欢摆出一副高高在上的样子，不把别人放在眼里。很显然，这样的人是无法很好地拓展人际关系的。不仅如此，他身边的朋友也会远离他。

中国古代有"三顾茅庐"的典故，刘备因为放下了"皇叔"的架子，放下身份求诸葛孔明出山，最后凭借他的力量建立了蜀国。现代社会同样也有"礼贤下士"的人，这个人就是世界轮胎帝国的缔造者——普利司通，而他所"礼贤"的人就是有着轮胎发明之父之称的洛特纳先生，普利司通在洛特纳先生的支持下，成功缔造了轮胎帝国。

普利司通初到橡胶城亚克朗来打拼天下，虽然由于没有自己的核心技术效益并不好，但在周围，他还是大名鼎鼎的人，可是当他遇见洛特纳先生的时候，对方还只是一个在轮胎厂当搬运工的酒鬼。

那天，普利司通觉得工作太累，平时从不进酒吧的他破例进了酒吧喝酒。可是他坐下来没多久，店堂里就传来阵阵哄笑，循着笑声，他看见一个脸上抹着灰，把裤子当围巾披在肩上的青年，正东倒西歪地走着，一副滑稽不堪的样子。只见他没走多远，就被椅子腿给绊倒，东倒西歪的身体立刻和地板发出了"砰"的声音，众人的笑声更高了。不过在笑声背后，有一个人说了一句话："唉，天天如此，一个标准的酒鬼，搞发明真是害死人啊！"

"搞发明？"敏感的普利司通心中一亮，刚想离开的他又停了下来，他想弄明白洛特纳到底发明了什么东西。

"不太清楚，好像是有关橡胶轮胎方面的。"那人回答道。

"他叫什么名字，他是发明家吗？"

"洛特纳。不过没有人叫他这个名字，大家都习惯性叫他醉罗汉，因为他几乎每天都会喝醉。"听到这里，普利司通似乎明白了这个人心中的苦楚，他很想和他聊聊。可是等他匆匆走出酒吧，已不见那青年的踪影。懊丧不已的他回到酒吧打听到了洛特纳的地址，第二天一早就找上门去。那是一家规模很大的橡胶厂，洛特纳正在费力地搬运一捆材料。

"你是洛特纳先生吗？我今天特地来拜访你。"普利司通微笑着对正在搬运的洛特纳说。

"我不认识你。"洛特纳冷冰冰地说，露出警觉的目光，这样的反应出乎普利司通的预料。但是普利司通并没有理会对方的冷漠，而是继续和洛特纳说话，可是没有想到他竟然掉头走了。

铁了心的普利司通决定在厂门口等待洛特纳先生，并且决定一直等下去，直到他出来为止。从上午10点等到12点，出来吃午饭的工人又回来了，却一直没有洛特纳的身影。即便如此，普利司通还是不肯离开，生怕错失了洛特纳。到下午5点，几乎所有的工人都下班走了，但还是没有见到洛特纳。普利司通又饿又累，就躺坐在路边的水泥座上。他横下一条心，洛特纳早晚是要下班的，见不到洛特纳，他就不走了。

直到晚上6点多，洛特纳才慢悠悠地从厂门口走出，望眼欲穿的普利司通又惊又喜，一下站起来，可是在他站起来的那一刻，顿感两眼发黑，几乎摔倒，走到他身边的洛特纳一下子扶住了他。

"你不舒服吗，普利司通先生？"洛特纳的口气似乎亲切了许多。

"你让我等得好苦！"

"我知道。"洛特纳低垂着脑袋说，"我已经出来三次了，可是每次都看见你等在外面，我又回去了——开始是不愿见你，到了下午，觉得难为情不好意思见你，所以……"

普利司通不需要洛特纳的解释，只要他能答应见自己，就是最大的成功。他的诚意终于感动了对方。两人到酒店共饮畅谈，越谈越投机。

"你发明的究竟是什么东西？"普利司通单刀直入地问。

"是能使轮胎与汽车钢圈接合的装置，这个装置能使轮胎不易脱落。"洛特纳非常失望地说道，"这是我费尽心血研究出的东西，不仅没有人要，别人还拿它来取笑我，以为我是骗子，到处骗钱。"

听了洛特纳的话，普利司通心里非常难受，一边安慰洛特纳，一边让他加入自己的公司。最后，对方同意了。他们都有一种相见恨晚的感觉，互相将对方引为知己。而洛特纳也有感于知遇之恩，下决心帮助普利司通打天下。普利司通的资本和洛特纳的新技术一结合，就立即产生了巨大的效益，他们制成了一种不易脱落而且储气量大的轮胎。

后来，普利司通通过各种途径将这种轮胎介绍给了当时的"汽车大户"——大众汽车负责人福特，并且通过一系列的努力，使福特接受了普利司通的轮胎。装上新轮胎的福特车起飞之日，也正是普利司通的橡胶公司腾飞之时。

此后的几十年间，普利司通公司逐渐成为世界汽车轮胎业的霸主，这一成绩的取得与普利司通放下架子、礼贤下士的精神是分不开的。

那么我们该如何做才能达到这样的效果呢？以下几点不妨来

看一下。

1. 通过分享拉近自己和对方之间的距离

一个优秀的交际者经常会把自己的经验拿出来与对方分享，与对方分享经验无疑对对方能力的提升起着巨大的作用；而糟糕的交际者很保守，从来不会去教也不愿意去教。也正是因为如此，很多人会在一段时间之后离开原来的工作单位。

2. 通过工作交往拉近自己和对方之间的距离

工作是拉近彼此之间距离的最好切入点。一个优秀的交际者说话开门见山，很直白，会把事情描述得清晰明了，往往拥有优秀的表达力，甚至演说家的口才。无论是布置任务还是在交流问题，都是如此，因此对方很快就明白了他的意思并开展工作。而一个糟糕的交际者喜欢装作深沉，故弄玄虚，说话不痛不痒，除去本身语言障碍之外，更多的是一种官僚思想在作怪，这样的交际者只会让对方越来越远离他。只有放下架子，善于和对方建立平等关系，才能正常交际。

3. 通过业余时间拉近自己和对方之间的距离

很多人都以为工作时间和对方在一起都已经够累的了，难道在业余时间也还要和他们在一起吗？答案是是的。一个优秀的交际者会时不时和对方一起进午餐，并且还非常善于寻找时机，比如说公共节日、对方的生日聚会等，这些时间都是和对方拉近彼此距离的好时机；而一个糟糕的交际者不会这样做，即便是和对方一起用餐，也只会待在对方身边享用自己的大餐，不和对方坐在一起交谈。

4. 通过解决问题拉近自己和对方之间的距离

工作中出现问题是在所难免的，很多交际者都会讨厌这个时候，其实这也是拉近自己和对方之间的关系的好时机。一个优秀的交际者会立即承担起责任，然后和对方一起研究解决方案；而一个糟糕的交际者会一味地指责对方，从不承担自己的责任。要知道"负起责任来"也是一位交际者最应该具备的素质，而不是一味地责怪对方。

5. 通过解决困难的过程拉近自己和对方之间的距离

工作中总是会遇到各种各样的困难，而一个优秀的交际者不仅仅注重结果，而且还会关心工作进行的情况并帮助对方解决其中遇到的困难；相反，一个糟糕的交际者只注重结果，不关心过程，更不用说帮助对方解决困难了。其实你在帮别人的同时就是在帮自己。

03
抛弃成见，全面看待别人

在人际交往中，很多人往往存在这样一个不好的习惯：带着成见去交往。即在和别人交往的时候，总是喜欢以对方的一个方面或者其中的一个特点来断定对方是一个什么样的人。比如说看到对方不善于说话，便断定对方是一个不善于交际的人，或者看到对方一个眼神，就自作聪明地认为对方对自己有别的想法……

遗憾的是，这些人往往是自作聪明，不仅没有真正了解对方，而且还使得对方远离了自己。

某分公司里调来一位新经理，总公司分配的。据说是个能人，专门被派来整顿业务。可是日子一天天过去，新经理却毫无作为，每天彬彬有礼地走进办公室，便躲在里面不出门，那些本来很紧张的"坏分子"，现在反而更猖獗了："他哪是个能人，根本是个老好人，比以前的经理更容易唬！"

4个月过去了，就在真正努力工作的人感到失望时，新经理却突然发威了——坏分子一律开除，能人则获得晋升。下手之快，断事之准，与4个月来表现保守的他，简直判若两人。

年终聚餐时，新经理说："相信大家一定对我新到任期间的表现和后来的大刀阔斧感到不解，现在听我说个故事，各位就明白了。我有位朋友，买了栋带着大院的房子，他一搬进去，就将那院子全面整顿，杂草野树一律清除，改种自己新买的花卉。一日，原先的屋主来访，进门大吃一惊地问：'那最名贵的牡丹哪里去了？'我这位朋友这才发现，他竟然把牡丹当野草给铲了。后来他又买了一栋房子，虽然院里更是杂乱，他却按兵不动，果然冬天以为是杂树的植物，春天里开了繁花；春天以为是野草的，夏天里成了锦簇；半年都没什么动静的小树，秋天居然红了叶。直到暮秋，他才真正认清哪些是无用的植物，然后大力铲除，并使所有珍贵的草木得以保存。"

说到这儿，经理举起杯来："让我敬在座的每一位，因为如果这办公室是个花园，你们就都是其间的珍木，珍木不可能一年到头开花结果，只有经过长期的观察才认得出啊！"

还有一个故事：

汤姆与别人合伙开了一个设计公司，在招聘员工时，有一个名叫吉米的小伙子前来面试，他看这个小伙子有些结巴，又留着一头嬉皮士的长发，满脸胡须，便没有录用这个小伙子。

半年后，他的公司业务上涨，尽管有两个设计人员，但还是忙不完手中的活，他又开始招聘。叫吉米的小伙子又来了，因为第一次的印象不好，这一次他连面试的机会都没给这个小伙子。

可是，没过几天，他接了一笔大单，公司里的设计人员反反复复设计也不能让客户满意。到其他公司借了几个人，设计出来的东西也一样达不到客户的要求。正在犯难中，有个朋友带了个小伙子来帮他解决难题，一看这个小伙子，他便认出是曾经来他公司两次应聘，因给他印象不好，而被拒之门外的那个叫吉米的小伙子。

因为朋友关系特殊，又是来帮忙的，他便藏起了心中的成见，看他们工作。没料到这个小伙子有着无穷的创意和独特的思维，设计水平出类拔萃，仅用一天时间，便干完了活，交给客户后，客户十分满意。

这时候，汤姆非常后悔当初把这个小伙子拒之门外。现在，他赶紧收起成见，邀请人家加盟自己的公司，可是人家已经"名花有主"了，正在一家大型设计公司上班。这次也是因为汤姆与这个朋友的特殊友谊，才来帮他这个忙。

这件事给了汤姆一个很深刻的教训，此后他在用人上尽量抛弃对别人的成见，尽量给别人展示自己的机会，希望发现别人的优点，避免再错失人才。

事实确实如此，如果你过于片面地去看待一个人，只能看到这个人的一面，而看不到全部。那么我们也就无法真正认识这个人，只会凭借第一印象而去断定这个人的好坏，对别人产生成见，影响自己的判断。

先入为主是我们在人际交往中经常犯的一个错误，与其说这是"首因效应"在作怪，不如说我们没有明白"全面看待对方"的道理。任何一个人都无法在三言两语中完全展示自己的个性，他们唯一能给的就是第一印象。如果我们单凭第一印象就下结论，十有八九会出问题。要真正了解一个人，需要长时间的、持续的观察。只有通过细致彻底的观察，才能正确评估一个人的价值和性情。

1. 以自己的眼光去看待对方

每个人看人的角度和眼光都是不一样的，面对同样一个人，甲可能用事业的眼光去看待对方，如果这个人事业不错，就觉得这个人可交。而乙可能用家庭的眼光去看待，对方如果不看重家庭，则说明他人不怎么样。那么作为第三个人的你来说，该听从甲的评论，还是听从乙的评论呢？其实甲乙两方的观点只能作为你的参考，你所需要的就是自己的看法，即你必须以自己的眼光去看待对方。这样，你才能真正全面地去了解一个人：他的事业为什么成功？他为什么不看重自己的家庭？为什么他总是喜欢旅游？……一旦你从各个方面找到了这些问题的答案，那么恭喜你，你看问题很全面。

2. 多看表面之后的东西

有时候，为了减少别人对自己的伤害，很多人不得不开始隐藏自己，即我们所看到的可能只是别人隐藏之后的情况，而不是真实的他。那么要想看清对方，我们就应该善于"透过现象看本质"，看到隐藏背后的对方。

当然，要做到这一点是非常难的，我们必须善于从另外的角度去观察对方，比如说对方的一个言行、小细节。毕竟任何一个人，再怎么隐藏，这些小细节是隐藏不掉的。

3. 多角度去观察别人

所谓多角度是指从各个方面去观察，不要单纯地从对方的说话或者工作方面去观察，还可以从对方的为人处事、对待父母、处理问题等方面去观察，这样我们能更加立体地、多面地了解对方。这样了解的结果才是真实可信的，才不会犯先入为主的错误。

4. 给别人展示自己的机会

了解别人，我们除了要注意观察之外，还要善于给别人展示自己的机会。只有对方展示了自己之后，我们才能看清对方的本来面目。就像本节第一个案例当中的那个经理一样，来到公司的时候，他并没有像人们想象中的那么"干脆利落"，而是表现得"毫无作为"。为什么他要这么做，目的非常明确，给下属一些机会表现、展示自己，以便看得更加清楚，定位更加准确。所以，才有了 4 个月之后的大动作。

5. 尊重任何人

俗话说得好：智者尊重每一个人，因为他知道人各有所长，也明白一个人成事不易。傻瓜鄙视别人，一半出于无知，一半因为他中意的总是最差的。要想真正了解一个人，必须让对方向你敞开心扉。而要想让对方向你敞开心扉，首先你必须得尊重对方。这是必不可少的，没有人愿意和一个不尊重自己、伤害自己的人交朋友，更不愿意向这样的人说出心里话。

说到底，认识一个人、了解一个人是需要时间和技巧的。我们不能仅凭第一印象就给对方定位，这样是不公平的，对自己也是没有任何好处的。

04
快速准确地记住别人的名字

名字每个人都有，这并不稀奇。关键是我们在人际交往的时候，是否能够快速而又准确地叫出别人的名字，即使是一个再普通不过的人，都会对自己的名字异常珍视。在任何一个人的心中，名字也就等于代表了自己本身，二者从出生那天开始便已经浑然一体了。如果你恰恰忘记了他人最为珍视的名字，那么真的会给他人带来很大的伤害，但这样的事情总是屡屡发生着。

你是否遇到过这样的情况：某天，你在参加某个重要的酒会时，通过朋友的介绍结识了一位新的面孔。你们聊得很投机，仿佛有了一见如故的感觉。可是让你感到糟糕的是，你居然忘记了这位朋友的名字，虽然在这之前，你的朋友已经告诉过你了。天啊，这样的事情有多可怕！

　　一家大型的电子公司举行了一次庆祝活动，活动结束后可自愿选择是否留下来共同聚餐。多数人因为有事情而直接离开了，只有剩余的十几个人，不过大家也都吃得很尽兴，因为准备的食物比较多，所以到了最后组织者就让大家把没有吃掉的东西带回家去。组织者一一点名，给每个同事都分配了大致差不多数量的食物，分配完毕后，大家就各自回家了。

　　媛媛却被忽视了，因为组织者实在想不起这个女孩子的名字，也就没有直接点到她。她闷闷不乐地回到了家里，她的妈妈看到她这样的状态觉得很纳闷，便问媛媛："今天不是公司组织了活动吗？怎么？你玩得不开心吗？"

　　"妈妈，提起来就让我感到很郁闷，你知道我不是小心眼爱计较的人。"媛媛回答，"我并不是想要那些剩余的食物，只是觉得十分难过。为什么我们的组织者叫了所有人的名字，可就是没有问问我要不要带点回家呢？你知道的，那种被人忽略的感觉真让人难受。"

　　记住别人的名字，而且很轻易就叫出来，就等于给了别人一个巧妙而有效的赞美，一位推销员就是利用记住别人的名字这个小方法，成了销售精英。

　　一位推销员拜访了一个名字非常难念的顾客。他叫尼古得·玛斯帕·帕都拉斯。通常情况下，别人都只叫他"尼克"。为了能够将这笔订单顺利地达成，这位推销员在拜访尼克之前，特别用心念了几遍他的名字。当这位推销员用全名称呼他"尼古得·玛斯帕·帕都拉斯先生"时，他呆住了。过了几分钟，他都没有答话。最后，眼泪滚下他的双颊，他说："先生，我在这个国家已经生活十五年了，从来没有一个人会试着用我真正的名字来称呼我。你是第一个，我想也很有可能是唯一的一个。"推销员轻而易举地达到了他这次拜访的目的，也正是因为这笔订单，他成了销售冠军，得到了公司的褒奖。

细数各行各业的成功人士，他们大多知道记住别人名字的重要性。掌握人心并不在于掌握什么高深理论，而在于细节——记住别人的名字，并且亲切地和他打招呼，仅此而已。

成功的秘诀往往就这么简单，如果你还在怀疑这个细节的重要性的话，那么就让我同你一起来看看钢铁大王安德鲁·卡内基是怎样有效地利用这个细节来打动人心的。

钢铁大王安德鲁·卡内基是个十分细心的人，他在十岁的时候，就发现人们对自己的名字看得十分重要。而他正是因为懂得善于利用这个小细节，才使得他的成功之路变得如此平坦。

当卡内基还是小孩子的时候，贪玩的本性也和同龄的小朋友一样。有一次他抓到了一只小兔子，那是一只母兔。当他把这只小兔子带回家饲养后，没过多久便有了一整窝的小兔子，可是卡内基没有足够的精力去为这一整窝的兔子找吃的。于是，他想到了一个很好的办法，他对附近的那些孩子说，如果他们找到足够的苜蓿和蒲公英，并喂饱那些兔子，他就以他们的名字来替那些兔子命名。那些孩子听他这么说，都开心地行动起来。

这个方法实在是太灵验了，也因为这样，卡内基明白了名字对于每个人的重要性。

而后，当卡内基在商场上纵横驰骋的时候，他始终没有忘记为小兔子命名的那段经历，利用同样的方法，他总是能打败竞争对手，为自己铺就一条充满鲜花的成功之路。

既然记住别人的名字可以带来这么大的好处，那么你还在犹豫什么呢？别抱怨自己的记性差，或是以任何的借口来搪塞你没有记住他人名字的后果，天生就能记住别人名字的天才并不多见，那些能脱口而说出别人名字的人通常都在背后下过一番苦功，如何把别人的名字牢牢记住，也是需要一些技巧的。

1. 将注意力集中在对方身上

集中注意力是十分关键的一点，如果你在第二次与人见面10秒钟后还在绞尽脑汁追忆他叫什么时，那么很显然，你已经忘了他的名字，而这归根结底就在于你在与其初识时，并没有集中注意力去记住他人的名字。因此，想要记住别人的名字，那么一定要在对方自报家门时集中你的全部注意力，假如你当时没能做到，那也不要因为怕得罪对方而难以启齿，此时你要礼貌地请对方再重复一遍，这样总比你对他人的名字毫无印象要好得多。

如果你是身处很多人的场合，那么在众多的陌生人中，你就要有选择地决定自己要先注意哪一位，因为谁也不能一下记住很多个陌生人的名字。而你的这种选择更加容易让自己集中注意力，这样，在你第二次听到这些名字时，就会很快地回想起他们是谁。

2. 将名字脸谱化

做到这点其实很容易，如果你能够掌握这个小窍门的话，那么想记住别人的名字便不会那么困难了。那么现在就让我们来看一下如何将他人的名字脸谱化。

当你刚刚结识了一张新面孔的时候，不妨聚精会神地凝视他的脸庞，从中找出一些特别令人感兴趣、吸引人或与众不同之处，比如可以看看对方的头发是否又黑又整齐，眼睛是否特别明亮，嘴唇边是否有痣等，从这些特点中选出一个，然后再通过夸张等手法储存到记忆中去。当你已经记住了他的某个面部特征后，就可以通过最基本的甚至是有趣的联想将这个人的名字转换成一个难忘的形象。比如，如果某人的眉毛边有个特别明显的月牙形状的痣，你就可以用"月牙弯"这个比喻来勾起自己的回忆。一般来说，这样的联想方式主要可以归纳为颜色联想、年代联想、地名联想、物体联想等，并且越是简单的联想，产生的效果就越好。

3. 找出对方名字的与众不同之处

如果对方名字很特别，那么就更加容易记住了，特别是遇到姓氏比较特殊的人，完全可以用一种联想的方式有趣地记住。比如某个人姓漆，通常情况下有可能与齐相混，让人无法有深刻的印象，那么此时你可以将他的姓氏与油漆相联系，这样自然能够留下深刻的印象。而当你面对的是外国人的时候，他们的名字通常都比较长，第一次基本都很难记住，那么，不妨请他讲讲自己名字的源出以及拼法，这样你便更容易加深记忆了。

4. 重复性的述说

当你认识新面孔时，不妨在与他的交谈过程中，尽可能多地在合适的时间重复他的名字，这种不断地重复过程便可以起到加深印象的作用，比如在别人递过名片时，你完全可以念出他的名字，他也会很欢迎你如此做的。

请记住：一个人的名字对他自己来说，是全部词汇中最好的词。就连拿破仑那样著名的人物，都不忘用各种方法记住他身边每一个人的名字，那么你还有什么理由去忘记别人的名字呢？当你在与人交往的过程中直接说出对方的名字，就一定会成为他所听到的最甜蜜、最重要的声音。

05
用心打动人心

　　人际交往中，每个人都有自己的想法和意图。也正因为如此，我们在和对方交往的时候往往就会因为目的不统一、想法不一致而产生冲突，从而产生一些交际上的障碍。其实要想解决这个问题并不是很难，只要讲究一个原则即可：顾虑别人的想法，首先它是促成与对方合作的一个前提和推动力量，但更主要的，这样做可以更顺利地达到自己的目的。

　　淑仪是一个时装设计员，服务的对象是服装设计师和纺织品制造商。一连三个月，她每个礼拜都去拜访纽约的一位著名的服装设计师。"她从来不会拒绝我，每次接见我都很热情，"她说，"但是她也从来不买我推销的那些图纸。她总是很有礼貌地跟我谈话，还很仔细地看我带去的东西。可到了最后总是那句话：'淑仪，我看我们是做不成这笔生意的。'"

经过了无数次的失败，淑仪总结了经验，她太遵循那老一套的推销方法，一见面就拿出自己的图纸，滔滔不绝地讲它的构思、创意，新奇在何处，客户都听得烦了，是出于礼貌才让她说完的，淑仪认识到这种方法已太落后，需要改进。过了不久，她想出了应对那位服装设计师的方法。她了解到那位服装设计师比较自负，别人设计的东西她大多看不上眼，她抓起几张尚未完成的设计草图来到对方的办公室。"梅梅小姐，如果你愿意的话，能否帮我一个小忙？"她对服装设计师说，"这里有几张我们尚未完成的草图，能否请你告诉我，我们应该如何把它们完成，才能对你更有用处呢？"对方仔细地看了看图纸，发现设计人的初衷很有创意，就说："淑仪，你把这些图纸留在这里让我看看吧。"

几天过去了，淑仪再次来到办公室，服装设计师对这几张图纸提出了一些建议。淑仪用笔记下来，然后回去按照她的意思很快就把草图完成了。结果服装设计师很满意，全部接受了。从那之后，淑仪总是去问买主的意见，然后根据买主的建议制图纸。买主们订购了许多图纸，非常满意，淑仪从中赚了不少的佣金。"我现在才明白，那么多天过去了，为什么我和她不能做成买卖。"淑仪若有所思地说，"我在以前总是催促她快来买，还告诉她这是她应该买的，买了对她很有用，而她却不以为然，认为这里不合适，那里不新颖。而现在我按她的意思去做，她觉得她也参与了设计。这样就满足了她内心中那种渴望——自己的优越感和表现欲，她再也不能拒绝'她自己的'东西了。这就变成了她要而不是我推销，工作起来就容易多了。"

　　我们在不断推销自己、推销自己东西的时候，却不知道别人也有自己的意图，甚至也不知道自己的意图和别人的意图可能已经产生了冲突，如果我们硬是要把自己的想法强加在对方身上，自然不会得到好的结果。

　　说到底，人际交往中，我们不能失去自己的个性，但是也不能过于个性，把自己的意图强加给对方。这样，对方不但不乐意和我们交往，也会告诫身边的朋友："他这个人相当自负，我看还是不要和他交往的好。"那么我们的合作又如何才能开展呢？

06
满足对方的自我价值感

　　我们每个人心中都有一种想当重要人物的愿望，一旦别人帮助他实现了或让他体验到了这种感觉，他当然会对这个人感激不尽。但是当我们凌驾于他们之上时，他们内心便感到愤愤不平，有的甚至嫉恨在心。所以我们要鼓励别人畅谈他们的成绩，自己不要喋喋不休地自吹自擂，那么我们就能搞好人际关系。

　　这个社会，每个人都有一定的价值，但并不是每个人都觉得有自我价值。我们身边的很多人都没有自我价值感，总是羡慕别人的成功、肯定别人的价值。因此，一旦我们给予对方肯定的答复：你是一个有价值的人！帮助对方找到了自我价值感，对方自然会对我们心存感恩，友善地和我们交往。

　　在这一点上，很多人都做得相当到位，比如说松下幸之助、玫琳·凯等。

　　一次，松下幸之助在一家餐厅招待客人，一行六个人都点了牛排，六个人都吃完主餐后，松下让助理去请烹调牛排的主厨过来，他还特别强调："不要找经理，找主厨。"助理注意到，松下的牛排只吃了一半，心想一会儿的场面可能很尴尬。主厨来时很紧张，因为他知道请自己的客人来头很大。

　　"是不是有什么问题？"主厨紧张地问。

　　"烹调牛排，对你已不成问题，"松下说，"但是我只能吃一半。原因不在于厨艺，牛排真的很好吃，但我已80岁了，胃口大不如前。"主厨与其他的五位用餐者困惑得面面相觑，大家过了好一会儿才明白怎么一回事。"我想当面和你谈，是因为我担心，你看到吃了一半的牛排被倒掉，心里会难过。"

　　美国"化妆品皇后"玫琳·凯公司里的一位推销员，虽然很有能力，但由于她经验不足，两次展销会上都没有卖出什么东西。在第三次展销会上，她终于卖出了35美元的东西。虽然在大多数人眼中，数目少得可怜，但玫琳·凯反而表扬她说："你卖出了35美元，比前两次强多了，真是了不起！"老板诚恳的赞扬，令这位推销员心里热乎乎的。通过自己的努力，她终于成了一名著名的推销员，财富与名望都不断地增加。

　　相比之下，同样是公司领导人的某公司经理就做得相当不好了。

一天，这家公司接到了客户赠送的三张旅游券，可是公司却有四个人，于是公司经理自己拿了一张券，发下去了两张。显然有一个人没有得到旅游券，这个人备感打击，对经理产生了憎恨的心理。在他留守上班的日子里，故意把几笔生意给推了。并且从此以后，和另外两个员工也产生了距离。久而久之，另外两个员工似乎也觉得"亏欠"了什么，主动提出了辞职。

且不说这位员工做法对不对，那位经理首先犯了一个错误，他应该去补一张券，或者自己不去旅游，或者对留下的那位员工进行解释，让他下次优先享受"好处"。遗憾的是他没有这么去做，最终闹得同事关系紧张，同时对公司也产生了很大影响。

任何一个人都有满足自我价值的需要，我们务必要意识到这一点。你在满足别人价值的同时，也就是在为自己的交际、人脉增砖添瓦。一个交际达人，并不一定要"口若悬河"，但他必须懂得如何去满足别人，肯定别人。

或许你的身边很多人都在埋怨自己的人脉不好、没有多少朋友、在落难的时候没有人帮忙。其实这些人不是缺少可以做朋友的人，而是缺少把这些人当成朋友的有效途径。那么肯定、满足对方的自我价值就是有效捷径之一。只要做到以下几点对你就会有帮助。

1. 时刻记得尊重对方

尊重别人是一个很大的话题，落实到现实当中就是尊重别人的言行、思想、劳动、选择等。如果别人刚提出一个想法，你就毫不犹豫地批判对方的想法是错误的、不可理喻的，即便对方表面上没有说什么，心里面还是会讨厌你的，这个时候，你不要怪对方"心理不健康"，因为那是你自己一手造成的。是你曾经不尊重别人要付出的代价。

2. 肯定对方

这里的肯定包含几个方面：肯定对方的能力、为人、努力、所取得的成就、劳动成果等。就如同松下幸之助肯定那位厨师牛排做得好吃一样，只是简单的几句话，就让对方听着很受用。试想，如果你是那位厨师，当你听到松下幸之助这番话的时候，你的心里会有什么想法？如果有机会和松下幸之助交朋友，你愿意不愿意？

结果显而易见。很多人之所以没有松下幸之助那么有人缘，是不是应该反省一下：我曾经肯定过别人吗？如果没有，那么从这一刻开始，这么去做，你将会受益无穷。

3. 欣赏、夸奖对方

称赞和尊重别人，能够欣赏别人，使他们觉得很受重视，这样做能产生意想不到的作用。同样，别人反过来也会尊重你，以积极的态度对待你。

千万不要觉得对方身上没有你看得见的优点就可以不去欣赏、夸奖对方。任何一个人都不是完美的，反过来说，任何一个人身上都具备一些值得去肯定、欣赏和夸奖的地方，努力找到这一点，然后张开嘴，勇敢地夸奖对方。那么你的人缘就会好起来。人缘就是一盆花，而你对别人的欣赏、肯定就是这盆花所需要的阳光、水、肥。

4. 重视对方

重视别人，是看重别人的一种表现，同时也是满足对方自我价值的一种方法。比如说重视别人所提的意见、对某些事情的看法、对某些问题的选择等，虽然这个时候，我们只是默认对方的做法，并没有做什么事情，但是对于对方来说，这就是最大的支持，最大的肯定，是他们自我价值实现最有效的途径之一。

因此，在别人为某些事情忙得不亦乐乎的时候，我们不妨站在旁边，以欣赏的眼光来看待对方的行为，然后在对方擦汗的时候，给他一个微笑的鼓励或者拥抱。记住，这就是最大的重视，最好的肯定。

5. 放下架子，让别人脸上有光

如果你是一个喜欢高高在上的人，那么不妨改掉这个不好的习惯，降低自己的身份，好好地和对方聊一聊。这个时候，你不必多说，只要坐在对方面前，温和地看着对方，听着对方说话就足够了。

当然，对于第二次见面的人，如果你能立刻叫出对方的名字，他脸上会很有光彩，有一种被重视的感觉，并且很快对你产生好感。这样，就能够吸引他们和自己做朋友。

总而言之，与人交往时，你需要别人了解你的价值，需要别人的认同，需要受到重视，那么，你必须让你遇到的每个人感觉自己重要和被需要、被感激。

语言的
魅力

黄灿灿◎编

幽默风趣　言之有物
别输在不会表达上

语言表达能力的强弱，
是人生成功的一个至关重要的因素
人际关系学家戴尔·卡耐基说：
一个人的成功，15%靠技术知识，
85%靠口才艺术

吉林出版集团股份有限公司

前　言

　　成功学之父卡耐基曾说过，"一个人的成功有百分之十五取决于专业知识，百分之八十五得力于口才艺术"。人类行为科学研究者汤姆士也曾指出："说话的能力是成名的捷径。它能使人显赫，鹤立鸡群。能言善辩的人，往往使人尊敬，受人爱戴，得人拥护。它使一个人的才学充分拓展，熠熠生辉，事半功倍，业绩卓著。"他甚至断言："发生在成功人物身上的奇迹，一半是由口才创造的。"著名政治家、企业家、外交家本杰明·富兰克林也说过："说话与事业的进步有很大的关系。"在我国流传的俗语之中更有"一言兴邦，一言丧国"之说。由此就可见语言的魅力和重要性了。

　　事实上，口才在现实生活中的方方面面都有着重要作用。谈话需要口才，说服需要口才，求人办事需要口才，演讲需要口才，商务谈判需要口才，推销需要口才，特别是想要成就大业的人更需要口才……总之，生活的方方面面都离不开口才。

　　有了好口才，就有了比常人突出的优点。因而，也会给自身带来更多的方便和好处，使原本漫长的等待大大缩短，使原本不可能的事情变得可能，使自己想都不敢想的机会降临在自己的头上……

罗马的演说家西塞罗，美国的演说家詹宁斯·伯瑞安，中国著名的演说家李燕杰，在千千万万人中脱颖而出，成为众人瞩目的名人，正是因为他们拥有无与伦比的口才。

知识就是财富，口才就是资本。说话水平高，你的才干就可以通过言语充分地显露出来，你的良好形象就可以通过口才具体地展现出来。口才使你脱颖而出，施展才华，助你在事业上走向成功。

未来的社会，口才的重要性将会日益显现。随着办公自动化的迅速发展，几乎所有的例行工作都可由机器来处理，但在这场惊涛骇浪般的自动化革命潮流之中依然能够屹立不动的，便是最具有人性化的那些部门，也就是与人谈话和交往最多的部门。由于说话几乎不可能被融入办公自动化的范围内，因此它便成了生意人的最后筹码。因此，一个人是否具备良好的沟通能力，就成为决定他生存的一项重要资本。

目录
Contents

第三章　会说，是职场晋级的另一种资本

第四章　带队伍，必须深谙说话的艺术

第五章　谈感情，不会说你就惨了

第六章　**美满的家庭，需要语言来维系**

第七章　**这样做，你就能不为难他人和自己**

第一章

提升语言魅力，
应该如何入手

人类自从有了语言，便有了交流的工具。但对现代人来说，仅仅一般性地掌握语言是不够的，还得有好的口才，还需要掌握说话的艺术和技巧。

没有人天生就有好口才，能言善辩，舌灿莲花。好口才需要日积月累，不断训练。只要你掌握正确的训练方法，扎扎实实地打好基础，就能成为一个出色的演说家，一个令人钦佩的名嘴。

01
会说话能给你带来好运气

语言是一柄双刃剑，用得好，可以为你逢山开路、遇水搭桥；用得不好，就有可能成为回头剑，反过来伤了自身。因此，一定要谨慎使用。古今中外，一生败于说话的人很多，一生成功于说话的人也很多。

有的人可以凭着自己一张巧嘴，在危险中救得自己的性命。

唐朝安史之乱中，安禄山攻陷京城长安，在皇宫中捉到了一名乐工，正准备推出午门问斩之时，那乐工大叫道："你不能杀我啊！"安禄山坐在唐明皇的龙椅上，双手摸着肥厚的肚子笑道："我为何不能杀你？"

"我有一技之长，你杀了我会后悔的。"

安禄山大笑："你不就是会吹吹打打吗？杀了你何悔之有？"

"我还会占梦啊！"乐工忙道。

"你会占梦？那好，我问你，昨晚我做了一个梦，你若能解，我就不杀你。否则……"

"将军请说，我一定能解！"

"我梦见自己的衣袖筒很长，手臂无论如何也伸不出来。你说说这个梦是什么意思？"

乐工听后，沉思片刻，便拱手相答："这是大吉之梦，衣袖不能出手，意味着将军可垂衣而治天下啊！"

安禄山听得心中乐滋滋的，便放了乐工。

几年后，安史之乱被平定，皇帝听说乐工的这一"劣迹"，便逮来要杀他的头。

乐工又连呼冤枉："我过去为叛贼解梦，并非真心为他办事，而是要麻痹他的斗志。梦的本意是袖子很长，手取不出来，正应验了'出手不得'的谚语啊！皇上要杀我，岂不冤枉了我一片苦心？"

皇帝觉得乐工所言有理，于是赦免了他，并给予一定的奖赏。

聪明的乐工用巧言保住了自己的性命。

晋文公一次用餐时，厨官让人献上烤肉，肉上却缠着头发。文公叫来厨官，大声责骂他说："你存心想让我噎死吗？为什么用头发缠着烤肉？"

厨官赶忙跪下，拜了两拜，装着认罪，说："小臣有死罪三条：我找来磨刀石磨刀，刀磨得像宝刀那样锋利，切肉就断了，可是粘在肉上的头发却没切断，这是小臣的一条罪状；拿木棍穿上肉块却没有发现头发，这是小臣的第二条罪状；燃起炽热的炉子，炭火都烧得通红，烤肉烘熟了，可是头发竟没烧焦，这是小臣的第三条罪状。"

文公说："你讲得有道理，但这头发究竟从何而来呢？"

厨官说："君王的厅堂里莫非有怀恨小臣的侍臣？"

文公立刻叫来厅堂外的侍臣责问，果然有人想诬陷厨官，文公就将此人杀了。

这名厨官就很懂说话之道，面对晋文公的指责，他既没有直言相抗、拼命推脱责任，也没有忍气吞声、自认倒霉，而是采用了一种巧妙的方式为自己辩护。

厨官心里明白，这虽然是个冤案，但如果正面辩解，有可能使晋文公火上浇油，怒气更盛而获死罪。因此，他采取正意反说的方式为自己辩解。他装着认罪的态度供认了三条罪状，其实是为了澄清事实：切肉的刀如此锋利，肉切碎了而头发居然还绕在上面；肉放在火上烤，肉烤焦了而头发犹存。所有这些，都明显不合乎事理。

我们的日常生活、工作离不开交际，需要沟通、交流。掌握出色的语言表达技巧，可以使熟人之间感情更深；可以使陌生人产生好感、结成友谊；可以使意见分歧减少、求同存异、化解矛盾；可以使彼此怨恨的人消除敌意、握手言和。说话能力是现代人必备的素质之一。在各种各样的人际交往中，拥有好口才，你将会广受欢迎，能轻松地与他人融洽相处，在社会交往中如鱼得水；拥有好口才，就等于拥有了辉煌的前程；拥有好口才，将会带给你美好的人生！

　　语言真是神奇，日常生活工作中，一句话说不好，就可能让自己身陷尴尬之地；而一句话说得好，就可能让自己摆脱困境。人生在世，谁都希望成功，在这个时代，每一个有志者都应努力提高自己的说话水平，借助语言这一工具交流思想，传递信息，表达感情，展现自己的良好社会形象，进而赢得人们的敬重和信任，并如愿以偿地踏上成功之路。

02
"舌头"的功能

口才是口语表达的才能，即善于用口语准确、贴切、生动地表达自己思想感情的一种能力。随着社会交往逐渐频繁，人们越来越重视"舌头"的功能了。有的人讲话尽显真知灼见，给人以深邃、精辟、睿智、风趣之感，他们必然会成为社交场合上的佼佼者。

我国春秋战国时期，君主崇尚口才，天下学者俊士纷纷学习雄辩的技巧，游说蔚然成风。秦国以推行连横策略而著称的游说家张仪，就颇懂得舌头的珍贵。他初到楚国当说客时，一天，碰巧相国家丢失玉璧，主人咬定他是窃贼，将其严刑拷打后逐出家门。回家后，妻子叹着气说："你若不读书游说的话，怎么会遭到这样的奇耻大辱呢？"谁知张仪并无愠怒之色，却答非所问地道："你看看我的舌头还在吗？"他认为：舌头在，就有飞黄腾达之望。后来，他真的扶摇直上，当上了一人之下，万人之上的相国。

我国古代有"一言可以兴邦，一言可以误国"之语，可见口才具有举足轻重的地位。六朝著名文学评论家刘勰描述"战国争雄，辩论云涌，纵横参谋，长短角势"，可谓盛况空前。《史记·陈涉世家》中记述，陈胜揭竿而起时，就是用演说发动群众的。他的一句"王侯将相宁有种乎"令人热血沸腾，在他这番话的"鼓舞"下，爆发了中国历史上第一次农民起义。由此可见，"三寸不烂之舌，两行伶俐之齿"对鼓动人心，对治国安邦的重要。

说到"舌头"的功能，很容易使人想起古希腊寓言家伊索的一则故事。

伊索年轻时在贵族家当仆人，有一次，主人设宴，来者多是哲学家。主人令伊索备办最好的酒招待客人，伊索专门收集各种动物的舌头，办了个舌头宴。开餐时，主人大吃一惊，问道："这是怎么回事？"伊索答道："您吩咐我为这些尊贵的客人办最好的菜，舌头是引导各种学问的关键，对于这些哲学家来说，舌头宴不是最好的菜吗？"客人闻之，个个发出赞赏的笑声。主人又吩咐伊索说："那我明天要再办一次酒席，菜要最坏的。"次日，开席上菜时，依然是舌头。主人见状大怒，伊索却不慌不忙地回答："难道一切坏事不是从口中出来的吗？舌头既是最好的，也是最坏的东西啊！"

演说、雄辩之风早在古希腊、古罗马时就相当盛行。在古罗马，演说简直是一种享受，那时，演说家比文学家占有更高的地位，辩论术成为一切高尚生活不可缺少的因素和装饰品。那时的人可以不听音乐，却愿意把时间花在听演讲、辩论上。许多哲学家同时又是演说家，他们对演说、雄辩与社交的关系都有不少精辟、深刻的见解。公元前4世纪，在雅典涌现了安提芬、伊索克拉底、德摩西尼等著名演讲家。

人生的成功与失败，往往跟口才有关，决定于在社会生活中所说的话，有时甚至决定于某一次的谈话。这可不是夸张，是从实际生活经验总结而来的。本杰明·富兰克林在自传中有这样一段话："我在约束我自己言行的时候，在使我日趋成熟，日趋合乎情理的时候，我曾经有一张言行约束检查表。当初那张表上只列着十二项美德，后来，有一位朋友告诉我，我有些骄傲，并且这种骄傲经常在谈话中表现出来，使人觉得我盛气凌人。于是，我立刻注意到这位友人给我的忠告，我相信这样足以影响我的发展前途。随后我在表上特别列上"虚心"一项专门注意，我所说的话，竭力避免一切直接触犯别人情感，甚至我禁止使用一切确定词句，如'当然''一定'等，而用'也许''我想'来代替。"说话和事业的关系，是成功与失败的关系。你如出言不慎，跟别人争辩，那么，你将不可能获得别人的同情、别人的合作、别人的帮助、别人的支持、别人的赞赏。富兰克林正是时时约束自己的言行，时时注意自己的言谈对他人可能造成的影响，并努力改正说话时的弊病，才取得了巨大的成功。一个人事业的成败，常会在日常的谈话中取得印证。你想获得事业上的成功，必须具备应付自如的口才能力。

列宁认为："一个鼓动家就是善于对群众讲话，善于用自己的热情去鼓动群众，善于抓住突出的、说明问题事实的人民演说家。"口才在革命斗争中起到非常重要的作用，老一辈革命家中，就有许多口才出众的鼓动家。他们的话，有的如战鼓催征，雄兵开拔；有的似江水直下，一泻千里；有的如绵绵春雨，灌人心田；有的似狂飙突起，威震敌胆。

口才对社会交际也有重要的意义。在现代信息社会中，人们越来越重视社会交往，而社交能力的高低，主要表现在说话艺术的巧拙上。

有人说，是人才未必有口才，而有口才者必定是人才，此言有一定道理。现在说话、演讲的能力已成为现代人必须具有的重要能力，更是创造型、开拓型人才的必备素质。口才的作用已渗透当代生活的各个领域，大到解决国际争端，小到邻里纠纷，无不需要口才。

演说、谈话都是以语言点燃人的心灵火花的高超艺术。努力练就一副好口才吧，你将会在社会交往中如虎添翼，发挥出更大的能量来。

03
几种行之有效的训练方法

1. 快读法

具体做法是，找一篇精彩流畅的演讲稿，或者文辞优美的散文，然后找个僻静的地方，大声地朗诵它。就像上小学、中学我们朗读课文一样。一开始，你可以读得慢一点，熟练之后，就逐渐加快速度，一次比一次读得快，最后达到你的极限。

读的过程中，不要停顿，但发音要准确，吐字要清晰，尽量发声完整。

2. 讲故事法

你的身边也许发生过许许多多的故事，或者你亲身经历，或者道听途说，你不妨把它们讲出来，讲给自己听。讲述之前，你可以先研究一下人物的性格特征，以及人物之间的关系。对你所掌握的材料进行分析、研究之后，你就可以开始讲了。你要反复练习，使自己投入到故事中去，力求在讲述中做到惟妙惟肖、语言生动形象。

3. 听说结合法

平时听广播、看电影时，可边听边轻声跟着说。久而久之，你会惊喜地发现：自己的口语精练了，连普通话水平也提高了。尽量讲慢些，养成从容不迫地思维和说话的习惯，一句一句想，一句一句说。

冰冻三尺，非一日之寒。如果你是一个不甘平庸、欲图大事的人，不妨从现在开始锻炼说话的能力，为将来的事业打好基础。只要你多听多说，勤学苦练，用不了多久，你就可以在任何场合，面对任何人，都能做到潇洒自如地侃侃而谈了。

04
读书破万卷，开口如有神

　　一个胸无点墨的人，是不能做到在谈话中应对自如、侃侃而谈的。"工欲善其事，必先利其器。"这是一句非常实用的老话，想和任何人都能愉快、顺畅地交谈，就必须具备广博的知识。书本是增长知识的重要工具，即使是最伟大的口才家，也要借助阅读来丰富谈话内容。

　　每天都能做到多读书、多看报，就能了解世界的动向、国内的情形、科学界的新发明和新发现、艺术新作、娱乐信息、影视作品等。如此一来，你就能应付各种人物和场合。

　　著名演说家福克斯每天都高声朗诵莎士比亚的著作，以使他的演讲风格更加完善；古希腊著名演说家狄摩西尼斯亲笔抄写修普底德的历史著作达八次之多；英国桂冠诗人丹尼生每天研究《圣经》。

美国总统林肯是世界著名的演说家，他的优秀口才也是得益于阅读，他能把布朗特、拜伦恩的诗集整本背诵下来。他在白宫时还经常翻看莎士比亚的名著。他征服千百万听众的重要武器，就是演说中的旁征博引显示出来的卓越学识。他以尼亚加拉大瀑布为题材进行的一次演说，精彩绝伦，令人拍手称赞："……当哥伦布最初发现这一块大陆，当耶稣基督被钉在十字架上，当摩西率领了以色列人渡过红海……古代人和我们现代人一样，他们曾见过尼亚加拉瀑布，比人类第一个始祖还老的尼亚加拉瀑布和现在同样新鲜有力。史前世纪庞大的巨象和爬虫也曾见过尼亚加拉瀑布……"

在这段演说中，林肯把历史与传说结合起来，涉及了哥伦布、耶稣、摩西、亚当等一系列在世界发展史上颇有影响的人物，林肯让这条无生命的瀑布变得生机盎然起来。

熟读唐诗三百首，不会作诗也会吟。饱读诗书可以积累丰富的诗词歌赋，谈话时可以旁征博引，增加言辞的魅力。

文学作品中，我们也能找到佐证：

诸葛亮能在赤壁之战中舌战群雄、智激周瑜，正是他读书学习的结果。

孙权是一位"内事不决问张昭，外事不决问周瑜"的君主，东吴是战是和，周瑜是个关键人物。面对年轻气盛、血气方刚的周瑜，诸葛亮闭口不谈时局，而是背诵了曹操的《铜雀台赋》，借用赋中"揽二乔于东南兮，乐朝夕之与共"的句子，作为曹操想夺孙策和周瑜二人的妻子的证据，以此激怒周瑜（孙策的妻子是大乔，周瑜的妻子是小乔）。周瑜听罢，勃然大怒，立即表明抗曹决心："望孔明助一臂之力，共破曹贼。"

诸葛亮恰当地引用一首辞赋就顺利完成任务，着实令人赞叹。如果诸葛亮平时从未读过《铜雀台赋》，又怎么能与周瑜交谈时用得上呢？

读书在帮助你提升修养的同时，也让你不断积累谈话的材料，是丰富谈资的好方法。

香港九龙有一家美容院，生意兴隆为当地之冠。在讲述经营之道时，店主坦承，是由于美容师在工作时善于和顾客攀谈之故。怎样才能使员工善于说话呢？原来店主规定，每位职员每天早上开始工作之前，一定要阅读报纸杂志，这成为一项日常功课。

通过阅读，店员自然能找到谈话的资料，博得顾客的欢心。

想要增加文字的存储量，扩展谈话内容，必须让自己的头脑接受书籍的熏陶。读书可以增长知识、开阔眼界，从而丰富谈资。当你"读书破万卷"的时候，自然能做到"开口如有神"。

05
丰富的阅历为话题增色

世事洞明皆学问，人情练达即文章。丰富的人生阅历是话题富足的根源，由自身体验得出的话题最具有魅力，而且取之不尽，用之不竭。所以，想要积累谈资，就要不断地拓宽视野、增长见闻，丰富自己的生活经历。

当一个人就某个话题表述自己的看法的时候，往往总是首先在他已有的人生阅历的材料储备中去寻找和发现可供选用的内容，把它编入话题。自己亲身经历过的事情，往往感受最真切、具体、翔实，表述的时候也最生动、最形象、最动人。

莎士比亚的著名悲剧《奥赛罗》中，奥赛罗之所以能获得苔丝狄蒙娜的爱，就是因为他动情地讲述了自己的人生经历。奥赛罗是一个黑人，他英勇善战，屡建奇功，深得元老院元老勃拉班修的器重。勃拉班修常常请奥赛罗到他的家里去，要他讲述自己传奇般的人生经历。

奥赛罗把自己的一生从童年开始原原本本地说了出来，讲述了最可怕的灾祸，海上陆上惊人的奇遇，遇险和脱险，被俘为奴和遇赎脱身的经过，以及旅途中的种种见闻。在奥赛罗动情地讲述自己的经历时，勃拉班修的独生女儿苔丝狄蒙娜在一旁听得很仔细，她受到极大的感染，从而爱上了奥赛罗。她暗示奥赛罗说，要是她有一个朋友爱上了她，他只要教她怎样讲述他的故事，就可以得到她的爱情。于是，奥赛罗向她求婚了。

所以，在寻找谈资时，不妨多从自己的阅历入手，讲一些自己的旅途见闻、有趣经历、难忘的奇遇……

人生阅历和社会经验是口语表达的重要基础，一个久经沙场的将军说起打仗必滔滔不绝；一位经验丰富的记者，谈到采访定会真实可信，生动感人；一个游历四方、走遍大江南北的旅游爱好者，谈起各地的风土人情，定会口若悬河。

谢莎是一个谈话高手，无论是在公司里，还是在家里，或是在朋友的聚会上，她都是"焦点人物"，通常都是她在滔滔不绝地讲个不停，而大家都是最忠实的听众，津津有味地听她发言。

是什么有趣的故事能让谢莎滔滔不绝，让大家兴趣盎然呢？就是谢莎丰富有趣的经历。谢莎是个超级"驴友"，特别喜欢旅游，只要有时间，就会背上背包，四处游玩，从"冰城"哈尔滨到海南的"天涯海角"，她的足迹遍及大江南北，有了这么丰富的旅游经历，自然就会有很多谈资了。从北京的故宫，讲到南京的中山陵；从泰山讲到庐山；从西湖八景讲到桂林山水……只要谢莎在，谈话气氛一定是非常欢快热烈的，大家都喜欢听她讲旅途见闻，就仿佛自己也去那里旅游了一样。

旅游是丰富人生阅历的一个好方法，此外，还可以通过参加社会活动，使自己的人生更加多彩。例如参加公司的运动会，参加社区的征文比赛，或者利用空余时间去参观博物馆、看话剧……通过这些方式，都可以使我们的阅历丰富起来。这样，在谈话的时候，就会有取之不尽用之不竭的谈资了。

只靠一张嘴巴凭空谈是远远不够的，我们在生活中会遇到各行各业，各个阶层的人，想要和每个人都能侃侃而谈，就要以丰富的社会经验和阅历作为依托。

个人的生活经历越丰富，话题就会积累得越多，你的表述也就越生动形象，也就越吸引人。

06
内涵深厚才能妙语连珠

　　总有一些人抱怨自己没有天生的好口才，和别人在一起总是无话可说。其实，口才并不是天生的，是要有足够的底蕴作为基础的。

　　苏秦是我国战国时期一位有名的纵横家，他就是依靠自己的口才为各国的君主出谋划策。但是，苏秦并不是一开始就是成功的。他曾经拜师鬼谷子，学成出师之后，他先后去游说过周王、秦王，但是都失败了。随后，苏秦很落魄地回到了家里，受到了亲戚朋友，甚至包括自己父母的冷落。

　　苏秦受了很大的刺激，决心争一口气。从此以后，他发愤读书，钻研兵法，天天学习到深夜。有时候读书读到半夜，又累又困，他就用锥子扎自己的大腿，虽然很疼，有时候都刺出血了，但是这样一扎，精神却来了，他就接着读下去。就这样用了一年多的工夫，他的知识比以前丰富多了。

从公元前 334 年开始，他到六国去游说，宣传"合纵"的主张，结果他成功了。第二年（公元前 333 年），六国诸侯订立了合纵的联盟。苏秦挂了六国的相印，成了显赫的人物。

苏秦以"三寸不烂之舌"抵挡百万雄兵，成为一个"前无古人、后无来者"的英雄。从苏秦的例子中，我们不难看出，好的口才是建立在深厚的学识基础之上的，如果脱离了这个根本，那么口才就会成为"无源之水、无本之木"。

口才的好坏与自己掌握知识的多少有密切的关系。拥有了深厚的知识积累和高雅的涵养，自然就能提升口才水平。

准确、缜密的语言，句句入理，能够说服人；清新、优美的语言，饱含激情，能够打动人；幽默、机智的语言，妙趣横生，能够感染人。而这些都来源于长年累月的深厚积累。所以，要想有好的口才，首先就要丰富自己的内涵，提高自己的学识修养，只有这样，才能够口吐莲花，妙语连珠，倾倒众人。

想要丰富自己的内涵，提升修养就要从以下几方面努力。

1. 加强知识积累

渊博的知识、睿智的头脑来源于平时一点一滴的学习和积累。一个人要想真正提高自己的演讲与口才能力，就必须尽可能做到读万卷书，识万般理。

2. 关注生活，加强生活积累

要想有好口才，多加强生活积累显然也很重要。用心去观察生活中的人和事，感受生活的脉搏，去体味生活的酸甜苦辣，用眼睛欣赏生活的五颜六色，用耳朵聆听生活的各种声音。

3. 把握时代脉搏

社会在飞速发展，社会生活的各个方面日新月异，如果你不能紧跟时代的潮流，必将会被时代远远地抛在后面。一个落后于时代的人，是不会有好的谈资的。

提高内涵要从多方面努力：多吸取知识，多关注生活，多关注时事。"问渠哪得清如许，为有源头活水来。"深厚的内涵为你能够滔滔不绝地和别人交谈，奠定了良好的基础。

第二章

管住嘴，语言魅力 自然提升

　　语言是一把双刃剑，运用得好，就能为你带来成功的事业、幸福的家庭、良好的人际关系。运用得不好，就会出现人际关系危机，甚至危害整个人生。

　　自古就有"祸从口出"的箴言，智慧的人不仅懂得如何说、怎么说，更知道什么不说。

　　了解语言的禁忌，管住你的嘴，才能更好地发挥语言表达的魅力。

01
说话要看对象

会说话，不仅仅是说话动听，言词美好，还要依照不同场合、不同人群、不同风俗、不同背景进行自然表达，只有这样你才能得心应手，左右逢源。

1. 看性别说话

性别不同，对言辞的接受也有差别。俄罗斯有一句谚语说："男人靠眼睛来爱，女人靠耳朵来爱。"这就指出性别对于接受是有影响的。无论是言辞涉及的内容，还是言辞表达的程度、声调都如此。

在现实生活的社交场合、会议间隙、公益活动中，人们在礼节性的互致问候之后，往往喜欢三个一群、五个一伙地聚在一起交谈。而这三个五个的，又总是按性别组合——男士与男士侃，女士与女士谈。我们注意到这样一个情况，男士的话题大而广，女士的话题小而狭。一般说来，男士爱谈的是时事、政治、法律、体育、文化、社会问题、经济动向等；而女士爱谈的则是孩子、丈夫、日常经济、消费心得等。说话者必须依据性别选择说话内容，努力使自己的言辞吻合接受者性别的需求。

在说话者言辞接受的程度上，一般说来，男士较能承受率直、干脆、粗放、量重的话语，而女士则喜欢委婉、轻柔、细腻、量轻的话语。说话者必须依据接受对象的性别选择自己的表达方式与程度。

在通常情况下，说话者如果是男士，而接受者又并非自己的妻子、恋人或关系很密切的姐妹，那么言辞就应当严格把握分寸，在内容上、方式上都要充分注意女性的接受特点。对一些可以向男士说的话，就不一定能向女士说；对一些可以向男士使用的表达方式，就不一定能用之于女士。

2. 看教养层次说话

教养是指接受对象的一般文化和品德水准，包括文化程度、知识积累、生活阅历、涵养气度等。教养层次不同，对说话者言辞的接受程度也不同。有些话说出来，甲听得懂，理解得了，乙就可能听不懂，理解不了。像作家丁玲的小说《太阳照在桑干河上》中的人物——工作组组长文采的演讲，就是没有区分接受对象的教养层次和实际需求，而致使"言者谆谆，听者藐藐"。所以，说话者在进行言辞表达时，要认清自己的接受对象教养层次如何，盲目表达不仅达不到说话的目的，甚至会弄巧成拙，贻笑大方。说话者面对陌生的接受对象，或一时间不能确定其教养程度时，所表达的言辞应力求通俗化、大众化，那种故作深沉的做法是不可取的。

3. 看性格说话

人各有其情，各有其性。言辞表达的内容与方式必须因人而异，符合接受对象的脾气、性格，才有可能产生"同声相应，同气相求"的效果。

性格外向的人易于"喜形于色"，性格内向的人多半"沉默寡言"。同性格外向的人谈话，你可以侃侃而谈，同性格内向的人谈话，则应注意循循善诱。

两千多年前，孔子就注意针对学生的不同性格来回答他们的问题。有一次，孔子的学生仲由问："听到了，就去干吗？"孔子回答说："不能。"另一个学生冉求也问："听到了，就去干吗？"孔子说："干吧！"公西华听了有些疑惑，就问孔子："两个人问题相同，而你的回答却相反。我有点儿糊涂，想来请教。"孔子答："求也退，故进之；由也兼人，故退之。"（意思是，冉求平时做事好退缩，所以给他壮胆；仲由好胜，胆大勇为，所以我要劝阻他。）可见，孔子教诲人不是千篇一律，而是因人而异，特别注意学生的性格特征的。日常生活、公关活动等各方面的交谈也要注意这一点。

4. 看对方心境说话

人际交流中经常会有"言者无意，听者有心"的情况，说话不注意洞察对方的心理状态，往往会产生意外的问题。《红楼梦》第八十三回写到大观园中一个婆子教训自己的外孙女："你这不成人的小蹄子！你是个什么东西，来这园子里头混搅！"这话恰好被黛玉听到，她误认为婆子骂她，于是大叫一声道："这里住不得了！"直气得"两眼反翻上去"。婆子的话本来是不让外孙女到大观园中来，但黛玉不这么想，她那种寄人篱下的特定处境和心态使她产生了误会。所以同样一句话，不同的人听感受完全不同。

5. 看文化背景说话

随着社交范围不断扩大，我们的交际对象也将会有不同国家、不同民族、不同地区、不同阶层的人，要适应交际的广泛性，就要考虑不同文化背景下说话的特点，使我们说出来的话与特定的文化背景协调一致。

拿交际场合的称呼语来说，受文化背景的制约就十分明显。各民族在长期的社会发展中，形成了各自的称呼习惯，能使交际对象产生良好的心理效应。如英美人习惯称已婚妇女为"夫人"，未婚女子为"小姐"，在比较严肃的场合，一般统称为"女士"。

周恩来总理出席日内瓦国际会议，为外国记者举行电影招待会，放映越剧艺术片《梁山伯与祝英台》。为此，工作人员专门准备了一份厚达 16 页的说明书。周总理看了后建议说："你只要在请柬上写一句话：请你欣赏一部彩色歌剧电影，中国的《罗密欧与朱丽叶》。"这一句话果然奏效，受到了外国朋友的赞赏。

所以，一个人要想使自己说出的话引起对方的重视或取得对方的认可，必须得把握好说话的分寸，注意说话的对象，说的话要让对方舒服。

02
注意社交语言中的禁忌

在使用语言进行交际时，应注意有些情形下语言的禁忌。常言道："当着矬人，不说矮话。"朋友中间有一个"秃顶"，就不能对着人家说什么"秃头"或"光头"的；如果家里来了个客人，体型又矮又胖，就不能说"矮子""胖子"，否则会挫伤人家的自尊心。言谈中，淫词秽语、不健康的口头禅更应禁忌。见到青年女子，一般不应问对方年龄、婚否。径直询问别人的履历、工资收入、家庭财产等私生活方面的问题，易使人反感。切莫对心情惆怅的人说得意话、得意事。若对方曾犯过错误或有某种缺陷，言谈时要避免刺激性的话语。对别人不愿回答的问题不要追问，不要刨根问底，如果一旦触及，应立即表示歉意，并巧妙地转移话题。

探望病人，是每个人都要碰到的事，这完全是出于对病人的关怀，这时更要注意病人的忌讳，否则会好心办坏事。

有个女青年去探望久病的姨妈，她关切地询问："您饭量可好？"不想这一句问候话，却使病人的脸上立即堆满愁容，她忧心忡忡地说："唉，不要谈它了！"接着就没词了，结果造成了很尴尬的局面。

原来，病人病情严重，最苦恼的就是吃不下饭。探视病人时，当看到病人面容憔悴时，切不可吃惊地问"你的脸色怎么这么难看？"之类的话，否则除加重病人的思想负担外，没有其他任何用处。

平时同人交谈，一般不要涉及疾病、死亡等事情。在喜庆场合，更要避免不吉祥的词语。

为使交谈顺畅、融洽，还要注意对方的禁忌，否则就会造成尴尬局面。

某大公司一位男士热心为另一同事结婚谋划赠送礼品，他笑嘻嘻地向本单位一位40多岁的女同志请求，要她"合伙"，没想到这位女同志竟伤心地哭了起来。这位男士一时不知所措，愣住了。原来，她至今未结婚，而且她在恋爱上受过很大的刺激，别人的喜庆容易勾起她辛酸的往事。而那个经办人未注意避讳，触动了她伤感的神经，使得大家都很尴尬。

改革开放以来，我们经常会与不同国家、不同地区的人交往，然而不同地域也有不同的风俗习惯和禁忌，这是我们在交往中特别需要注意的。

地域指的是接受对象所处的地理位置，包括国别、省别、族别等。不同的地域有不同的地域文化，彼此在认识、观念、习惯、风俗上都有区别，对说话者言辞的接受，就会有所不同。说话者在进行言辞表达时，应当认清接受对象的地域性，才会产生良好的交际效果。

《尹文子·大道上》讲了这么一件事：郑国人把未经加工处理的玉叫作"璞"，东周人把腌制成干的老鼠肉叫作"璞"。郑国的一个商人在东周做买卖，一个东周人问他："你要不要买璞？"郑国商人说："我正想买。"于是东周人从怀里掏出老鼠肉干递上。郑国商人赶快辞谢不要。东周人在言辞表达时，没有认清其接受对象是郑国人，所以买卖没有成功。

03
避免交谈中的"抬杠"

有些人喜欢抬杠，只要与人搭上话就针锋相对，无论别人说什么，他都加以反驳以彰显自己的与众不同。这样不仅会得罪很多人，也会使自己陷入孤立无援的境地。

法国大哲学家罗斯费柯说："与人谈话，如果把自己说得比对方好，便会化友为敌，反之，则可化敌为友。"

要想与人为善，拓展人脉，在与别人交谈时，一定要注意他人的情感反应，不应居高临下，强行向对方"灌输"自己的观点，强迫别人接受。有很多时候，恰恰需要让别人先说，一方面是表示自己的谦逊，使别人感到高兴；另一方面可以借此机会，观察对方的语气神色及来势，给自己一个测度的机会，这不是两全的方法吗？可是有许多人，与别人交谈时，总是好像要压倒对方，或者使对方感到自己是一个不平凡的人物；还有许多人一开始便滔滔不绝，自以为是一个能言善道者，须知别人会由此产生不好的印象，甚至以后见面都敬而远之。

所以，在交谈时，我们一定要把说话和表达观点的机会留给别人，当我们的意见与他人不一致时，不要急着争辩，只要你心里知道对与错，言语上做些让步，又能损失什么呢？

不管是在生活上，还是在工作中，如果常常和别人意见相反，那么这个习惯需要改。诚然，任何人都喜欢坚持相信自己已经相信的事物，而不希望别人来加以反对。凡是有人表示反对我们的时候，我们就会要寻找许多的方法、许多的理由来辩解。所以，在说话的时候，如果一开始就说："我要证明这个""我要证明那个"，这并不是聪明的办法。这样，显然就站在了别人的对立面了！假使一开始不站在别人的对立面，然后再回答对方提出的问题，说服就容易多了。这好像在和他人共同探讨问题的答案，然后再把观察得十分透彻的事实提出来，使别人在不知不觉中接受自己的结论，并对自己有了十分的信任。

那么，如何预防这种互相"抬杠"的局面产生呢？下面几个原则可供参考。

1. 有取有舍的原则

作家尤今说得好："两个人聊天，就像一对齿轮在转动，能不能相互啮合，全看缘分。碰上好的谈话对象，一壶茶、一把瓜子，天南地北，痛快淋漓。你说出来的，他懂；你没有说出来的，他也懂。偶尔，一个眼神眼色，一个微笑，双方便能不约而同地说出同一句话来。嗳，真是快活啦！"尤今妙笔生花，为我们描绘了一个"心有灵犀一点通"的谈话境界，这可真有点可遇而不可求。

然而，只要在自己的生活圈子中，善于选择合适的交谈对象、恰当的时机、温馨的地点，一般都能达到预期的交谈目的。好的交谈对象不是"碰"上的，是"觅"来的。一直被动等待，永远是孤家寡人的自言自语，心里独白。

2. 适可而止的原则

俗话说："天下没有不散的筵席。"同理，天下也没有说不完的话题。无论多么美妙动听的谈话，总有终结的时候。"凫胫虽短，续之则忧；鹤胫虽长，断之则悲。"

交谈更应是有话则长，无话则短。马拉松式的交谈，不但让人感到乏味，也不利于人的身心健康。唠唠叨叨，软磨硬泡，废话连篇的交谈，无疑是制造痛苦。尤其是一方情绪不佳，身体不适，更应该及早把话匣子关闭。

3. 求同存异的原则

人们往往喜欢把自己的观点强加于人，总是觉得自己的想法比别人的更高明。"征服欲"在交谈中不知不觉地膨胀起来，表现为不尊重对方的意见，非让对方认同自己的观点才罢休。这种想法不但错误而且有害。无论是志同道合的好友，还是恩爱无比的夫妻，思想上总是有差异的。

罗斯福曾说过："如果自己所确信的事，有75%的正确性，就应该觉得非常满意了。而75%也是最大的限度，不能再向上提高了。"

因此，在交谈中各抒己见，取长补短，求同存异是十分重要的。一味地寻求认同感，只会给自己的生活制造麻烦和不快。

04
不做流言的传播者

一代巨星阮玲玉服毒自尽，她只留下了"人言可畏"这四个字。那时阮玲玉不到 26 岁，她的香消玉殒令无数人扼腕。

自古以来，流言的危害就十分强大。正所谓"三人成虎，众口铄金"，某些不实的言论经过众人的传播之后，就会让人对此深信不疑。这些流言不仅会给他人带来精神伤害，甚至还会造成更严重的后果。

自古以来，就有流言害人、流言祸国的例子。

战国时代，各国之间互相攻伐，为了使大家真正能遵守信约，国与国之间通常都将太子交给对方作为人质。《战国策·魏策》有这样一段记载：

魏国大臣庞葱将要陪魏太子到赵国去作人质，临行前他对魏王说："现在有一个人来说街市上出现了老虎，大王可相信吗？"

魏王道："我不相信。"

庞葱说："如果有第二个人说街市上出现了老虎，大王可相信吗？"

魏王道："我有些将信将疑了。"

庞葱又说："如果有第三个人说街市上出现了老虎，大王相信吗？"

魏王道："我当然会相信。"

庞葱又说："街市上不会有老虎，这是很明显的事，可是经过三个人一说，好像真的有了老虎了。现在赵国国都邯郸离魏国国都大梁，比这里的街市远了许多，议论我的人又不止三个。希望大王明察才好。"

这就是"三人成虎"这个词语的由来。街市是人口集中的地方，当然不会有老虎。说市上有虎，显然是造谣、欺骗。但许多人这样说了，如果不是从事物真相上看问题，大家也往往会信以为真的。

有人的地方就会有流言。在我们这个世界上，始终有很多人喜欢传播流言，而流言就像夏日里的冰块一样，很容易就溶化开来。虽说古人早有"谣言止于智者"的忠告，但智者毕竟很少，谣言总是会被传来传去。

在与人聊天时，不可能光说正事，难免会讲些题外话，说点小道消息。但是注意不要说一些伤害他人的闲话，不论有意还是无意，传播流言都是不对的——故意的是卑鄙，无意的是草率。何况有时"言者无心，听者有意"，经过许多人丰富的想象，也许再来一番穿凿附会、添油加醋之后，流言就变成了伤害他人的工具。

己所不欲，勿施于人。一旦发现自己想要说些不利于他人的话时，就应该立刻闭嘴。

被流言蜚语影响，乃至毁掉了名誉的人自然悲愤、痛苦，而那些以损害他人好名声为乐，经常传播流言的人，在毁人名誉的同时，也毁了自己的名誉，却还不自知。

当你在向别人津津乐道地传播流言的时候，对方当场没有指责你，不过在内心深处早已充满了轻视和鄙夷。久而久之，就再也没有人轻易相信你说的话了，这又何尝不是自毁前程？

05
不要当讨厌的"乌鸦"

说话要得体。人们都不喜欢叫声难听的乌鸦，而喜欢喜鹊。这并不是看你是不是具有驾驭语言的能力，而是看你是不是会说话。在交际中，人们都喜欢听好话、赞扬话，听到这些话就像遇到"喜鹊唱枝头"，令人高兴振奋，从而对说话人会产生好感。人们最讨厌听贬损话、恶意挑错的话，听到这些话就像碰上"乌鸦头上叫"，使人败兴，产生反感甚至憎恶。会说话的人就好比喜鹊，而不会说话的人就如同乌鸦，你愿意做一个会说话的人吗？

1. 对别人的成功，要分享其喜悦，不要任意贬低

人们获得的成功，包含着艰苦的付出，都希望得到别人的肯定和赞扬。事业有成，成功者就会有成就感，充分享受到成功的喜悦。反之，如果遭到否定，则令人扫兴，甚至痛苦。

朋友的女儿，在外留学，读大三，托福考试获得了 630 分的好成绩。朋友将这一喜讯告诉我们之后，小李先接过话头说："630 分的托福成绩不算好嘛！听说民族大学一个年轻厨师托福还考了 650 多分呢。"朋友一听这话，脸色就由晴转阴了。她正要发作，王朋接过话头说："读大三托福就能考 630 分，真了不起！我同学的儿子读大四了，托福才考 560 分呢。您女儿真棒！出国时我们都去贺喜！"紧接着，大家你一言我一语地赞扬开了，朋友被真诚的祝贺声包围着，沉浸在成功的喜悦之中。而小李被冷落在一旁，相当尴尬。

2. 对别人的爱物，要感受其乐趣，不要故意指瑕

许多人都有自己珍藏的爱物，有些人喜欢在别人面前展示时得到众人的喝彩，得到喝彩后，物品主人觉得珍藏更有意义。如果珍藏的爱物遭人贬损，这对珍藏者无疑是精神打击，他会对你心生反感和厌恶。

王力的父亲六十大寿时，在酒楼宴请宾客。老人家特意把他在广西买回的一条乳白珍珠领带打上了，他自我感觉非常好，仿佛有返老还童之感。仪式之后，他神采奕奕地来向大家敬酒。他来我们桌时，坐在我身边的小妹冒出了一句："张伯，您老还是打的十多年前的那条老掉牙的领带呀？看，上面都有霉点了！"老爷子听了这话脸色铁青，气得一句话都说不出来了，我立即圆

场说："你这小丫头真外行！那不是霉点，是白珍珠上点缀着最珍贵的黑珍珠，黑白分明，效果好极了。珍珠领带也像美玉一样，越老越名贵。"同席的宾客都很灵性，立即应和着我的话题，纷纷称赞主人的领带珍贵且别致。"老寿星"也舒心地笑了，六十寿辰过得十分愉快。

3. 对别人的打扮，要尊重其个性，不要随意挑剔

每个人都有自己独特的审美情趣，有自己喜欢的装束打扮。"萝卜白菜，各有所爱"，只要是他喜欢的总有美的因素，你作为旁观者最好以鉴赏家的口气锦上添花，别以批评家的架势吹毛求疵。

李晓游九寨沟时，特意买回一条粗线条羊毛披肩。她喜欢披在肩上逛商店，遛大街，回头率还蛮高的呢。可有一天她披着这条披肩去参加同学会，昔日最好的朋友丁一见了，十分惊讶地说："我的天呀！你怎么把搭沙发的东西披在肩上嘛！不伦不类的。"李晓当时脸一下子红到耳根，窘迫得取下也不是，披着也不是。另一位老同学郝梦立即上来救场说："你们没有到过那人间仙境，见识短浅哟！人家这是特色的珍品，外国人还高价购买去珍藏呢！你怎么不帮我买一条呢？忘记老同学啦！"她这救场话使双方都从困境中解脱出来，大家重叙旧情，找回了昔日的温馨。

4. 对别人的用品，要认知其价值，不要恶意排斥

一种物品，买来时是崭新的，到了后来就成了过时的东西了。但只要这种物品仍有实用价值，虽然老气了点，主人对它非常珍惜，别人就应该称赞他节俭的美德，而不要去肆意贬低，指责人家保守落后。

朋友老邱以前是一家幼儿园的汽车司机。退休时，他用两万多元把园里处理的一辆半新的汽车买来了。那车可坐七八个人，周末老邱喜欢载着朋友到野外去玩，涉河、爬山踏青、探险，大家高兴而去，尽兴而归。可有一天，车子在路上熄火了。老邱正在修车，我们中有位女士就等得不耐烦了，发牢骚说："在哪里拣个破烂的报废车来开——窝囊！"她的话一出口，就成了众矢之的，大家群起而攻之，说她是"乌鸦嘴"。我说："老车认主，老马识途。这车的脾气，咱老邱早摸透了，立马就能修好，大家放心吧！"汽车修好后，老邱声称不许她上车，要她另外打车回家！大伙儿劝住老邱还是把她拉上车来。一路上大家说说笑笑，只有那位"乌鸦嘴"女士默不作声，从此以后也不好意思参加我们的郊游活动了。

5. 对别人的"创作"，要觉察其亮点，不要蓄意求疵

一个人拿得出手的"佳作"并不多。最得意的东西往往是他苦心经营的结晶。苦心人有意把得意之作出示于人，是希望得到别人的赏识而对他"刮目相看"，从而得到别人的认同，增加自己的成就感、自豪感。我们看到别人的杰作首先是指其瑕呢，还是赞其瑜呢？这是一个人待人处世的方法问题，更是一个人对待别人劳动成果的态度问题。

李近东两口子都是工薪族，上有老下有小，家庭经济不富裕。前年拿出了半辈子的积蓄，买了一套两居室的经济适用房。没钱请人装修就自己动手，夫妻俩起早摸黑忙活了两个月，房子总算完工了，一家人非常满意。老李专门请了亲朋好友来参观，大家都赞不绝口，只有他的小姨子处处挑过指瑕：一会儿说卫生间太小，一会又说浴室喷水龙头太高；一会儿说客厅的吊灯太刺眼，一会儿又说主卧室的灯光太暗淡……在人群中喋喋不休，没完没了，总是唱反调，出噪音。老李的大哥说话了："我看了这房子装修得很好！美观、大方、实用、材料好、花钱少。我去年装修那房，请人包工包料花了两万多元，还没有这个样。老弟干脆'下海'开家装修公司得了！"老李看到自己的"佳作"得到大家的赏识，高兴极了，滔滔不绝地讲起自己的"经验"来。

在交际场上，长"乌鸦嘴"的人，要么充当出乖露丑的喜剧角色，要么上演遭人唾弃的悲剧人物。真正受欢迎的还是报喜传捷的"喜鹊",他们总是能发现别人的亮点,善于制造欢乐,营造祥和氛围,与人为善,讨人喜欢。希望朋友们在交际场上不当令人讨厌的"乌鸦",争做带来吉祥的"喜鹊"!

06
说话要讲究礼貌

　　无论一个人在社会上扮演什么样的角色，充当什么样的身份，礼貌地说话一直是维持人际关系不断互动的规则，谁缺少了礼貌，也就可能失去很多成功的机会。

　　李卫平教授就曾经遇到过一个非常不懂得礼貌的人。

　　李卫平教授在北京一所高校当教授期间，有一个外校的学生来找自己批阅论文，当时这个学生来找李卫平教授的时候直接就问："李卫平呢？"

　　虽然李卫平教授觉得非常不高兴，但还是有礼貌地对她说："我就是，找我有什么事吗？"

　　那位女生大大咧咧地说："噢，你就是李卫平呀，我可早就听说过你了，我是某某教授的学生，我的论文你给我看一下！"

　　李卫平教授没有和这个学生计较，只是随口说道："那你就放那里吧！"

可是没想到的是，这名学生把自己的论文往他的桌子上一扔，说："你快点看呀！后天我们要论文答辩，你可别耽误我的事！"

李卫平教授再也无法忍受了，说："请问你是找人办事还是下达命令呢？你的论文拿走，我没有时间给你看！"

这就是说话不懂得礼貌的下场。有位名人说："生活中最重要的是有礼貌，它比最高的智慧、比一切学识都重要。"一个习惯出言不逊的人，自然不会得到别人的喜欢。这就要求我们在日常交往中要注意礼貌待人，那么礼貌说话要做到哪几点呢？以下几点需要注意：

1. 不说粗话

一直以来，我们都要求人们在说话的时候一定要文雅，不能说粗话。但是现代的一些年轻人，为了追求所谓的个性，经常把粗话、脏话挂在嘴边。面对这样的人，无论是谁，都不会愿意和他交往，甚至不愿听他说一句话。

2. 不要用鼻音词来表达意见

不要用"嗯""喔"等鼻子发出的声音来表达个人意见的同意与否，这些音调虽然不是粗话，却会令谈话者有一种不受重视的感觉。

3. 说话要讲究教养

说话有教养的人懂得在言语上尊重和谅解别人，在别人确实有了缺点时委婉而善意地指出。知礼而后知轻重，在为人处世、待人接物上，有礼貌的交际者秉持"礼"性所表现出来的风范，足以与一个标准的"君子"媲美。

4. 说话要有分寸

这是语言得体、有礼貌的首要问题。要做到语言有分寸，必须配合语言要素，要明确交际的目的，并且选择好交际的体式。

5. 说话要懂得寒暄

在交谈之时，我们少不了要寒暄。寒暄基本上可以分为问候、致谢、致歉、告别、回敬五种。常见的问候寒暄是"您好"，告别是"再见"，致谢是"谢谢"，致歉是"对不起"。回敬是对致谢、致歉的回答，如"没关系""不要紧""不碍事""不客气"等。

6. 说话要有教养

说话时尊重和谅解别人，是有教养的重要表现。尊重别人符合道德和法规的私生活、衣着、摆设、爱好，在别人的确有了缺点时委婉而善意地指出。谅解别人就是在别人不讲礼貌时，要视情况加以处理。

7. 说话要有学识

在高度文明的社会里，必然十分重视知识，十分尊重人才。富有学识的人将会受到社会和他人的敬重，而无知无识、不学无术的粗浅的人将会受到社会和他人的鄙视。

8. 说话要避开别人的隐私

所谓隐私就是不可公开或不必公开的某些情况，有些是缺陷，有些是秘密。一个文明的交谈者，在言语交际中要懂得避谈避问隐私。如和女士交谈，一般不能问别人的年龄、收入、婚姻状况等等，因为这些都是对方的隐私。

9. 说话不能不懂装懂

不懂装懂其实就是一种浅薄，讲外行话，或者言不及义。这虽然是说话者本身的事情，但是如果用这种方式和对方交谈，也是对对方不礼貌的表现。如果确实在交谈当中有不懂之处，可以明确指出，对方不会怪罪于你，而如果你不懂装懂，对方就会觉得不快。

礼貌就是一个人的名片，说话有礼貌的人到处都会受到人们的欢迎。礼貌不礼貌，看似小事，可有时会直接影响到大事的成败。正如有位名人说的那样："礼貌是人类共处的金钥匙"，"礼貌是容易做到的事，也是最珍贵的东西"……所以我们在日常说话当中一定要讲究礼貌用语。

会说，是职场晋级的
另一种资本

语言是一门艺术。锦上添花的语言可能助你在职场上大展宏图，而不加禁忌的语言可能埋葬你的大好前程。

职场不同于其他场合，不是一个随便说话的地方。因此，要想清楚再说，想不好宁可不说，说了就要有好的效果。

如果你想做职场达人，不妨先修炼一下你的语言表达能力。

01
带着智慧的头脑去面试

　　一位风华正茂的大学生张某去面见一位企业家，试图通过面谈，向这位总经理推销自己——到该企业任职。那位总经理见多识广，一开始根本没把这个乳臭未干的小伙子放在眼里。没搭上几句话，总经理便以不容商量的口吻说："我们这里没有适合你做的工作。"

　　那位机灵的小伙子若无其事地说："总经理的意思是，贵公司人才济济，已完全可以使公司发展成功，外人纵使有天大本事，似乎也无须加以聘用；再说像我这种涉世不深的大学毕业生能否有成就还是个未知数，与其冒险使用，不如拒之于千里之外，是吗？"

　　他说到这里突然故意中断，微笑着直视总经理。沉默了一会儿，总经理终于开口说："你能将你的经历、想法和计划告诉我吗？"

小伙子又将了他一军："噢！抱歉，抱歉，刚才我太冒昧了，请多包涵。不过像我这样的人还值得谈吗？"说完，小伙子又沉默了。

总经理反而急切而坦诚地说："请不要客气。"

于是，小伙子将自己的经历、学历及对该企业的看法作了较系统的阐述。总经理听后，很快改变了态度。当即对这位大学生说："你讲得很不错，我决定聘用你了，明天就来公司报到。你的言谈显示了你的潜力，在我这里你会有用武之地的。"

小伙子用激将法成功地引起了面试经理的兴趣和注意力，不能不说他很有头脑。不过需要注意的一点，面试中运用这种方法时有一个前提，那就是首先你必须真的有过人的能力，否则也是同样达不到目的的。

接下来，我们再看著名的法拉第的面试过程。

戴维："很抱歉，我们的谈话随时有可能被打断。不过，法拉第先生，你很幸运，此时此刻仪器还没有爆炸。你的信和笔记本我都看了，你好像在信中并没有说明你在什么地方上大学。"

法拉第："我没有上过大学，先生。"

戴维："噢？从你的笔记看来，你显然具备这一切的理解能力，这又怎么解释呢？"

法拉第："我尽可能学习一切知识，并在用自己的房间建立的实验室进行实验。"

戴维："唔，你的话使我很感动。不过科学太艰苦了，付出极大的努力只能得到微薄的报酬。"

法拉第："但是，我认为，只要能做这项工作，本身就是一种报酬！"

这段对话十分精彩，它是英国科学巨匠法拉第当年向戴维爵士求职时的对话。可以看出，戴维爵士强调的是从事科学研究的艰苦，必须付出代价，而法拉第表示的是对知识的强烈渴望和对科学的执着追求。结果，法拉第被戴维破格收为自己的助手。假如他们一个只强调学历，一个贪图金钱，那法拉第的求职肯定失败！

求职是一件非常困难的事情，但是如果掌握了求职的语言艺术，并且能够灵活运用，那么就一定能够达到事半功倍的效果。

02
职场须知的语言策略

在办公室中与你的上司或同事交谈，需要一些语言策略和技巧，倘若用语不慎，就会导致矛盾的产生，不利于自己顺利开展工作。

一般来说，办公室中的话题有以下几个方面：

1. 表现出团队精神的话

现在的公司一般都非常在意员工的团队精神，现代化的管理者都希望他的下属能够表现出团队精神。

小王上学时就很爱钻研，工作后更是积极进取。他在自己的工作岗位上干了一段时间后，想出了一个连公司领导都赞不绝口的绝妙设计，同事小刘对此十分羡慕，心中也不免有几分嫉妒。不过他转念一想，与其板着面孔，暗自悲伤，不如替他美言几句，沾他些光。于是，他就趁着领导夸奖小王的时候，赞美道："小王的主意真不错！"

在职场这个群雄逐鹿、人人都想干一番事业的小社会里，一个不嫉妒同事的下属，会让领导感到此人心地善良，富于团队精神，因而会对他另眼相看。

2. 巧言回避并不熟悉的事情

上司问你某个与业务有关的问题，而你一时不知该如何作答时，千万不可脱口而出："不知道。"这时，你不妨缓缓神，然后说："让我好好查一查，我整理好后给您答复好吗？"

这样的回答不仅暂时为你解围，同时让领导认为你在这件事情上很用心，只是在短暂的时间内用言语表达不出来。不过，事后你可得加把劲儿，及时地答复领导。

3. 以委婉的语言传递不良的消息

工作中，有时需要你向上司回复一些不太令人高兴的消息。如何恰当地向上司汇报这些消息，是一个值得琢磨的问题。假如你气急败坏地立刻冲到领导的办公室里，上气不接下气地向上司报告你所了解的坏消息，就算不关你的事，也只会让上司质疑你处理危机的能力，弄不好还惹来一顿责骂，把气出在你头上。

在开口说话之前，你应该首先告诫自己稳定一下情绪，然后再从容不迫地把问题表达清楚。比如，你可以冷静地说："我们似乎碰到一些情况……"此时的你千万不可慌慌张张，也不要使用"问题"或"麻烦"之类的字眼。总之，机敏的你不要制造紧张气氛，而要让上司觉得事情并非无法解决，而"我们"一词的运用听起来是你将与上司站在同一阵线，并肩作战。

4. 用恳切的言语向同事求助

如果你手头上碰巧有件棘手的工作，单靠自己的力量无法完成任务，便可以向熟悉业务的同事求助。此时，你千万别仗着是公事，以为别人一定会痛快地接受，并义不容辞地配合你，搞不好你会被一口回绝，或被婉拒，搞得你不好意思再开口。究竟怎么开口向同事求助才能被对方愉快地接受呢？

比如，你可以说："小李，我这儿有个计划，自己实在搞不定了，拜托帮个忙吧！"假如对方面露难色地说："我这段时间也挺忙的，你还是看看别人有没有空，比如小张！"此时，你不妨跟对方说："小李，这个计划没你帮助，确实是不行啊！"对方见你态度诚恳，除非他确实没空，否则，他肯定会答应帮忙。

不过，你需要记住一件事，就是求人办事之后，千万要记着答谢人家。

5. 勇于开口承认自己的过失

一个人在工作中犯点错误往往是难以避免的，但是你承认过失的方式，却能影响你在上司心目中的形象。

在工作中犯了错，勇于及时承认自己的过失非常重要，因为推卸责任只会让你看起来像个毫无责任心、软弱无能、不堪重用的人。不过，这也并不表示你就得因此对每个人道歉，最好别让所有的矛头都指到自己身上。坦然老实地承认错误可淡化你的过失，且能树立起一个敢于承担责任的形象。

6. 工作量加大如何处理的话

首先，强调你明白这件任务的重要性，然后请求上司的指示，为新任务与原有工作排出优先顺序，让上司知道你的工作量其实很大。若非你不可能完成的话，有些事就得延后处理或转交他人。你可以这样说："我了解这件事很重要，我们能不能先查一查手头上的工作，理出个优先顺序来？"

7. 恰如其分的活跃气氛的话

许多时候，你与上司共处一室，而你不得不说点儿话以避免冷清尴尬的局面。不过，这也是一个让你能够赢得上司青睐的绝佳时机。

但此时说些什么好呢？每天的例行公事，绝不适合在这个时候被搬出来讲；谈天气嘛，又根本不会让高层对你留下印象。

此时，最恰当的莫过于谈一个跟公司前景有关而又发人深省的话题。问一个上司关心又熟知的问题："我很想知道您对这件事的看法……"在他滔滔不绝地诉说心得的时候，你不仅会获益良多，也会让领导对你的求知上进之心刮目相看。

职场中的一个好话题，犹如一盏通向成功之路的明灯，为你的职场生涯送去温暖和光明。

03
职场中不能说的"秘密"

　　职场上风云多变，九曲十八弯。在职场中我们要多留心，尤其在说话中更要仔细斟酌，一句错话可能会给你带来很大麻烦。

　　在办公室里，每天与同事待在一起的时间最长，相互之间的谈话可能涉及工作以外的生活中的各种事情。无论你心情好与坏，千万别把情绪带到工作中来，更别只图一时痛快，就把自己的私事都说出来，因为说话不适宜常会给自己带来不必要的麻烦。所以，与同事间的谈话不能口无遮拦、随意乱说。要知道，说出去的话如同泼洒出去的水，再也不能收回来了。

　　把自己的私人领域当成办公室话题的禁区，轻易不让职场中的人涉足，其实是非常明智的做法。

1. 办公室里避免与人辩论

　　有些人凡事都喜欢与人辩个高低，并一定要胜过别人才肯罢休。假如你实在爱好并擅长辩论，那么建议你最好把这项才华留在办公室外的其他场合去发挥。

你需记住这样一点：即使你的辩论使对方哑口无言，对方在口头上甘拜下风，但无形中你可能已经伤害了对方的尊严。

2. 闲谈不论他人是非

生活中有不少人喜欢在背后谈论别人的是非，并以此为乐。只要是人多的地方，往往就会有闲言碎语。比如，有些人就是喜欢传播诸如上司的私生活、某某又有绯闻、谁在单位最吃得开之类的话题。职场中的你，有时一不小心，就可能成为挑起别人闲话的人；当然有时也很容易成为别人"闲谈"的对象。

要知道这些流言蜚语是职场中的"软刀子"，是一种杀伤性和破坏性很强的武器。要是你热衷于传播一些挑拨离间的流言，至少你不要指望其他同事能热衷于倾听。经常性地搬弄是非，会让单位的其他同事对你产生一种避之唯恐不及的感觉。要是到了这种地步，相信你离开这个单位的日子也就不太远了。

3. 牢骚怨言要远离嘴边

不少人无论在什么环境中工作，总是怒气冲天、牢骚满腹，总是逢人便大倒苦水。尽管偶尔一些推心置腹的诉苦可以构筑出一点点办公室友情的假象，不过像祥林嫂般地唠叨不停会让周围的同事苦不堪言。也许你自己把发牢骚、倒苦水看作为与同事们真心交流的一种方式，不过过度的牢骚怨言，会让同事们感到既然你对目前工作如此不满，为何不跳槽去另寻高就呢？

4. 忌谈薪水的多寡

在激烈的市场竞争环境下，由于人才的竞争不断加剧，而不同的人在同样的岗位上所作出的业绩可能也会迥然不同，因此，很多公司都采用差别工资制。所谓的岗位差别工资制，也就是针对同一岗位，可能设置不同的工资标准。

"同工不同酬"是管理者常用的一种奖优罚劣的手法。它就像一把双刃剑，用不好，很容易引发员工之间的矛盾，而且最终会将矛头直指管理者，这当然是管理者所不想见到的，所以，这样的单位对喜欢打听薪水的人总是格外防备。

如果你进入这样的单位，并打算在事业上作出一番成绩，那么，首先你不要做这样的人，其次如果你碰上这样的同事，最好早做打算。当他把话题往薪水上引时，你要尽早打断他，说公司有纪律不谈薪水。如果他语速很快，没等你拦住就把话都说了，也不要紧，用外交辞令冷处理："对不起，我不想谈这个问题。"有来无回一次，就不会有下次了。

在职场中，一句好话可以扶你青云直上，一句错话可以成为你向成功之路迈进的绊脚石。千万别用石头砸自己的脚。聪明的你，要懂得，该说的就勇敢地说，不该说的就绝对不要乱说。

04
办公室不是争辩的场所

1. 办公室里最好不要与同事争论

当办公室里的人对某件事的看法不统一的时候，不要急着和对方去争论，保持沉默，去聆听，对错往往是实践去检验的，而不是争论出来的。

2. 用宽容的语气与同事交谈

工作中同事之间有了不同意见，应以商量的口气婉转地提出自己的看法，尽量避免生硬的"你的看法不对……""你根本就不行……"等伤害他人自尊心的言辞。如果遇到不合作的同事，则要表现出你的宽容和修养。学会耐心倾听对方的意见，并对其合理成分表示赞同，这样不仅能使不合作者放弃"对抗状态"，也会开拓自己的思路。一位哲人说："人能成全他人，也能毁弃他人；互相帮助能使人奋发向上，互相抱怨会使人退步不前。"

　　大家都知道"山外有山楼外有楼"，但有些人，却恃才傲物，唯我独尊，从不把别人放在眼里，仿佛自己就是泰山顶上的青松，站得高看得远。长此以往，他们就把自己拉出了群体之外，甚至地球之外。

　　有一次，美国总统门罗在白宫举行宴会，招待外国使节。法国外交大臣德·寒胡赫尔伯爵坐在英国外交大臣查尔斯·沃恩爵士的对面。查尔斯·沃恩发现，自己每讲一句话，法国外长总要咬一下大拇指。沃恩越来越感到气愤。后来，他实在忍无可忍，便问德·寒胡赫尔：

　　"你是对我咬指头吗，先生？"

　　"是的。"伯爵傲气十足地回答道。

　　说时迟那时快，两人拔剑各自冲向对方。

　　就在两位外交官快要交手之际，门罗总统的剑已架在中间。其动作之快，使满座皆惊。一场恶斗就这样被制止了。

　　"门罗之剑"毕竟是有限的，同事之间最好要有自己的心灵之盾牌，那就是宽容铸就的尊重与理解。

　　无谓的争论除了会破坏同事之间的友谊外，毫无益处。偏执的、带有明显进攻性的争吵，就像毒气一样，吞噬着同事之间的友情。辩论双方因固执地坚持自己的观点而面红耳赤、难分胜负，往往为芝麻大的事钻牛角尖，结果两败俱伤。

现在的社会中，几乎每一位办公室人士都有机会与不好应付的同事打交道。绝大多数的人与这种类型的同事往来时，心情都相当不轻松、不愉快。如果可能的话，大家都想对他们避而远之。既然不可避免，最好的方法便是正视并面对，并设法寻求解决之道。

唯一的克服方法，就是打开心胸，消除偏见，找出同事的优点，再虚心跟他接触。这些方法，确实具有正面的意义。

法国的知名政治家布里安曾说："对自己而言，最重要的不是别人如何看待你，而是你如何去看待他们。"将那些不好应付的同事应采取灵活的态度，只要你发挥忠于工作的热忱，应当不难处理其人际关系。

工作不仅是谋生的手段，更是人生价值的追求。你对周围的同事充满爱心和宽容心，则会得到爱心的反馈，同事们也一定会以热情作为回报，你也会成为受欢迎的人。你应该努力做到以下几点：

1. 经常反省自己

首先看看自己是否有令他人不愉悦的地方。如对同事是否不够热情？工作成绩是否下降？个人的生活习惯是否让人讨厌？应从这些方面进行自我解剖，如发现问题要及时纠正。

2. 多听少说

不要自我膨胀，遇事应多听取同事的意见和建议，不要一味地喋喋不休。不要盲目而主观地把同事分成"好的""坏的"，其实，每位同事的优点都比缺点多，任何时候都不要伤同事的自尊心，生活中没有十全十美的人，只有宽以待人才能获得同事的尊重。

3. 胸怀宽阔

不要过于计较别人的态度，即使对方是性格急躁的人，你也应理智地使自己保持平静的心态，让对方消除误会，同时对出现的问题勇于承担责任，迁就一下怒气冲冲的对方，更会显出你的大气。

古人云："水至清则无鱼，人至察则无徒。"因此，我们应对自己的同事抱着宽容为怀的态度，互相理解，互相支持，并且做到不计前嫌，以德报怨。

王女士在单位不仅工作争先，而且乐于助人，是公认的好人缘，个别心胸狭隘的人故意与她过不去："哇！小王昨晚掉到面缸里啦，今天脸这么白，身条又正，难怪招蜂引蝶呢。"谁知，王女士听后，落落大方地"多谢恭维"。有的同事不解地问："你就忍气吞声？"她笑笑说："莫生气，莫生气，气坏身体没人替。"

她认为这种无聊的把戏，如果自己当真计较，不但伤了和气，而且还可能会气坏身体，非原则问题应该"难得糊涂"。何必纠缠在这种无谓的口舌之争中呢？少说两句，退一步也是人生一种脱俗境界。扩展自己的心胸，可以融入集体之中，用心感受世界的美好。只有这样，生命才会充满阳光，才能在人生的四季里尽情领略和享受人间温馨，以昂然的激情酿造生活的美满。

第四章

带队伍，必须深谙说话的艺术

上司与下属靠什么去联系呢？主要是靠语言的沟通。所谓的领导与被领导，主要是语言的交流。

领导布置工作，实施战略，要跟下属说话；肯定下属、批评下属也要跟下属说话。

作为下属，经常要向上司请求工作、汇报工作，这是需要通过说话来完成的。

因此，无论是上司还是下属，良好的语言沟通能力是十分重要的，甚至是不可缺少的。

01
表扬是激励下属的最好手段

　　表扬在领导与下属的关系中尤为重要，这是认可员工的一种形式。我们的经理人大都吝于称赞员工做得如何好，有些人将此归咎于缺乏必要的技巧。其实称赞员工并不复杂，根本无须考虑时间与地点的问题，随处随时都可以称赞员工。表扬员工可能起到非常奇特的效果，最有效的做法就是走到下属中间，告诉你的下属："这是个令人激动的创意！""你做得太棒了，再加把劲创造咱公司的吉尼斯纪录，到那时候我要给你开庆功会。"……要抓住任何一个传达赞扬，带来积极影响的机会。要知道，打动人最好的方式就是真诚的欣赏和善意的赞许。总之，一句赞扬的话语可以让下属努力地干，但一句批评的话语可能让他站到你的对立面，带着情绪去工作。

　　西斯·罗伯特是一家印刷厂的厂主，有一天他收到一份印刷得非常糟糕的印刷品，这是一位新工人干的活。这位新工人刚上班不久，他怕耽误工期，完不成任务，慌慌张张的，没有注意产品的质量，印出的产品大多数都不合格。车间的主管认为他不认真工作，狠狠地训斥了他一顿，说如果是像他那样做，工厂的次品都要堆积如山了，那大家只好回家了。

罗伯特了解到这一情况，找到那位新工人说："我昨天看到了你的工作成果，印得还不错，小伙子。你的干劲很足，每天能产出那么多产品。要是工人们都像你那样有激情，我们的工厂就少有对手了。希望你好好地干下去。"

罗伯特没有一句批评的话，他的表扬对年轻人的影响很大，果然，后来他干得非常出色。

对于有成就、贡献突出的下属，应当在全体员工大会上进行表扬，这是许多领导者经常采用的一种激励方式。事实证明，这种激励方式虽然简单，但它产生的效果却是十分明显的。因为人的社会性决定了每个人都希望自己能够得到他人的肯定与社会的承认。上司在特定场合对他的表扬，便是对他热情的关注、慷慨的赞许和由衷的承认。这种关注、承认，必然使他产生感激不尽的心理效应，乃至视你为知己，更加报效于你。同时，这种表扬，能够激发其他下属的上进心，从而努力进取为公司创造更大的效益。

有的上司、领导者一味追求效益，忽略了对贡献突出者心理的了解。只知道用人，而不知道去激励下属，激发他们工作的主动性、创造性。久而久之，一些有能力、对公司作出非凡业绩的员工，就会产生"上司只会利用自己"的思想，在感情上疏离公司，进而工作热情逐渐消沉，甚至辞职。

管理者绝对不能忽视对员工，特别是对有一技之长、独当一面员工的感情培养。在他们取得一些成绩时给予充分的肯定，在较大的场合进行表扬、鼓励。

大会表扬的魅力是巨大的，因为它公开承认和肯定了下属的价值，既能对受表扬的人起到很大的激励作用，又会对其他员工产生推动作用。

02
批评下属要刚柔相济

以"经营之神"闻名的松下幸之助，是以用人的技巧而闻名于世的。他批评部下的方式就非常巧妙，此中的"巧妙"即批评后的处理方式。

三洋电器的前副董事长后藤清一在供职松下公司时，因他犯了一个小错误而惹怒了松下。当他走进松下的办公室，只见松下正拿着一把火钳气急败坏地敲打着桌面，而此时的后藤清一更是被骂得不是滋味，正要悻悻离去时，松下突然说道："等等，刚才因为我太生气了，不小心把这把火钳弄坏了，麻烦你把它弄直好吗？"

后藤无奈，只好拿了把铁锤拼命敲打，而他的心情也随着敲打声渐趋平稳。当他拿着敲直的火钳交给松下时，松下说："比原来的还好，你真不错！"然后就高兴地笑了。

责骂过后，反以题外的话来称赞对方的方式，是很容易消除反感的。更精彩的还在后头。事情发生不久，松下就给后藤的妻子打电话说："今天你先生回去时，可能脸色会很难看，希望你能好好照顾他。"

本来，后藤在受到松下的责备后，便想立即辞职不干了，但松下的做法，反而使后藤感动，最终决心效忠于公司。

批评往往会引起别人的反感，当批评完别人后，紧张的情绪就会慢慢消失，待理性恢复后，或许会有后悔的感觉。明知会有这种反应，但如果不批评就是姑息，事情便不会有所改进。所以批评归批评，只是在批评后你要使对方了解"并不是你对他失去信赖"，这才是最重要的，而这就完全在于批评后的处理方式了。

松下的赞许和关心就属于这种类型。下意识地用间接方式透露些有关情报给第三者，更是他独到的技巧。因为他知道这位第三者一定会透露给对方，对方自然会想到"原来董事长对我是爱之深，责之切"。如此不但不会令对方起反感，反而会感激，更愿为他效力。所以说批评是必要的，但重要的是批评后的处理方式。你要学习松下这种与人沟通的方法，在批评别人后也能真正实现和谐双赢。

03
巧言挽回失误

　　最让人恐惧和尴尬的事情莫过于在重要的人面前出现失误，那种感觉就像做噩梦一般。言行失误之后，心里一定充满了紧张和恐慌，这时还能保持理智地说话是非常困难的。说什么样的话才能消除别人的误会和怒气呢？怎样才能不仅让对方"熄火"，还能转怒为喜呢？

　　"马有失蹄，人有失足。"谁都有不慎出现错误的时候，这时，不是一味地自怨自艾或者逃避退缩，而是想办法尽量挽救失误造成的影响。下面这几种方法，可以供大家参考。

1. 自圆其说，巧妙打圆场

　　在出言不逊，不小心惹怒了别人的情况下，这时如果能自圆其说，就能化险为夷。

　　清代大才子纪晓岚才华横溢，深得乾隆皇帝喜爱。纪晓岚也在乾隆面前无所顾忌，经常口出"狂言"。

有一次，乾隆皇帝带着几个随从突然来到军机处。此时的纪晓岚正光着膀子和军机处的几个办事人员闲聊。其他人老远就看见皇上来了，连忙起身迎上前去接驾。纪晓岚是高度近视，刚开始没看见走在最后面的乾隆，等他明白怎么回事的时候，乾隆就快到了。纪晓岚心中暗想：如果就这样光着膀子接驾，岂不是冒犯龙颜？干脆一不做二不休，纪晓岚趁着别人不注意钻到桌子底下躲了起来。

这一切，早被乾隆看了个真真切切。他心中一阵好笑，有心想"整整"纪晓岚。

乾隆在椅子上坐定，示意其他人都不许出声。很长时间过去了，纪晓岚在桌子底下早已待不住了，正好是大夏天，加上厚厚的桌布，把他给热得大汗淋漓。纪晓岚心中纳闷：怎么进来之后就没动静了？这么长时间了，早该走了，该不是已经走了吧？想到这里，便大声问道："老头子走了吗？"屋里的人都吓了一跳。

乾隆也听得真真切切，板起脸，厉声喝道："纪晓岚，你出来吧。"

纪晓岚一听是乾隆的声音，心想：完了，完了，这回可真完了。只好无可奈何地从桌子下钻出来见驾。

乾隆一看纪晓岚光着膀子，满身大汗，又惊慌失措的样子，心里一阵好笑，纪晓岚人称大清第一才子，居然这般模样。

乾隆故意装作生气的样子，大声喝道：

"大胆的纪晓岚，你不见朕也就罢了，居然还敢说朕是'老头子'，你什么意思？今天你要讲不清楚，朕要了你的脑袋！"

到了这种境地，纪晓岚反倒镇静了许多，一边擦汗，一边苦思对策。忽然，他灵机一动，有了主意，不紧不慢地说道：

"万岁爷请息怒，刚才臣称您为'老头子'，只是出于对您老人家的尊敬，别无他意。"

乾隆一听更来气了："尊敬？好，你给朕说说怎么个尊敬法。"

"先说这'老'字，天下臣民每天皆呼皇上万岁、万岁、万万岁，您说这万岁、万万岁算不算'老'啊？"

乾隆闻听此言并没作声，只是点点头。

"再说这'头'字，家有千口，主事一人，如今皇上便是我大清国的主事之人，是天下万民之首，'首'者'头'也。故此称您为'头'。"

乾隆边听边眯着眼睛笑，很是满意。

"至于这'子'嘛，意义更为明显。皇上您贵为天子，乃紫微星下凡。紫微星，天之子也，因此称您为'子'。这便是臣称您老人家为'老头子'的原因。"

乾隆听完抚掌大笑："好一个'老头子'，纪晓岚你果然是个才子。"

工作场合中，人们难免会有失意或者出丑的时候，谁也不想说错话、办错事,但这些又是不可避免的,人非圣贤,孰能无过?特别是同上司说话,如果错了,该怎么办呢?

从纪晓岚身上你应该会有所启发,那就是不要讲死理,顺着一条思路走到底。要调整思维,换个角度,另辟蹊径,不但可以替自己打圆场,还能为你的言行平添几分趣味。这就要靠你的应变能力了,而这种能力又是靠平时培养出来的。因此,要学会多角度分析问题,举一反三,旁征博引;能够自己证明自己的观点,自圆其说。纪晓岚随机应变,巧妙地为自己解了围,不但化险为夷,而且化辱为恭。

如果你不知天高地厚地对别人开了不合时宜的玩笑,损害了他的尊严,只要你能巧妙地把玩笑话解释为称赞的话,那么会收到意想不到的效果。这不仅需要高超的口才,还需要足够的智慧。

2. 坦诚道歉,态度认真

当由于疏忽大意,犯了无心之过的时候,最佳的弥补办法就是坦诚地道歉。

小羽被调到分公司工作半年,一回到总公司后,他就马上赶着去见以前对他照顾有加的刘科长。见到刘科长后,小羽热情地和他寒暄起来,并且对刘科长到分公司指导自己工作的事,感激万分。可是,原来一向热情开朗的刘科长反应却很冷淡。

后来小羽向同事们问起此事,才知道原来刘科长已经升任处长了。不知道对方已经升官，还用原来的职务称呼，肯定会让对方心里觉得不舒服。小羽感到后悔万分，都是因为自己事先没有确认对方的身份，才导致失言的。错误已经造成了，现在怎么办呢？他马上跑到刘处长的办公室，诚挚地说："刘处长，对不起，我刚从分公司回来，还没有搞清楚情况就来找您了。不知道您已经高升了，恭喜您！刚才失言了，请您原谅！"

这样诚挚的道歉，又加上由衷的祝贺，自然就化解了刘处长的不快。

3. 给自己的过错找一个机会弥补

在别人面前做错了事，仅仅道歉，有时候并不能完全消除对方心中的不快。表面上，对方可能原谅了你的过错，但是心中总有些别扭。这时候，如果能巧妙地运用修辞方法，缓解紧张的气氛，弥补过失，那结局肯定会不一样。

有一次，南朝梁武帝萧衍举行大型的宴会，大臣萧琛也参加了。酒过几杯之后，萧琛有些醉意，就趴在桌子上睡着了。武帝见了，就用红枣投他，正好打中萧琛的头。萧琛抬起头，睡眼蒙眬地抓起盘子里的栗子向武帝投去，打中了武帝的脸。武帝顿时出现怒色，见此情景，在场的官员都吓得大气不敢出。看到自己竟然打中皇帝，萧琛急忙说："陛下把赤心投给臣，臣怎敢不用战栗来回报呢？"这句巧妙的比喻让武帝转怒为喜，"赤心"比喻红枣，"战栗"是借用栗子的谐音。如果不是萧琛机智的回答，恐怕就会大祸临头了。

在上司面前犯错了，切忌佯装不知或者极力掩饰、推卸责任，而是要学会坦然地承认错误，并且尽量用巧言妙语使上司转怒为喜。

04
和主管接触言辞有技巧

　　在你的观念里，你认为应该用何种方式和上司相处或交谈？你是否因为他们是你未来命运的主宰，能够成功地提拔你而对他们处处逢迎、谄媚；或者你认为上司高高在上，气焰高涨，能避之就避之，除了公事外，彼此不相往来。

　　其实，这些想法都太过偏激。在工商业时代，几乎每个人都有上司，在公事上，免不了要与上司交谈，所以你应该掌握谈话技巧，与上司建立良好的关系。

1. 尊重主管的决定

　　当他交代你办事或批评你的工作时，你不可与之争辩。在上司尚未下决定之前，你可以向他表明自己的看法、建议，一旦他已经决定，最好不要坚持己见。

2. 要了解上司的脾气

有的上司喜欢你有事随时和他商量，有的上司则要你先打电话预约或是先作一个书面说明。如果你有事要和上司讨论，应该先明白自己要讨论的主题是什么，立场是什么。时间最好选择上司较有空闲、心情较佳的时机，这样，你的意见也较容易被接受。

3. 不要当面批评上司的错误

上司也会做错事情，他和我们一样有偏见、喜怒，当然也会有盲点，因此，如果上司犯错时，千万不可当面指责，更不能在其背后取笑，以免上司对你心存成见。因为不管谁对谁错，你总知道谁才是领导吧！

4. 对主管必须表现适度的敬意

有些职员对于主管十分敬畏，一见到主管便手足无措或是把主管当作偶像崇拜，大大小小的事都要和他商量。但要注意这种敬意要尽量适度。与主管谈话应该公私分清楚，除非是特殊情况，否则最好不要向主管请教私人的问题。

5. 凡是关于公事都应该告知主管

主管对于公司的业务、行政必须下判断、做决定，因此他需要对事情有全盘的了解。所以，当你与主管谈话时，应该详细告知你所了解的情况。

6. 与主管谈话，态度不卑不亢

处在社会中，尽管个人在能力和成就上有所差异，但仍旧是平等的。虽然对主管必须抱有敬意，但这并不表示和主管说话时要态度卑微，千方百计讨好他。一般而言，许多主管并不喜欢职员太过谦卑，反而希望自己的职员能有自信地表达自己的想法及见解，所以你应该适度地赞美主管，诚心诚意欣赏对方，而非有目的地刻意讨好。

7. 让主管在无意之中采纳你的意见

向主管提出建议或构想时，可以引述一些成功的先例，或是一些哲理，让主管在无意之中采纳你的意见。另外，与主管谈话时的态度不要太过严肃，不妨以较轻松自然的口吻和对方讨论，并向主管请教这份提议是否有需要改进的地方。

8. 对主管应该忠诚

如果在负责事务上有两位以上的主管，你应该认清谁是你真正的领导，如果有相关事务上的问题，应向直属的领导请教，并获得他的信赖与支援。另一位主管交代的事，如果无冲突，你要尽力去做好；如果与直属主管的意见相冲突，你应该以委婉谦逊的态度表达意见。千万不可心存投机，想两面讨好，否则很可能左右为难，得不偿失。

9. 尽可能为主管做好公共关系

在他人面前，应该委婉说明主管的优点长处，以及对下属的照顾。在主管面前，也要常常称许同事的品德和才能，以拉近公司上下的距离，增进公司内部的团结。一个好的主管并不会喜欢有人在他面前搬弄是非，他会认为"说人是非者，必是是非人"。

10. 要懂得察言观色，适时说话

当主管身体不适或心情不佳时，最好不要向他请示一些无关痛痒的小问题。

另外，不要常常向主管报告业务进展的难处，如果遇到困难，一定要同时提出解决困难的有效办法。否则，很容易使主管低估你的办事能力。

11. 从正反两方面反映问题，并提出相应办法

有事要向主管请示时，应该就问题的正反两方面说明其理由，再依实际的情况或未来可能的发展，提出难易程度不同的几种处理办法，让主管考虑、决定。尽量避免过分强调某一种理由，或是直率地肯定某一办法，以免引起主管的质疑和反感。

12. 不要经常打扰主管，也不宜事事征询其意见

说话时要简明扼要，除非主管问起，最好不要反复说明；有些事不妨等到有圆满的成果时，再向主管报告。

13. 不要在同事或同业面前批评主管

公开批评自己的主管，无论丑化主管的私生活，还是嘲笑主管的专业能力，这些不单是隐私和自尊心的问题，也涉及做人的基本原则。

14. 不要在主管情绪激动时反驳他的意见

在主管情绪激动时，最好暂时缄默，不妨先谦逊地接受批评。如果不全是你的过错，等到主管心平气和时再加以解释，不仅可以避免关系破裂，也是为主管分忧解愁的表现。

15. 如果主管确实有错误之处，间接地指出

当主管犯错时，你最好私下以商量的语气，陈述你的看法，并且虚心请求主管指教；当他发现你的意见更合理时，自然会改正他的错误和缺点。

16. 提出意见的态度要明确

向主管提出意见时，应该态度明确，说话内容条理分明，使对方能清楚你所表达的意思。不可态度暧昧不明，说话模棱两可，以免造成误解。

17. 当主管的主张前后差异太大时，应委婉询问原因

通常主管之上还有主管，因此在很多情形下，主管的职责也会产生强烈的冲突，令他进退两难，或者是因为环境、时间的不

同而有相异的决定。这时你不妨向主管表明自己的疑问，并请求他作说明。

18. 事先防止误解，胜过事后的辟谣

对于经营范围内最容易遭人误解的事，应该特别留意。最好向主管询问清楚自己的职责范围，然后在职责范围之内，依照主管的指示办事，因为主管已经了解你的事务，便不会对你产生怀疑。

19. 要雪中送炭，不要落井下石

当主管遭遇困难时，你该主动向对方表达关切之意，并尽力协助。千万不能在主管面前以言语相讥，或是在背后散播谣言，落井下石。

20. 不要在外人面前批评你的前主管

如果你与主管因故不能和谐共事，在离职之后，不要在外人面前批评前主管。应该偶尔称赞他的优点，怀念过去的情谊，一方面可以表示你的人缘好，另一方面可以让现任主管了解你是忠诚可靠的下属。

05
向领导建议的高明方法

　　同事之间发生意见分歧可以商量，可以争论，或者干脆不照他的意见办。可是与领导有意见分歧却不好办，争论有碍情面，不听取不合适；执行吧，明明他的意见不可取，实在为难。这应该怎么办呢？

　　如果认为自己的意见是正确的，而领导的意见是错误的，那么，为了避免工作上的损失，就应积极主动地对领导进行解释工作。在解释时除了耐心、细心以外，还要注意方式方法。特别是对领导，如果不注意方式方法，那么就会有不尊重领导之嫌。

1. 献其可，替其否

　　"献其可，替其否"，这是《左传》中的一句话，其意思是说建议用可行的去代替不该做的。在下属向上司"进谏"时，多献"可"，少加"否"，其包括两层含义：一要多从正面去阐发自己的观点；二要少从反面去否定和批驳上司的意见，甚至要通过迂回变通的办法有意回避与上司的意见产生正面冲突。

比如，你是一位公司的部门经理，根据业务发展情况需要配一名专管业务的副手，这时你想提拔一位懂业务、有经验的下属担任此职，而上司却准备从其他部门派一名不懂这方面业务的外行人任职。在这种情况下，你可把话题多用在部门副经理应具备的条件和你所提人选已具备的条件上，而不应用在反驳上司所提候选人上。这样既可以避免与上司发生直接冲突，又能把话题保留在自己所提人选上。

你要抓住上司意见中的某一处被你所认同的地方，并加以大力的肯定和赞赏。而后，提出相反的意见，这时候，你的意见往往可以被接受。因为你一开始就肯定了上司的意见的某一处价值，就已经打开了进入上司脑中意见库的大门。

在某公司的一次例行会议上，小张对经理关于质量问题的处理不是很满意。在经理征求大家意见的时候，小张说："经理说得对，在产品质量方面，我们的确应当给予充分的重视，这是解决问题的前提之一。我认为，除此之外，我们还应当加强全体员工的质量意识。现在我观察到公司员工的质量意识并不强，工作中有疏忽大意的倾向，这股风气必须刹住，否则质量问题是很难得到彻底解决的。"

"我想，如果我们对各级员工都进行质量意识培训，员工看到公司上层如此重视，自然也就重视起来了。如果真能这么做的话，解决这个问题是不费吹灰之力的，公司也能以更快的速度发展。"

听了这番话，经理不断点头，采纳了小张的意见，并对他的这种敢于提意见的行为给予了肯定。

提建议时，不要急于否定上司原来的想法，要多注意从正面有理有据地阐述你的见解。要懂得尊重他人意见，尊重上司意见。这样，他才会承认你的才干。

对上司个人的工作提建议时，尽量谨慎一些，必须仔细研究上司的特点，研究他喜欢用什么方式接受下属的意见。对宽宏大量的上司可直接说出建议，严肃的上司可用书面建议法，自尊心强的上司可用个别建议法等。

2. 把自己的建议变成领导的建议

提建议时，你不要直接去点破上司的错误所在或越俎代庖地替上司作出你所谓的正确决策，而是要用引导、试探、征询意见的方式，向上司讲明其决策、意见本身与实际情况不相符合，使上司在参考你所提出建议资料信息后，水到渠成地作出你想要说的正确决策。

威尔逊做美国总统时，在他的顾问班子中间，唯有霍士最得其信任。别人的意见，他常常很少采用，或是根本不采用，而霍士却屡屡进言得以被采纳，后来霍士做了副总统。霍士自述说："我认识总统之后，发现了一个让他接受我的建议的最好办法，我先把计划偶然地透露给他，使他自己产生兴趣。这是在一次偶然的机会中发现的。"

霍士不但使威尔逊自信这种思想是自己的，后来他还牺牲了自己许多伟大的计划，让给威尔逊来获得民众的拥戴。那么，霍士是怎样把计划移植到威尔逊心中的呢？他常常走进总统办公室，以一种请教的口吻提出建议："总统先生，不知道这个想法是否……您不觉得这样做还有什么不妥吗……我们是不是这样……"就这样，霍士把自己的思想不露痕迹地灌入威尔逊的大脑，使威尔逊从自己的角度考虑这些计划，加以完善并付诸实施。

戴尔·卡耐基曾经说过："如果你仅仅提出建议，而让别人自己去得出结论，让他觉得这个想法是他自己的，这样不更聪明吗？"许多实践也表明，人们对于自己得出的看法，往往比别人强加给他的看法更加坚信不疑。因此作为一个聪明的下属，要想使自己的看法变成上司的想法，在许多时候应做好引导工作，提出建议，提供资料，其中所蕴涵着的结论，最好留给上司自己去定夺。

1939 年 10 月 11 日，美国白宫进行了一次具有历史意义的交谈。美国经济学家、罗斯福总统的私人顾问萨克斯受爱因斯坦等科学家的委托，正在说服罗斯福总统重视原子能的研究，抢在纳粹德国之前制造原子弹。

萨克斯一直等了两个多月，才得到了这次面见总统的机会，自然十分珍惜。他先向总统面呈爱因斯坦的长信，接着谈了科学家们关于核裂变发现的备忘录，一心想说服罗斯福总统。可是罗斯福总统却听不懂那深奥艰涩的科学论述，反应十分冷淡。直到萨克斯说得口干舌燥，总统才说："这些都很有趣，不过政府若在现阶段干预此事，看来还为时过早。"

萨克斯心灰意冷地向总统辞别。这时，罗斯福为了表示歉意，邀请他第二天来共进早餐。这无疑又给了萨克斯一次机会。萨克斯心事重重，深知问题的严重性和紧迫性。为此，他整夜在公园里踯躅，苦苦思索着说服总统的办法。

第二天早上 7 点钟，萨克斯与罗斯福在餐桌前共进早餐。他还未开口，罗斯福就说："今天不许再谈爱因斯坦的信，一句也不许谈，明白吗？"

"我想讲一点儿历史，"萨克斯看了总统一眼，见总统正含笑望着自己，他说，"英法战争时期，在欧洲大陆上不可一世的拿破仑，在海上却屡战屡败。这时，一位年轻的美国发明家富尔顿来到了这位法国皇帝面前，建议把法国战舰的桅杆砍断，撤去风帆，装上蒸汽机，把木板换成钢板。可是拿破仑却想，船没有帆就不能走，木板换成钢板就会沉没。于是，他把富尔顿轰了出去。历史学家们在评论这段历史时认为，如果当时拿破仑采纳了富尔顿的建议，19世纪的历史就得重写。"萨克斯说完后，目光深沉地注视着总统。

罗斯福沉思了几分钟，然后取出一瓶拿破仑时代的法国白兰地，斟满了酒，把酒杯递给萨克斯，说道："你胜利了！"

萨克斯热泪盈眶，他说："总统的这句话，揭开了美国制造原子弹历史新的一页。"

本来罗斯福是坚决不考虑原子弹的问题的，可由于萨克斯采取了比较好的方式方法，罗斯福居然改变了看法，收回了成命，同意了萨克斯的意见。

3. 让领导在多项建议中作出选择

让上级在多项建议中作出选择，会使上级感到非常舒服，是一种高明的提建议技巧。

对国外出生的学究式人物亨利·基辛格来说，他在美国政府中的生涯可谓壮丽辉煌。他第一次崭露头角引起国民注意是作为已故的纽约州州长纳尔逊·洛克菲勒的外交政策顾问。当时洛克菲勒竭力向理查德·尼克松推荐基辛格，终使基辛格后来成了美国的国务卿。继尼克松之后，杰拉尔德·福特接任总统，他上任后办理的第一件事就是重新任命基辛格为国务卿。还有罗纳德·里根，虽然他被迫向极右支持者们许下诺言，他将不会任命基辛格为国务卿，然而他经常寻求基辛格的帮助。

　　与总统或将成为总统的人打交道，基辛格喜欢用的手段之一就是让他们做各种选择。至少在重要问题上，他努力向他们提供许多可能性以便他们选择，而不是提出一个特定的政策或是特定的行动方针。

　　基辛格总是精心地列举各种可能性。他列出每个可行的方案并且认真地写下它们所有的优点和缺点，但他绝对禁止自己只推荐其中的任何一个。

　　从上级管理的角度来看，这种方法的优点是显而易见的。实际上，它综合反映了许多以前曾经提出过的观点。在处理琐事的时候，也可以有效地使用它。

谈感情，不会说
你就惨了

爱情需要甜言蜜语的滋润，就像树苗离不开雨水。

好口才可以让爱人展露笑容，让感情浪漫温馨，从而获得美好的爱情。

01
与恋人交谈的方法

第一次同恋人交谈是需要技巧的，它直接决定你们以后感情的发展。它能使你在情窦初开时，把丰富的思想、微妙的心声用妥帖的话语表达出来，和对方的思想情感碰撞，擦出爱情的火花，点燃炽热的熊熊烈火。但是，这是一门复杂的学问，也是一个难题，正如恋爱没有固定的模式一样。

1. 同"搭桥式"恋人交谈

一般来说，经人介绍，发生恋爱关系的双方，大多是忠厚老实、性格较内向的人。赴约相见的时候特别容易忐忑不安。但是，初次见面不能羞羞答答，更不能木讷寡言，而应该落落大方，主动启齿。

如何展开交谈呢？

先谈些闲话，进而转入正题，开门见山、有所修饰地自我介绍一下，诸如年龄、文化、工作、脾气、嗜好、家庭状况，以及对未来的向往等。接下来说些双方都熟悉的或感兴趣的事。对于感情方面的表白，可委婉、含蓄些，留有一定的回旋余地。交谈的内容，必须注意对方的理解能力和接受能力，不然，对方就难以明白你的意思，甚至产生不必要的歧义。如果认为自己看上他（她）了，那么，就可直言不讳地说："我觉得今天与你认识很愉快，你呢？"如果双方或一方需要有待进一步认识和考虑，那你可以说："我希望我们的谈话以后能继续下去……你有这个意思吗？"如果双方或一方感到不满意，可以委婉地表示："让我们都慎重地考虑考虑吧……"或者说："我将征求我父母的意见……"以此作为托词，努力避免不满情绪的流露，保持交往的礼仪，互相尊重。

2. 同"一见钟情式"的恋人交谈

俄国诗人普希金的长篇小说《叶甫盖尼·奥涅金》中，女主人公达吉雅娜是个朴素热情、富于幻想、热爱自然的姑娘，她见到男主人公奥涅金后就立即爱上了他，并大胆地写诗向他表白，诗中写道：

我知道，你是上帝派到我这里来的，

你是我的终身的保护者……

你在我的梦里出现过，

虽然看不见，你在我面前已经是亲爱的……

达吉雅娜见到奥涅金，真可谓"一见钟情"。平时人们所说的"一见钟情"的爱恋，是由双方的直觉感官产生的，是由对方的形象、印象引发的，如外貌、风度、言谈等，男女双方的"情"就产生于"一见"之际。

1920年，在巴黎的一次舞会上，上尉戴高乐邀请汪杜洛小姐说："小姐，认识你我非常荣幸，是一种莫名其妙的荣幸……"

而汪杜洛则说："是吗，上尉先生，我不知道还有比你的话更动听，比此刻的时光更美丽的东西……"他们一边跳着舞，一边倾诉着，当跳完第六支舞曲时，已经山盟海誓，定下终身了！这闪电式的恋爱，的确是一见钟情！

由于人的个性不同、职业各异、文化修养和气质有别，因此同恋爱对象进行第一次交谈，也没有固定的模式，表达方式、言谈内容都不尽相同，总之，要根据自己的实际情况，真诚一些地去表达。

02

谈情说爱的表达艺术

著名诗人泰戈尔曾经说过："爱情是生活中的诗歌和太阳。"爱情是世上十分美好、十分微妙的感情。

"谈情说爱"这四个字分明告诉恋爱中人，欲获得"情"和"爱"，就需"谈"与"说"。恋爱中的交谈，是一种技术，更是一种艺术，需要掌握一定的技巧。

路易·巴斯德是19世纪法国著名的微生物学家，他表达爱情的方式十分独特。巴斯德在法国斯特拉斯堡大学任教时，结识了校长洛朗的女儿玛丽小姐，在相处了一段时间后，巴斯德暗暗喜欢上了玛丽。

于是，他便给洛朗先生、洛朗太太和玛丽小姐分别写了封求婚信。除了表达自己真挚的求爱心情外，巴斯德在给洛朗先生的信中还写道："我应该先将下面的事实告诉您，让您容易决定允许或拒绝。我的家境一般，没有过多的财产。我估计，我的家产超不过 5 万法郎，而且我早已决定将我的一份献给我的姐妹们了。所以，我只不过是一个穷人。我拥有的是健康、勇敢和对科学的热爱，然而，我绝不是为了地位而研究科学的人。"

巴斯德的语言既坦诚直率，又有强烈的情感，最终他赢得了玛丽小姐的芳心。

恋爱能否成功，有时取决于自己的语言，看你能否表达出绵绵爱意，所以，初恋时的交谈是恋爱能否成功的关键。

西汉有名的辞赋家、音乐家司马相如和才女卓文君的故事，可谓家喻户晓，他们的爱情佳话至今为人津津乐道。

司马相如出生于一个贫苦的家庭，父母双亡后没有一份可以维持生活的职业，便寄住在好友临邛县县令王吉家里。临邛的大富豪卓王孙与王吉多有往来。

一天，卓王孙在家中设宴，也请了司马相如。在宴席上，免不了要作赋奏乐。司马相如知道卓王孙的掌上明珠卓文君容貌娇美，琴棋书画样样精通，更兼文采非凡，于是奏了一首《凤求凰》。这时，卓文君正在躲在帘后偷听，听出了琴音中流露出的爱慕之意。宴会过后，相如又派人用重金赏赐卓文君的侍者，向她转达倾慕之意。二人互相心生爱慕。但是，卓王孙强烈反对二人在一起。于是，卓文君就乘夜色逃出家门，与司马相如返回了他的家乡成都。由于生活窘迫，文君就把自已的头饰当了，开了一家酒铺，做卖酒生意。

过了一段时间，卓王孙听到女儿亲自当垆卖酒的消息，为顾忌情面，也只好将女儿和女婿接回临邛，给他们买了田地、房屋，分了一大笔钱财。但他们仍安于清贫，自谋生计，在街市上开了家酒铺。

司马相如通过琴声向卓文君表达自己的爱慕之意，赢得了佳人倾慕，终成眷属，传为一段佳话。

恋爱时的交谈，在理想上要谈得远大些；在学识上要显得渴求些；在心灵上应流露得美好些；在感情上要表达得丰富些；在语气上要表现得谦虚些；在情态上要表现得诚恳些；在情爱上要表达得含蓄些……如能这样，爱情的火花一定能够熊熊地燃烧起来。

03
如何向女孩表达你的爱意

女孩是矜持的，所以，温柔的微笑是感动女孩的最基本技巧。

刚接触时女孩总喜欢表现出冷若冰霜的样子，让人觉得难以接近。即使她喜欢你，也会表现出满不在乎的样子。

如果你想接近她，就要融化她的冷漠，用你的温柔，去将她心中冰一般的冷漠融化，这样你才能赢得她的芳心，否则你永远摸不透她的心。

女孩对于温柔又值得信赖的男孩，几乎是毫无反感的。女孩在生活中，常常会碰到一些不如意的事。在复杂的人际关系中，女孩一般都希望别人关心她，她会感动于一个男子的体贴和温柔。

温柔的微笑使女孩觉得亲切，使她对你有一种绝对的信赖。

这时，便需要你能够恰当适时地表达自己的爱意。因为爱情不是一个简单的游戏，它需要你用语言去强化它，用行动去激发它，用心去表达，靠心去传递。所以，表达是你的必要途径。

究竟怎样表达你的爱意呢？

马克思在知道保尔·拉法格正在热烈地追求自己的次女劳拉的时候，他便给拉法格写了一封信。在这封著名的信笺里，马克思道出了一段精彩的爱情理论：

"如果您想继续维持您和我女儿的关系，您就应当放弃您的那一套求爱方式。……即使她和您正式订了婚，您也不应当忘记，过分地亲密很不合适，因为一对恋人在长时期内住在一个城市里，这就必然会有许多严峻的考验和苦恼……

在我看来，真正的爱情是表现在恋人对他的偶像采取含蓄、谦恭甚至羞涩的态度，而绝不能表现在随意流露热情和过早的亲昵。"

马克思对拉法格讲的这段话，依然适合当代的青年。

是的，"随意流露热情""过早的亲昵"只能把爱这条长丝搅得一团糟。暂时的满足，一时的快感，只能把你的形象压缩，只能降低你在心上人心中的地位，其结果，可想而知，更别奢谈什么接受你的爱意，再别大讲什么对你的表达作出令人血管膨胀、两颊生潮的反应了。这些错就在于你不善于表达自己，不知道如何走进一座幽深的城堡，凭自己的主观臆想，单方的考虑，只能让你远离这座城堡。

让马克思告诉你如何顺利向城堡深处前进:

那是一个美丽的下午,在一条悠长的小路上,马克思和燕妮并排在这段小路上散步,晚霞把马克思的面颊照得红彤彤的,好像喝醉了酒的俄罗斯大汉,晚霞把燕妮的头发照得金灿灿的,好像美丽浪漫的法国金发女郎。正是在这样富有诗情画意的情景中,马克思突然停下了与燕妮讨论关于黑格尔哲学的一个问题,好像想起了一件事似的,深情地看着燕妮那娇美的脸庞,慢慢而坚定地对燕妮说:"喏,燕妮小姐,告诉你一个好消息。"

"什么好消息?"燕妮的脸上写满了惊喜和兴奋,好像她知道答案似的。

"我已有了一位心上人。"马克思仿佛没有看懂她脸上的变化。

此时的燕妮,突然把笑容僵在苍白的脸上。

"什么?她、她是谁?"燕妮有些语无伦次了,因为这太出乎她的意料了。

"嗯,你或许认识她哩,"马克思神秘地冲燕妮笑了笑,并递给燕妮一个精致的小盒子,说道,"这就是她的相片。"

马克思好像很不经意地把这个小盒子递给了燕妮,在两手相碰的一刹那间,马克思感到燕妮的手有些凉,而燕妮已感觉不到马克思那热热的大手掌。

然后,马克思彬彬有礼地找了个借口,与燕妮分开了。

燕妮迫不及待地打开盒子，她要弄清楚到底马克思爱上了谁。

可是，当她打开这个小盒子，她的脸马上红了。因为，那个小盒子里什么相片也没有，只有一个圆圆的小镜子，镜子里映出了燕妮绯红的脸庞。

燕妮笑了，从此，便真正与马克思一起走上了人生的旅程。

听罢这意味深长的爱情经典故事，亲爱的朋友，你可从中得到多少启发？

这封信在一定意义上，可以说是马克思恋爱生活的经验谈，而刚才所讲的那段精彩的表达爱意的情节就是对这封信所讲内容的最好注释。对于爱情的表达，应该像马克思所说的那样，采取含蓄、谦恭甚至羞涩的态度，这样的爱情才有曲折的美感，这样更容易打动恋人的心，让他（她）在对你含蓄的赞许中真心接受你的爱。

当然，爱意的表达方式不是单一的，就像鲜花的颜色不是一种，而是万紫千红，道路的情况不是一种，而是长短直曲。关键在于真正有效地打动对方。所以说，表达爱意针对不同的对象要采取不同的方式。

04
含蓄使爱情更美

爱情就像一首诗，充满朦胧美。在恋爱的过程中，如果语言过于直白，感情过于外露，就会让人感觉索然无味、缺乏情调。含蓄委婉的语言，可以让爱情更加浪漫、更加唯美。朦胧含蓄地表达，会醉人心田。

含蓄的语言，表面平静，而内在激烈；表面质朴，而内在丰富。真正的爱情就是这样的。

恋爱中的含蓄，讲究一定的技巧，不是藏而不露，也不是忸怩作态。而是要做到恰当的深沉和适度的表露。这样才能增添情趣，让感情世界更加丰富。

古往今来，表达爱情的方式一般有语言、文字、信物、行为等几种。不论采用哪种方式，都要避免过度外露、轻佻。态度要自然诚恳，语言要恰如其分，行为举止要端庄，否则就可能适得其反。

有一个小伙子和女友约会两次，就急于表达自己的心意。他给女友写了一封二十页的情书，开头便是"我最最亲爱的……"整封信都洋溢着过分的热情。女友看后很是反感，觉得这小伙子不够稳重，太过轻浮，于是给恋爱画上了"休止符"。

在恋爱的过程中，应该根据两人爱情所达到的程度来表达恰当的情感，千万不可以说"越位"的话，最好用含蓄、耐人寻味的词句来表达自己的爱情。轻佻、外露的语言常常会破坏爱情的美感。有一首含蓄的情歌写道："不写情词不写诗，一方素帕寄心知。心知接了颠倒看，横也丝来竖也丝，这般心思有谁知？"这样的表达含蓄而又深沉，读来余味无穷，能深深打动人心。有时，爱情不必用过多热烈的语言表达，对于两个真诚相爱的人而言，一个含情脉脉的眼神，一句巧妙得体的话就胜过一万句"我爱你"。

当相爱的双方都羞于表达，不知道怎样将心中的爱意开口向对方倾诉，不好意思说出"我爱你"这三个字时，不妨采用委婉、含蓄的方式，巧妙地捅破那层"窗户纸"。

恋爱中的含蓄，除了恰当的深沉之外，还要适度显露。在恋爱的过程当中，向对方适度地显露自己的才华、能力，才能更好地赢得对方的心。

有些人在和恋人约会时，热衷于炫耀自己的才华、家世、知识、外貌……甚至标榜自己是对方"打着灯笼也找不到"的意中人。这样的人给人的印象常常是狂妄自大、自傲自负。并且炫耀完之后，当他们的爱情体验逐步加深时，却再也无法向对方提供美好的"珍品"了，老是重复最初见面时显露过的一切。经过单调的重复，优点也就变成了缺憾，于是对方不满了，厌倦了，爱情之花也就枯萎了。

因此，恋爱中的男女向对方展示自己的优势时，要适度，做到细水长流，使神圣的爱情永远充满新鲜感，并且态度要谦逊、真诚。

恋人之间需要靠语言来完善感情的交流，表达爱情的语言有含蓄和狂热之分，恋人之间最好的方式就是含蓄地表达爱。

05
让"斗嘴"成为爱情的催化剂

男女双方开始交往的时候，为了博取对方的好感，一般都会小心翼翼地竭力迁就对方。但随着双方距离的拉近，双方就会出现依赖和任性。所以斗嘴的出现，其实也是双方爱情进程中的一个里程碑。

这里的斗嘴，不是吵架，也不是口角，而是一种十分独特、有趣的语言游戏。现在的许多青年恋人中，有很多人会玩这种碰碰车式的"斗嘴"游戏。玩过碰碰车的人都知道，那乐趣全在于东碰西撞、你攻我守。这种游戏的新鲜与刺激绝非四平八稳地行车能比的。恋爱阶段的斗嘴，是一道味道独特的"爱的大餐"。台湾女作家玄小佛在她的短篇小说《落梦》中，就描写了戴成豪和谷湄一对恋人间的一段"斗嘴"——

"我真不懂，你怎么不能变得温柔点。"

"我也真不懂，你怎么不能变得温和点。"

"好了……你缺乏柔，我缺乏和，综合地说，我们的空气一直缺少了柔和这玩意儿。"

"需要制造吗？"

"你看呢？"

"随便。"

"以后你能温柔点就多温柔点。"

"你能温和也请温和些。"

"认识四年，我们吵了四年。"

"罪魁是戴成豪。"

"谷湄也有份。"

"起码你比较该死，比较混蛋。"

不难看出，这对恋人，两人彼此依赖、深深相爱，但是两人都具有独立不羁的性格，谁都想改变对方，而谁又都改变不了自己。然而从两人针锋相对的话语里，我们分明感觉到他们彼此的宽容、彼此的相知，我们会很真切地感觉到浓浓的爱意从他们的内心流溢而出。这段对话十分典型地反映出恋人间"斗嘴"的特点：

一是目的的模糊性。恋人间斗嘴一般并非要解决什么实质性问题或一定要得出什么结果，而仅仅是借助语言外壳的碰撞来激发心灵的碰撞，从而达到两颗心的相知与相通。因而恋人们常常为一句无关紧要的话、一件微不足道的事"斗"得不可开交，局外人很难领会到其中的奥妙与乐趣。

二是形式的尖锐泼辣。恋人间的斗嘴从形式上看和吵嘴很相似，你有来言我有去语，你奚落我，我挖苦你，毫不相让，"锱铢必较"。但与吵嘴根本不同的是："斗嘴"时双方都是以轻松、欢快的态度说出那些尖刻的言辞，有了这层感情的保护膜，"斗嘴"就成了一种只有刺激性、愉悦性却无危险性的"软摩擦"，成了表现亲密与娇嗔的最好方式。不难想象，当谷湄说出"起码你比较该死，比较混蛋"时，脸上是带着亲切而顽皮的笑容的。如果换一种冷若冰霜的态度，那么这句话就不再是斗嘴，而变成辱骂了。

正因为斗嘴具有形式上尖锐而实质上柔和的特点，它就比直抒胸臆式的甜言蜜语有了更大的展示情人间真实感情与丰富个性的广阔空间。所以沐浴爱河的许多青年男女都喜欢进行这种语言游戏，在这种轻松浪漫的游戏中，加深彼此的了解，增进相互的感情，同时也调剂爱情生活，使恋爱季节更加多姿多彩。

《红楼梦》第十九回写宝玉到黛玉房里，见她睡在那里，就去推她，黛玉说："你且别处去闹会子再来。"宝玉推她道："我往哪里去呢？见了别人怪腻的。"黛玉听了，嗤的一声笑道："你既要在这里，那边去老老实实地坐着，咱们说话儿。"宝玉道："我也歪着。"黛玉道："你就歪着。"宝玉道："没有枕头，咱们在一个枕头上。"黛玉道："放屁！外头不是枕头？拿一个来枕着。"宝玉看了一眼，回来笑道："那个我不要，也不知是哪个脏婆子的。"黛玉听了，睁开眼，起身笑道："真真你是我命中的'天魔星'！请枕这一个。"她把自己的枕头让给宝玉，自己又拿一个枕着。

这一段"斗嘴"，就为"抢"一个枕头，事很小，语言也都是很普通的日常口语，而且黛玉骂得毫不客气，要在一般关系的男女之间，这一句话就会伤了和气。但在恋人之间，打是亲、骂是爱，斗嘴只是示爱的一种活泼而随意的方式，所以宝玉和黛玉都没有因斗嘴而斗气，相反却越斗越亲密。

斗嘴不仅仅是一种语言游戏，有时它还是消除恋人间摩擦的一种别致而有效的方式。比如你和女朋友出外旅游，很不顺利，不是走错路线，就是耽误了食宿，这时候女友就会噘起小嘴抱怨："哎呀，怎么跟你在一起就老是碰到倒霉的事呢？"面对指责，你可不能跟她动气："嫌我不好，你另找别人！"这样谁都不好看，还会伤了感情。你不妨跟她斗斗嘴：

——对啦，我们就是夫妻命嘛！

——什么叫夫妻命？夫妻就该倒霉吗？

——夫妻就是要共患难呀！想想看，要不是有你在身边，我一个人哪里应付得了这些？

相信她听到这些话，气自然会消的。

既然斗嘴是一种有趣的语言游戏，那么它和别的游戏一样，也有一定的"规则"，需要恋人们特别注意。

1. 要把握好感情的深浅

谈话有一个总的原则："浅交不可深言。"这话同样适用于恋爱中。如果双方还处在相互试探、感情朦胧的阶段，要想以斗嘴来加深了解，可以选择一些不涉及双方感情或个人色彩的一般话题，如争一争是住在大城市好还是隐居山林好，斗一斗是左撇子聪明还是右撇子聪明等，这样双方可以不受拘束，"安全系数"也大。如果已是情深意笃，彼此对对方的性格特点都比较了解，斗嘴就可以嬉笑怒骂，百无禁忌。

2. 最好不要刺伤对方的自尊

恋人间斗嘴，最爱用谐谑的话语来揶揄对方，往往免不了夸张与丑化。但是这种夸张与丑化，也要照顾到对方的自尊，绝不能侮辱对方的人格，更不能讥笑对方天生的缺陷或中伤对方敬重的亲友，也不要挖苦对方自以为神圣的人和事，否则就有可能自讨没趣，弄得不欢而散。请看下例：

——你说，你最崇拜谁？

——我最崇拜我爸爸，他是个真正的男子汉。什么伟人、英雄，他们都离我太远。

——那你认为你爸爸就是你心中的上帝？

——那当然，你不服气？

——你这个上帝只不过是个修鞋的，有什么了不起？

——好啊，你看不起我，我今天算把你看透了……

这样的斗嘴就得不偿失了。

3. 要留心对方的心境

因为斗嘴是唇枪舌剑的交锋，所以就需要有一个宽松的环境，只有在心情非常好的情况下，才能享受它的快乐。因此斗嘴时要特别注意恋人当时的心境。大家都有这样的体验，心情愉快时，可以随便耍嘴皮、开玩笑。可如果你的恋人正在为烦心事而愁眉不展时，你却随便开起对方的玩笑，对方准会不耐烦地说你一通，让你难以下台。这时的斗嘴，周围的气氛往往会充满火药味，你原本不错的心情也会受到感染，变得恶劣起来，以致闹得不欢而散。

朋友们，当你们已开始对甜言蜜语腻烦的时候，不要忘了玩玩"斗嘴"这爱情碰碰车！

第六章

美满的家庭，
需要语言来维系

家庭永远都是一个既复杂又丰富的话题。作家老舍曾经把它比喻为一个浓缩了酸甜苦辣咸的"五味瓶"。

生活中总有喜怒哀乐，风雨阳光，想要营造幸福美满的家庭，需要多一些沟通，多一些甜蜜温馨的话题。

01
夫妻争吵不说过头话

　　婚姻是一种妥协吗？台湾艺人凌峰做客《艺术人生》节目时，讲述的观点是：夫妻吵嘴绝对不是为了讲道理，而是在"短兵相接"中比谁的话说得快、谁的话讲得多、谁的嗓门大。

　　其实，在幸福的婚姻当中，夫妻吵嘴是不可缺少的一道"甜点"。吵完了就完，只要互相退让一步，就会和好如初。毕竟，夫妻没有隔夜的仇。

　　俗话说："勺子没有不碰锅边的。"恩爱夫妻也一样，两人共处的时间长了，难免会遇到不愉快的事，夫妻间总有相互顶撞的时候。如果你不想损伤对方的自尊心，你就必须学会说："很抱歉！"

　　在日常生活中，我们有时会遇到这样的情形，一些夫妇动辄发怒，事后又不分析原因，不设法解决。对此，许多夫妇颇有微词。他们认为，一味地忍耐，不发生任何口角和冲突，夫妻关系就会好。这话听起来顺耳，实则已走向了另一个极端。回头看看他们的夫妻关系，关系看上去挺"好"，但他们之间却不会很温暖，不会经常有爱情的火花迸发。因为他们忽略了这样一个事实，所有的家庭都存在一定程度的矛盾，你的爱人不会每时每刻都对你充满柔情蜜意，彼此希望满足某些要求是合理的，只要这些要求不苛刻就行。正确的做法应该是，既认识到偶尔的生气和冲突是一种正常现象，又该注意保护你应该具有的"权利"。

夫妻吵架无输赢之分，谁是谁非不可能明明白白。有时只不过是做某一个"选择"，而这个"选择"往往来自一方的让步。懂得了吵架的艺术，夫妻就能虽吵犹亲，爱情的纽带也将越来越紧。怎样才能做到这一点呢？

1. 允许对方偶尔生气

如果你认为彼此间爱慕的一对夫妇也不免会有嫉妒、烦恼和生气的事情发生的话，那么当这些情绪来临时，你就不会惊慌失措，因为这并不意味着他和她已经"没有感情"了。也许你的配偶是因为上司的缘故而情绪低落，没有向你表示缠绵之情，但即使这暂时的不快不是你的过错，你也应该问："亲爱的，我做了什么事惹你生气了吗？"如果回答是否定的，你可以再问："那么，我能为你分忧吗？"如果对方不需要，你就不必打扰。要知道，这些问候是你给予的最好的安慰。

2. 以冷对热

以冷对热的关键，就是你吵我不听。在一方感情激动、控制不住自己的时候，任他发火，任他暴跳如雷，不去理睬他。"一只巴掌拍不响"，一个人吵，就吵不起来，等他情绪平和以后，再和他慢慢说理，他就容易接受。

3. 说话要有分寸

即使忍不住争吵，说话也要有分寸，不能说绝情话，不能讥笑对方的某些缺陷或揭对方的伤疤，更不能在一时气愤之下，破口大骂，不计后果。比如有的人吵架时言语不留余地："你是不是问得太多了？""我要你怎么干就怎么干！""你受不了可以走！"这类话咄咄逼人，很容易引发更大的冲突。

4. 直接表达自己的期望

如果一方想表达自己某种强烈愿望，最好直说："我想……"。比如妻子责怪丈夫好久未带自己上餐馆，她就不妨直说："我想今晚到外面吃饭。"而不要说，"看，老张每周至少带妻子上一次饭店，而你呢？"

5. 就事论事

为哪件事吵嘴，说清这件事就行了，不要"翻旧账"，上纲上线，也不要无限扩大。不要随便给对方扣什么"自私""不可救药""卑鄙无耻"等帽子，否则就把事情搞得太严重了。另外，对事情也切忌扩大化，如果从这件事又提及以前的事，从对配偶不满又拉扯到他的父母兄弟姐妹身上去，就会把事情搞得越来越复杂。

6. 主动退出

不少夫妻在争吵过程中，总有一种心理，就是都要以自己"有理"来压服对方，结果谁也不服谁，反而越说越有气。其实，夫妻之间的争吵，一般没有什么原则问题，许多是是非非纠缠在一起也不易分清，特别是在头脑发热、情绪激动时更不易讲清。如果争吵到了一定时间和一定程度，发现这样下去还不能解决问题，那么有一方就要及时刹车，并提示对方休战了。这并不是屈服、投降，而是表示冷静、理智。比如可以用幽默打破僵局，或者干脆严肃地说："我们暂停吧！这么吵也解决不了问题，大家冷静点儿，以后再说。"之后，任凭对方再说什么，也不再搭腔。

02
经常表达爱

当今时代是竞争时代，夫妻双方都要走出家门，寻找机会，谋求发展，用于维护婚姻的精力和时间越来越少。因此，夫妻的交流谈心显得越来越重要。有时就是有时间聚会，却不知道如何交流，怎样说话，这是当前许多夫妻所面临的难题。我们时常听到有些夫妻感叹：从恋爱到结婚，该说的都说了，再也没有什么新鲜的东西好讲；即使要说，也是白说，因为往往是重复的话题，显得有些唠叨、饶舌，吃力不讨好。

专家认为，有些夫妻觉得没话可说，这与谈话的范围过窄、内容过少有直接的关系。实际上，夫妻之间要说的话很多，特别是夫妻之间需要常谈而愿意倾听的话题还是不少的。

1. 甜言蜜语是夫妻间不可或缺的润滑剂

甜言蜜语什么时候都不过时。不论是情窦初开的少男少女，还是患难与共的老夫老妻，讲些甜言蜜语是有必要的。爱人之间说上一句"我爱你"，总是能激起万般柔情、千种蜜意。

已婚夫妇同样需要甜言蜜语，虽然说情感的交流是多种渠道的，但语言交流是到什么时候也不过时的。

可是，应该说什么呢？怎样说才能使说的人不至于做作，听的人不觉得肉麻呢？无须多想，爱的语言用不着长篇大论。如果你正和爱人一起待在屋里，你觉得能和她在一起真高兴，那你就对她说几句甜言蜜语。

如果说爱情是夫妻感情的基石，那么充满爱意的语言则是夫妻之间不可缺少的润滑剂。充满爱意的语言是真爱之心与得体语言的最佳结合。夫妻之间的情爱语言虽不如恋人之间语言那样浓烈，但却如陈年老酒，回味悠长。一般来说，夫妻间的情爱语言有以下几种形式。

（1）直抒爱意

当爱情转变为婚姻之后，轰轰烈烈的爱情就变为平淡温馨的家庭生活。夫妻之间虽然不必每天不离"我爱你"这句话，但也不能把这些话抛到九霄云外。在某些时刻，一句深情的"我爱你"会勾起对方的美好回忆，在彼此的心中激起爱的涟漪。这对于加深夫妻感情是大有益处的。

夫妻双方应该多说"我爱你""我喜欢你"，千万不要有"即使自己不说，对方也能感应到"的愚蠢想法。也千万不要认为时常将"我爱你"一类的话挂在嘴边，是件肉麻的事，有损自己颜面，这是错误的观念。多多表达自己的情感，能使彼此的关系更加融洽。如果你足够聪明，就应该表现出自己的爱，并且让对方知道。

夫妻间直抒爱意并不是多余的，它可以将平淡的生活之海激起一朵朵五彩的浪花。但现实生活中却有许多人忽略了这一点，结果感到婚后的日子平淡无奇，少了激情，更有甚者陷入情感危机。其实有时候，一句直抒爱意的"我爱你"，分别时候的一句"我想你"，对你来说可能只是举"口"之劳，可对对方来说却是倍感温馨。所以，千万不要吝惜你的甜言蜜语，它会使你的婚姻生活更甜蜜。

（2）充满爱意的幽默

有些人非常幽默，总会在家里说一些逗人开心的笑话，进而营造欢乐的家庭氛围。有的夫妻一走进家门，就把自己的所见所闻说给爱人听，特别是女性总是把自己感觉趣味很深的事说给丈夫听，引出一阵笑声，这其中就体现了深深的爱意。

在忙碌的生活中，运用幽默语言调节心情，缓解生活的重负，分担对方的痛苦，更是充满爱意的语言表现。

充满爱意的语言并不一定都挂上"爱"字，关切、关怀、支持、祝福之类的语言同样可以包含深深的爱意，都是对方乐意听到的。比如现在大家平时工作很忙，对家庭的投入相对少了许多。可是一定要记得在爱人生日时送上一份小礼物或一束鲜花，附张小卡片，趁机说一些真诚而动听的语言以表达对爱人支持自己工作的感激之情和祝福之意，妻子听了一定十分感动，夫妻生活将会更加圆满、幸福。

2. 无关紧要的"废话"更显温存

人与人的交谈中总带有一些客套话：陌生人见面有礼节性的寒暄，批判性的话常常用委婉的说法表达出来……这些看来无关紧要的"废话"却是人际关系中不可缺少的工具。

妻子回到家，推开门，丈夫劈头就问："怎么这么晚才回来？"而妻子也许遇到了不顺心的事，已经是急匆匆地赶回家来的，一听这话就火了："我晚回来关你什么事？管头管脚，你样样都要管？"丈夫也火了："我问错了？我问你怎么会这么晚才回来，有什么不对？"

的确，单单把丈夫的话写出来分析，是没有什么不对，他要了解一下妻子晚回来的原因，其中包含着关心的意思。那么，问题出在哪里了呢？让我们来看看，要是给这些话加上点无关紧要的"废话"，效果会怎么样？

丈夫说："阿玲，你回来了！今天好像晚了点儿……"其实，你不用问下去，妻子就会说明晚归的原因了。同样询问晚归的原因，加了几句关心的话，却让人感到亲切和体贴。

同样，如果丈夫那句直率的问话已经出口了，妻子在回答时注意加上一两句改变尴尬气氛的话，比如说："你瞧，我这不是回来了？”或者“真对不起，让你等急了吧？”这样，即使妻子不忙解释原因，丈夫焦急和不耐烦的心情也就缓解了，两个人也不至于吵起来。

对于这种近乎婆婆妈妈的事，做丈夫的往往很不在意。比如丈夫马上要上班了，温柔细心的妻子反复叮咛“中午饭后别忘了吃药”“下午天要冷的，带件衣服走吧”。丈夫不耐烦地说：“你有完没完？年纪还不大就这么唠唠叨叨。”试问，妻子这时会怎样想？妻子自然会感到伤心和委屈。

再如，丈夫回到家里，把该买的买回来了，该做的做了，妻子问什么他答什么，三言两语、干净利落。可是，妻子总觉得还缺点儿什么，同姐妹们唠家常时，不无埋怨地说：“我那口子老实得像块木头，三拳头打不出一句话来。”原来，妻子内心在期待着丈夫除了讲这些最“实用”的话之外，再加一些温存的“废话”。

这种似乎无关紧要的“废话”，用术语来说，叫作“冗余度”。人们在恋爱的时候，需要许许多多这类冗余的话，一言一语、一举一动都充满着只有对方才能体会到的情意。可是，在婚后夫妻交往中，对这种冗余度的要求减少了，从个人的感觉来说，既已成夫妻，再说那些“年轻人”的火热的话似乎有点儿不好意思。夫妻间事务性的“正经话”越来越多，含情脉脉的“没用话”则越来越少。时间一长，对方都会感到失去了什么，逐渐产生“家庭是爱情的坟墓”的感觉。

　　注意一下从恋爱到结婚乃至家庭生活的不同阶段中对语言交往冗余度要求的变化，有助于夫妻间保持亲密和谐的关系。

　　例如，丈夫不慎丢失了 30 元钱，回家对妻子说了。妻子既感到可惜，又埋怨丈夫不谨慎，不停地唠叨起来。她从丈夫平时大大咧咧的作风讲起，举了日常生活中许许多多实例，叮嘱丈夫下回要把钱放好……丈夫理亏，感到妻子讲得在理，然而妻子的这种分析和叮嘱，冗余度太大了且不断地重复，就让人受不了。最后，免不了要吵起来。

　　其实，当夫妻一方有了过失并已认识到了的时候，对方不仅不能有过多的冗余，而且还要比往常更简略一些。设想一下，丈夫丢了钱，妻子听说后，就简简单单说一句："丢了就丢了，不过你乱放东西的习惯是得改一改了。"这句话既把批评的意思讲了，又充满着对丈夫的信赖和体贴，充分尊重了他的自尊心。因为这时丈夫自己已在懊恼和反省，妻子只需点一点，就足够引起他的重视了。

03
如何结束家庭"冷战"

夫妻间有矛盾，又都不想主动认错，时常陷入冷战的局面。可是总是"冷"下去也不是个办法，这时候，某方一定要首先采取行动打破沉默，这时另一方就会响应，夫妻握手言和，重归于好。一般地消除冷战的方式有以下几种：

1. 主动认错

如果一方意识到发生矛盾的主要责任在自己方面，就应主动向对方认错，请求谅解。小郑到外地出差，临时改变航班。妻子按原来的时间去接他，等了很长时间，急得够呛。回家后，才接到电话，知道是计划改变。心是放下了，气却上来了。小郑回家后，妻子一句话也没对他说。小郑知道是自己不好，就赶紧道歉："这事是我不好，以后一定注意。我给你打电话，你已经出发了，是我不对，我赔不是，你就不要生气了。气出个好歹来，可不好，今晚我下厨，算是给你赔罪！"妻子听了，怨气必定烟消云散。

退一步说，即使错误不在自己方面，夫妻之间也要以主动承担责任的高姿态影响对方，最终带来积极的效果。

2. 直言求和

如果双方的矛盾并不大，只是偶然出现的摩擦，就可以直截了当与对方打招呼，打破沉默。如，可以这样说："好了，过去的事就叫它过去吧，不要再生气了。"对方一般都会立即回应，言归于好。

也可以装作不愉快忘掉了，像什么事也没有发生似的，主动与对方说话，对方顺水推舟，打破沉默。头天晚上，赵亮和妻子生气了，第二天早上上班前，赵亮突然对还在生气的妻子问："我的公文包呢？"见丈夫没有记仇，妻子也不好意思不理睬，应声道："不是在衣柜上吗？"就这样打破了僵局。

3. 幽默和好

如果开个玩笑打破僵局那将是最佳方式。小袁和妻子闹别扭，两人冷战了一天，谁都不说话。眼看吃晚饭了，妻子脸上还是阴阴的。为了解除冷战，小袁笑着对妻子说："我说，你看这冷战都结束了十几年了，我们家的冷战是不是也可以松动一下？你看你的脸拉那么长干什么？天有阴晴，月有圆缺，你看外面的月亮都圆了，咱家的月儿也该圆了吧！"妻子听了，脸色立即多云转晴。

4、求助中介

如果双方矛盾很大，当面说话担心对方不给面子，也可借助中介传递信息。比如，打电话就是一种。给爱人打电话，既可以认错也可以说明问题和愿望。只要对方接电话就有助于实现沟通，出现和解。还可以借助孩子搭桥。星期天，爸爸叫小女儿拉上妈妈一起出去玩，还在生气的妈妈不去，女儿不干，十分执拗，硬是把妈妈拉出了家门。就这样一家三口过了一个愉快的假日，回来的时候早把不愉快抛到九霄云外去了。

总之，只要一方能针对矛盾的具体情况，采取相应的沟通方式，巧用言语，就可以很快打破僵局，使家庭生活恢复往日的欢乐与和谐。

04
与孩子交流有技巧

　　父母是孩子的第一任老师，所以父母们的言行举止直接影响孩子们的行为。父母同孩子们说话也同样是非常重要的。有的父母在孩子面前总是摆出一副高高在上的姿态，让孩子们望而生畏，而有的父母由于对孩子溺爱太深，好像与孩子的关系都颠倒了。这些都是错误的。

　　父母对孩子说话是要讲究技巧的，例如假日想上馆子打牙祭，父母们是如何征询孩子的意见呢？不少人的询问是："你们想吃什么？"父母说这话，其实是替自己找麻烦，因为意见一定很多，而且孩子的主意经常变，两个或两个以上孩子更有不同的意见，再加上自己和配偶的喜好，于是常争执不下，甚至很难出门，即使决定了吃什么，仍会有人不高兴，因为他会想："我为什么要被牺牲？"原本愉快的事反而弄得气氛不好。

　　我们的建议是提出"有限度的选择"，比如说："我们是去麦当劳还是去吃西式自助餐？"这种征询意见的方式通常是两种选择的征询，顶多不超过三个。也许仍会有其他声音，只需温和而坚定地说："这一次我们在二者中选一，下一次你的意见优先考虑作为选择。"如此，常可化解不必要的争执，而且会愉快地出门用餐。何况孩子也得学习，生活中我们常常没有太多的选择，不是吗？

诸如前述的说话技巧，仅是举例提供父母参考，可是有些父母的反应却是："现在的父母真难做，连对孩子说话还要这么注意！"或者是"这样说话多痛苦！"其实，真正要强调的不是说话的技巧，而是说话的态度。

如果我们肯定民主教育的方式是对的，那么身为父母者就得学习尊重的态度和心平气和的对话，而且经过一段时间，自然能举一反三，而且化成自己说话时的特质。到那时，说话不仅是一种技巧，而且成为一种艺术。说话并不难，说得让别人欣然接受，那就得费心思了。而且别忘了，自己的言行不也是孩子学习的榜样吗？

父母是孩子最好的老师，也是孩子们立身的榜样。父母们在和孩子交谈时一定要注意态度，尊重孩子。特别是在训斥孩子时，不能忘乎所以，任意辱骂，特别是不能说伤害孩子自尊的话。下面罗列了一些不能说的语句仅供家长们参考。

1."揍死你"或"打死你"等

很不幸，如今仍有相当多的父母用打骂的手段来管教孩子。打骂孩子的时候，气愤至极的父母还常说这样一句话："揍死你！"

"揍死你"这一类空洞的话，只会降低父母的威信，不会有任何实际效果。因为当他说这句话时，表明他再也拿不出什么好办法了。由于这说的仅仅是一句"大话"，根本无法兑现（父母也不准备去兑现），孩子并不会因此而停止他的活动。

有时我们发现孩子使我们越来越生气，直到非惩罚他们不可。他们所有的行为确实促使我们想揍他们，这种挑衅的行为就是他们的目的，如果我们真的揍了他们，就中了他们的计，帮助孩子达到了他们的报复目的。孩子在内心里想：你虽然把我打疼了，但是你生气了，我的目的达到了。

打骂孩子的父母是最无能的父母。如果你不喜欢打骂孩子，只是一时气愤难以忍耐，那么打骂将宣告你的失败。如果你就是喜欢打骂孩子，那么你真该好好管理自己的行为。

2. "他有个尿床的毛病……"

一位母亲跟人闲谈，话题扯到孩子身上时，"他有个尿床的毛病……"话刚出口，一旁的小男孩羞红了脸，露出怨恨的表情。

尿床属于"难言之隐"，也是属于孩子的隐私。孩子对此特别敏感，父母一般情况下不该向他人提及。这位母亲的话，也许是在无意中说出的，但孩子却误以为母亲在当众出他的丑呢。

孩子尿床，是因为脑子里负责控制排尿的神经尚未发育周全，一般情况下随着年龄增长自然就会消失。虽然此事不算什么大毛病，但孩子的心理负担却很重，他会认为自己低人一等，是个"废人"，产生严重的自卑心理，缺乏与人交往的勇气。因此，如果孩子尿床，家长不必大惊小怪，只需勤洗床单就可以了。同时需要牢记：不要对孩子有任何埋怨的言辞，更不要将此事到处宣扬。你保护了孩子的自尊心，孩子会终生感激你的。

3."你真笨！"

什么叫笨？学东西慢就叫笨？一学就会那叫聪明？不聪明的就是笨？在动作上，不灵巧的叫作笨？迟缓的叫作笨？

如此说来，新生儿是最笨的，他什么都不会，不会说话，不会走路，为什么我们不说他笨。原来笨是人为规定的相对概念：是同别人比出来的。别人都会走路了，而你还不会走，那是你笨手笨脚；别人都会说话了，而你还不会说，那是你笨嘴拙舌。为什么别的同学考试全对，而你总是做错题？还是你笨吧！

懂事的孩子最怕别人说他笨，他不明白自己为什么总是出错，学东西这么费劲。也许，多年之后他能证明自己不笨，可当时心里就像压了一块大石头，"你真笨"这三个字从自己父母口中说出来，孩子心里有多么难受！他想说："实在对不起，我怎么这么笨呢？"

为人父母者，不知是否听人说过这三个字，或者在心里对自己说过这三个字，如果你知道这三个字的分量，怎么忍心对自己的孩子说呢？

4. "妈妈求你了！"

教育学家克劳蒂娅认为："从小到大，我们大多数人生活在有连续性的家庭中，对孩子的教育方法会受到上一代的极大影响，往往将父母用于我们身上的一套，纹丝不动地用在我们的孩子身上，奖惩便是一项传统的工具。"

先说惩。传统教育中讲究"棍棒底下出孝子"，这已被现代文明和公众舆论所抛弃。国家法律也明文规定不允许父母再打骂孩子。

再说奖。现在家长一般用奖励的办法来教育孩子，为了让孩子安静一会儿，妈妈常说："别说话，一会儿给你买冰激淋。"这种方法也许当时有效，用多了就会失灵。

其实孩子不需要贿赂，不需要用交换的方式使自己变成一个好孩子。从本性上讲他们自己是要做好孩子的，孩子的好行为产生于他们自己的意愿。孩子只有在自觉的情况下，才能成为原则的遵守者。纪律约束应当建立在相互尊重及合作的基础上。如果他们知道大人是尊重他们的，他们就会接受大人的领导和指导。

最怕出现这样一种局面：奖励不管用，惩罚不能使。孩子识破了大人的一切动机，软硬不吃。家长恐怕就只好说："妈妈求你了！"

但是就连这句话也不能说，因为说了这话就意味着家长缴械投降，孩子会从内心里更加蔑视你，纪律约束的底线就土崩瓦解了。

5．"你滚吧，想去哪里就去哪里。"

父母教育失败，孩子离家出走的事件屡有发生。许多情况下，孩子是被家长的话逼出家门的。

冲突爆发时，家长与子女双方都摆出唇枪舌剑、互不相让的架势。有些父母利用孩子依赖性强的特点，动辄就用抛开不管一类的话来恐吓孩子，发泄自己对孩子的不满。不少任性要强的孩子，因为忍受不了父母的嘲弄、逼迫而离家出走。

"你滚吧，想去哪里就去哪里。"父母说出这句最后通牒式的话来，想逼迫孩子就范。当然这话并不是真的，只不过想以它来结束这场口舌之争。

但是孩子没法应对。他当然不想离家出走，可一旦就此低头，便会显出自己的软弱，难道就这样屈辱地留在家里？那还有什么自尊可言？

他当然要当一回英雄，"走就走！"就这样真的离家出走了。

因此在任何情况下，父母都不应该用这句话来要挟子女，迫使其改过。孩子有错，应该明确指出，即使在批评孩子的时候，也应该让他感受到父母的慈爱和深情的关切，从而产生自强、自信、向上的力量。否则，即使孩子一时屈服了，也于事无补。

6. "再哭，让狼把你叼走。"

大约是"狼来了"的故事广为人知的缘故吧，有些父母至今还拿"狼"这张王牌来恐吓孩子。诸如此类的话还有"再不听话，把你送给要饭的""让警察来抓你""让大夫来给你打针"等。如此去恐吓孩子，会给他的身心健康带来许多不良影响。

婴幼儿正处在身体机能迅速发展的时期，恐吓会给孩子的精神带来压力，加剧内心冲突，使其兴奋和抑制失去平衡。长此以往，大脑皮质对皮下中枢的调节能力降低，植物性神经和内分泌失调，内脏功能紊乱，容易诱发消化系统的疾病。

恐吓还不利于儿童塑造良好的个人品质。父母若常用鬼、神、狼等恐吓孩子，可能会使他建立条件反射，对同类事物产生惧怕感，造成胆小、怯懦、软弱的个性。有的孩子常常夜里哭闹，也与此有关。

恐吓使孩子产生错误概念而不容忽视。在他眼中狼、要饭的、警察、大夫等概念都与恐惧相连，需要花很长的时间才能纠正过来。

因此，父母不能为图省事而胡乱吓唬孩子。

7. "我没本事……""我没本事……"

"我没本事……"是一些混得不好的父母的口头禅。他们在和孩子交谈时把自卑感表露无遗，这样做是不妥当的。被自卑感"传染"的孩子，会认为"爸爸没本事，我又能怎样？"

教育专家的研究表明，绝大多数孩子的自卑感是由家长诱发的。父母如果能坚定自信、乐观向上，那么孩子对未来也是充满信心的。

孩子的眼光常常会追逐社会现象，比如我们看到社会上有些人有特权，而自己的父母没有；有些人神通广大，而自己的父母却安守本分，便会对父母提出许多疑问。这时候，父母千万不要用"我没本事"来开始你们之间的谈话。你应该用辩证的观点去贬恶扬善，指引孩子踏上坚实的成才之路。

05
对孩子忌说的话

孩子和成人接触，除了观察成人的表情、动作以外，主要是通过语言来沟通的。婴儿五个月就能从父母的声调中辨别出温和或严厉，对温和亲切的话语报以微笑，对严厉的声调表现紧张不安，有时甚至会哭起来。随着年龄的增长，孩子逐渐有了理解和表达能力。所以，父母和孩子讲话应运用一些教育手段，不仅要符合教育原则，而且要讲究说话的艺术。

1. 伤孩子自尊的话

有些脾气暴躁的父母对孩子恨铁不成钢，经常用"你这个笨蛋""一点儿出息也没有""你就不是学习的那块料"等话来贬损孩子。

家人以为用这样的话便可让孩子意识到自己的不足之处，可事实非但如此，这些有伤自尊的话可能还会给孩子的心里笼罩一层阴影。

"你怎么不像你姐姐？她门门功课都拿满分！"一位家长这样训斥他那个考得很糟的孩子。他可能意识不到自己正把不安传给孩子。孩子的心里肯定会想：是啊，我样样都不如姐姐，父母不喜欢我了。随之而来他的反应往往是：第一，觉得遭到了斥责，一无是处，甚至没有希望。第二，摆脱人见人爱的姐姐。第三，为没人喜欢自己而愤愤不平。

这时，家长正确的说法应是："我知道你担心你的成绩不如姐姐好，我们就不喜欢你了。孩子，你要记住，人都有自己的长处，也有自己的短处，要发挥自己的长处，克服自己的不足。爸妈不会因为你学习不如姐姐就不喜欢你的，你和姐姐都是爸妈的好孩子。"你这样一说，孩子的心境便明朗了，他既学到了一些人生哲理，又有了上进的信心。

2. 吓唬孩子的话

我们经常说些吓唬孩子的话，例如"如果你不立刻跟我走，我就把你一个人扔在这里"。你真会这么做吗？孩子当然希望你不会当真。因为小孩子最怕单独待在一个陌生的地方。但可能他听多了类似的威胁，会对此充耳不闻，继续胡闹。在这种争执中一旦你失去控制，孩子就赢了。

恐吓会引起胆怯，随着年龄的增长，知道恐吓的话是假的，他也就不怕了。这将影响父母在孩子心目中的威信。

3. 命令孩子的话

有的家长对孩子管教极严，这也不准，那也不许。对孩子说话总是："放学后不许跟同学玩儿，不准去同学家，也不要带同学回来！"或"除了学习，什么都别给我干！"长此以往，孩子就会走向两个极端：一是在这些扼杀命令下变得迟钝、麻木、没有创造力、唯唯诺诺、没有进取心；一是激起孩子的逆反心理，他表面上对你唯命是从，暗地里阳奉阴违，等父母发觉了，为时已晚。因此，记住虽然你们是父母，这并不等于你对孩子就可以颐指气使，尤其是孩子大了，具有独立的思想以后就更不能这样了。

4. 让孩子妒忌的话

很多人喜欢对孩子说："妈妈不喜欢你了，喜欢隔壁小弟弟。"这样说对孩子只能百害而无一利。用比较的语气刺激孩子是很不对的，如"你看人家多聪明，一学就会，你怎么这么笨"。听到这些话后大多数孩子都会产生嫉妒心理，这会间接地破坏孩子们之间的友情，不利于孩子长大后形成良好的性格。

第七章

这样做，你就能不为难他人和自己

　　在生活中，谁都免不了有求人或被求的时候，就如自己求人被直言相拒时心中那份失望一样，直言真语地拒绝别人实在不是一个聪明人应该做的事。

　　拒绝要讲究一定的技巧和一定的策略，当我们不得不推辞或拒绝别人的要求时，如果能将令对方失望的语言说得委婉含蓄一些，那么，拒绝不但不会有损友谊，相反，还可能改善和增进友谊。

01
掌握好说"不"的分寸

　　每个人都有自己无能为力的事情，但是，拒绝他人总是令人难以启齿。尤其是当朋友、家人、亲戚找你办事时，这时往往会使自己处于两难境地。掌握不好拒绝的方式，就容易伤害感情，导致尴尬局面。如果注意话语的含蓄和否定的技巧，就可以避免这些情况的发生，使生硬的否定也有一副可爱的面子了，从而在轻松愉快的气氛中完成"否定"的任务。

　　拒绝得法，对方便心悦诚服；拒绝不得法，便会使对方产生不满，甚至对你怀恨在心。

　　拒绝对方不得法，可能会造成不堪的后果。例如，一个品行不良的朋友来向你借钱，你知道如果借给他是有去无回；一个相熟的商人向你推销物品，你明知买下就要亏本……诸如此类的事，你可以加以拒绝，可是拒绝之后，往往会引人不满，被人误会，甚至会造成断绝交往。

　　要避免这种情形发生，唯一的方法便是要运用一些聪颖的智慧，学习巧妙地说"不"。

　　如果以幽默的方式拒绝，气氛会马上松弛下来，彼此都感觉不到压力。

　　当选美国总统之前，罗斯福曾在海军担任要职。一天，一位好友向罗斯福问起海军在加勒比海一个小岛上建设基地的情况。罗斯福神秘地向四周看了看，对着朋友的耳朵小声说："你能保密吗？""当然能！咱们可是好朋友呢。""我也能，亲爱的。"罗斯福一边说，一边对朋友做了个鬼脸。

　　在拒绝他人时，应该做到以下几点：

　　（1）拒绝的言辞不可游移、含糊；

　　（2）不要把责任全推在别人身上；

　　（3）不要伤害对方自尊心，不要使对方感觉屈服或难堪。而是要表示你的拒绝出于万不得已，很是抱歉。

　　如果当你拒绝别人时，含糊其词地推托："对不起，这件事我实在不能决定，我必须回去问问我的父母。"或者这样说："让我和老婆商量商量，决定了再答复你吧。"这种敷衍的话不会起太大的作用，对方还会再三再四地来纠缠你。直到有一天，他发现你在敷衍、骗人，对方不仅会对你怨恨，而且这也暴露了你的弱点：懦弱和虚伪。

　　拒绝别人是件不容易的事。有一位教授说："求人办事固然是一件难事，而当别人求你办事，你又不得不拒绝的时候，也是叫人头痛万分的。因为每一个人都希望得到别人的重视，同时我们也不希望给别人带来不愉快，所以也就很难说出拒绝别人的话。"

拒绝是要讲究艺术的，既要拒绝对方的不适当的要求又要给对方留面子，同时又不能损害彼此的正常关系。

02
运用智慧的表达方式推辞

推辞是人生在世不可或缺的行为。因此，我们就应该把它作为必须学会的处世学问。

推辞可不是很简便的事，因为别人要求你，而你给别人的却不是满意的答复，势必叫人失望。

所以，我们若想做到既对别人的要求做了明确的推辞，又没有使对方感到不满意，那么，很有必要斟酌一下推辞的语言。

通常情况下，知识层面较高的人，语言表达能力也较强，说服对方接受自己的推辞理由也较为容易。

一个同样的要求，推辞起来可以有雅的、俗的、直的、弯的等各种各样的理由。

同样的话从不同的人口里说出来，有的结结巴巴，笨拙呆滞，而有的却妙语不断，令聆听者心悦诚服。

当然，要想把推辞的话说得漂亮，没有较高的知识涵养，没有驾驭语言的高超功能，那是很难办到的。

　　你想，要做到既推辞了麻烦的事情，又能让对方满意，你就必须举一反三地向对方阐述推辞的理由，并且要说得深刻透彻，有根有据。

　　假如你的知识面很宽，你就能旁征博引，你的论述会很充分，对方听后，也会觉得你推辞得确实很有道理；假如你不仅有很高的知识涵养，还具备了相当好的语言功底，说起话来亲切得体且妙语连珠，那么，别人哪会不满意呢？

　　总之，语言是推辞的主要方式，要学会推辞，首要的任务是学会善用推辞的语言。

　　推辞的语言确实大有讲究，一个"不"字，你必须开口说出来才成，可是，怎样说才能既保全自己，又不伤害对方呢？有的人为这个字反目成仇，而有的人却为这个字结成了莫逆之交，个中滋味，不同的人，自然会有不同的感受。

　　在丘吉尔即将卸任的时候，英国国会为了纪念他在保卫英伦三岛作出的卓越功勋，拟通过一项在公园塑造丘吉尔铜像，让世人景仰的提案。

　　谁知丘吉尔闻后认为没有必要，他推辞说："多谢大家好意，我怕鸟儿喜欢在我的铜像上拉屎，还是免了吧。"

　　听了首相这一幽默而又委婉的推辞，国会尊重了他个人的意愿，撤销了这一提案。

　　这就是巧妙运用推辞语言的魅力。

　　丘吉尔的这句话没有说"不"，却把"不"的意思委婉地表达了出来，达到了推辞的效果。

03
用委婉的方法表示推辞

当我们无法满足对方要求的时候，一定要做到头脑清醒，要明白推辞和情感是两码事，但又是必须顾全的两码事。

也就是说，既要坚持达到推辞的目的，又不要伤害彼此间的友情。

埃及总统安瓦尔·萨达特与美国国务卿亨利·基辛格为了"和平进程"的工作经常联系，由此建立了亲密的友谊。

一次，萨达特邀请基辛格吃饭，基辛格由于工作繁忙，四处奔走，加之工作上的压力，心情也不是很愉悦，于是，就很委婉地向萨达特表示了推辞之意。

他说："非常感谢总统先生，我的胃已经被喜悦填得满满的，等什么时候有空，我再通知你。"

基辛格这种推辞的方法，既不伤和气，又使对方很容易接受，真可谓妙不可言。

有时候，向我们提出要求的或是领导，或是朋友，甚至是自己最亲的人。对于他们的请求，要么满口承诺，要么就会因你的推辞而留下种种遗憾。

假若能以履行承诺而告终，那当然是再好不过的事。如若不能，如何使推辞不伤害感情就将大伤你的脑筋。

有时候，为了不影响彼此间的感情，故意用搪塞、敷衍的方式来委婉地推辞，也能起到作用；而诸如"非常抱歉""十分遗憾""真不凑巧""实在无能为力"等词汇，永远是推辞的最佳语言。

当对方提出的要求你难以办到时，你唯有作出推辞的决定。可是，为了不伤害对方的自尊，你也只能让推辞显得友好而又委婉。友好地推辞能够显示出你的礼仪风度与学识涵养，而把对方的期望值降下来，让他接受你推辞他的理由，则是你应该做的。因此，在推辞的同时，你应该尽量向对方讲清你推辞的原因，使之做到友谊仍在，情义长存。

04
有时候，我们的态度要坚决

　　启功先生是当代著名的书法家、大学教授，是一位炙手可热的大名人。因此，登门造访的人总是络绎不绝。

　　直言不讳地说，到先生家的人虽多，但为探访而不有求于先生者，却是非常罕见的。求的内容大致有二：一是举办某某活动，欲请先生光临、捧场；二是求先生挥毫写字，用先生自己的话说则是"将白的写成黑的"。其实，这都顺理成章，先生的名头大，在活动中一露脸，大群记者立即一拥而上，电视转播，报纸载文，举办者脸上添光，知名度鹊起，有极高的社会效益；而字，一则具有高度艺术价值，挂于客厅中可临摹，可欣赏，可炫耀，二则虽人人都不会公开承认，但私下里一致认同，可卖大价钱，视为可居的奇货，能获得可观的经济效益。

　　试想，如果对这些人一一照顾，老先生岂不是要累死？那些人个个都有一套死缠硬泡、蹬鼻子上脸的功夫，委婉的拒绝是不顶用的。因此，老先生有时对他们毫不客气，干脆直爽地将其拒之门外。

一日，电话铃声忽然大作，启功先生正在处理文稿，犹犹豫豫本不想接，但打电话的人极有耐心，先生又怕是老朋友或公家部门打来，接了，一问对方姓名，并不认识。问何事，对方称先生曾为某书题签，现该书已出，欲明日亲自送来。先生当即说："谢谢。不过这样的小事，你也不必跑了，通过邮局寄来即可。"

对方不干，非要前来，称为探望。先生解释道：

"我现在很忙，身体又不大好，你来我也无力接待，请原谅，书还是寄来吧。"

对方不肯，先生索性挑破窗户纸，单刀直入，问：

"你说你还有什么事吧。"

对方说："没事，就是想看看您。"

先生答道：

"你既然那么想看我，也行。我给你寄张相片去，你可以从从容容地看。"

那人仍不罢休。先生被逼无奈，于是说：

"好吧，你明天何时来，说个点儿。认识不认识我这儿，就在大门口，你也不用进我的门口，你不是就为看我吗？咱俩就在门口对着看，你看我，我瞧你，你要近视，戴上眼镜，我也戴上花镜，好好瞧瞧你。看半个钟头，够不够，若不够，看两个钟头也行。"

对方听先生动怒，又拉出一张"虎皮"，说先生的某某老友也要同来。

先生再一细问，对方又说先生的这位老友前些日子出差在外，不知明天能否回来。

先生气得不得了，干脆挂上了电话。

启功先生这种果断拒绝的策略还是值得借鉴。固然，一开始即斩钉截铁地说"不"，委实不妥，然而，不要因此而放弃表示拒绝的权利。即使这样做会破坏他人对自己的期望或者好感也在所不惜，何必勉强自己成为偶像型的人物呢？毕竟，办不到的事终究还是办不到。先把这一点搞清楚，然后尽早设法向对方恳切地表白，才是真正的相处之道。

所以在考虑答应对方的请求前，应先仔细想清楚自己是否能办，如果答案是否定的，那么，即使很难拒绝，势必也要鼓起勇气将之拒绝。

05

拒绝他人，要给他人留余地

人生是不断地说服他人，以寻求合作，反过来也可以说，人生是不断地遭到拒绝和拒绝他人。

在社会交往中，直截了当说出拒绝的话，很难出口，然而，有时候又不得不拒绝对方，这就要求要掌握拒绝的技巧。

首先要求拒绝者态度和蔼。不要在他人开口要求时予以断然拒绝。对他人的请求迅速采取反驳的态度，或流露出不快的神色，或藐视对方，坚持完全不妥协的态度等，都是不妥当的，应该以和蔼可亲的态度诚恳应对。

拒绝对方要开诚布公，明确说出事实。不能据实言明，采取模棱两可的说法，致使对方摸不清自己的真正意思，而产生许多不必要的误会，这容易导致彼此关系的破裂。

拒绝时不要伤害对方的自尊心。特别是对你有恩的人，来拜访请求你做事，的确是非常难以拒绝的。不过，只要你有表示尊重对方的意愿，率直地讲出自己的难处，相信对方也是会谅解的。

拒绝对方，要给对方留一个退路，要能让他自己下梯子。你必须自始至终很有耐心地听对方说话，当你完全听完对方的话后，心里应该有了主意，这时再来说服对方，就不会使对方难堪了。

有的拒绝，不能把话完全说死，特别是商界，要让对方明白，此次遭拒绝，尚有下次机会。

如果很有把握可以加以拒绝的话，只管与对方面对面相坐。如果对付的是一个难缠的人，拒绝他的时候，最好避免视线直接接触，选择位置以斜、横为佳。当你知道怎样选择地点来拒绝对方时，你还要考虑到时机问题。有时候，拖延一段时间，审慎选择机会，会使得原来紧张的局面完全改观，这也是一种拒绝人的技巧。

在社交场合，不妨用下列方法试一试。

——有意推托。如"转告一声倒可以，就怕她产生误会，还是你直接同她讲一声为好""这件事由我出面恐怕不太好"。

——尽量回避。"我没看清楚""我没注意"。

——适当拖延。"今晚有事，以后再说吧。"

——保持沉默。"让我再考虑考虑。"

——另有选择。"好是好，不过我更喜欢……"

——婉言回绝。"我很理解你的心情，这样做对你我都没有好处。"

遭人拒绝时，凡事要看开一点，既然多说无益，不如漂亮、干脆地来个撤退。

虽然在你遭人拒绝时，心情是不可能愉快的，但是你还是要顾全大局，尽量保持微笑，留给对方一个美好的印象。有时候，拒绝并非就此盖棺定论，仍需你做好善后工作才会有一个结局。如果这时候，你不气馁，不抱怨，重视善后工作，下一次交涉就有可能获得成功。